湖南教育事业
统计年鉴
（2019）

湖南省教育厅发展规划处
湖南省教育厅信息中心　组编

湖南师范大学出版社
·长沙·

编辑部工作人员

总 编 辑：王 玲
副总编辑：刘二江　黄国圣
编　　辑：汤岭球　谢　峰　熊　瑛　周理智
　　　　　肖　潇　肖体仁　许华林　张学锋
　　　　　鲁　曼　欧阳远晃

编者说明

　　《湖南教育事业统计年鉴（2019）》是一部全面反映湖南省教育事业发展情况的资料性年鉴，收集、汇编了全省各级各类学校 2019 年教育事业发展方面的大量数据。本书为党政机关研究教育发展、制定教育政策提供了第一手原始资料，也是社会团体、企业单位和热爱、关心、支持教育事业发展的人们开展教育科研的一本重要参考书。

　　本书在编辑过程中，考虑了与历年资料的连贯性与可比性。统计资料共分为四部分：一、基本概况；二、高等教育；三、中等职业教育；四、基础教育。

　　本书中凡属学校及幼儿园教育的资料，全部来自本学年度统计报表；分市、州的资料根据本学年度各地的报表和大、中专学校代码区分整理；教育经费方面的数据由省教育厅财务建设处整理提供；各省、市、自治区的资料根据教育部在全国教育统计汇总会上提供的资料整理，年鉴中编入的全国资料仅供参考。

　　本书在组稿编辑过程中，得到了各市、州教育局和高等学校领导的大力支持，在此表示衷心的感谢！

　　由于水平有限，本书中难免有疏漏或错误之处，请广大读者批评指正。

目录

一、基本概况

二、高等教育

三、中等职业教育

四、基础教育

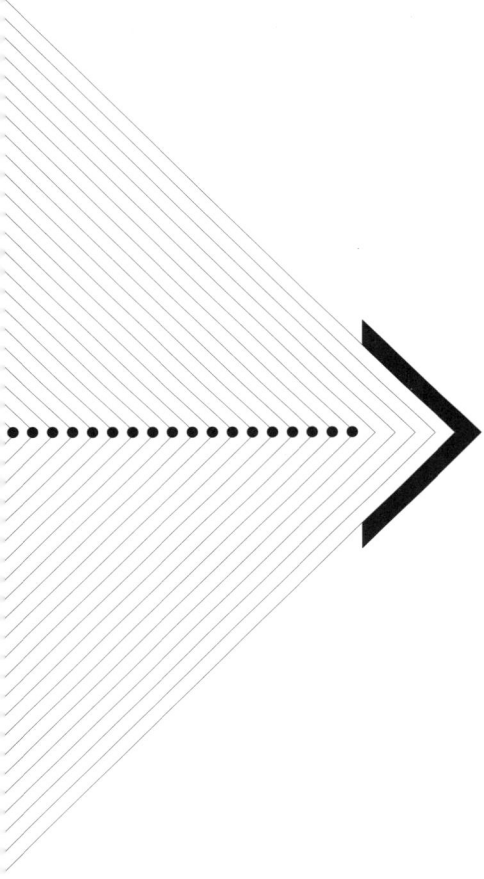

一、基本概况

2019 年全省教育事业发展概况

1. 幼儿与特殊教育

全省共有幼儿园 15717 所，比上年增加 551 所。在园人数 227.61 万人，比上年增加 2.39 万人，增长 1.06%。园平均规模为 144.82 人，比上年减少 3.68 人。幼儿园有园长和专任教师共 13.14 万人，比上年增加 0.75 万人，增长 6.04%。

全省共有特殊教育学校 86 所，比上年增加 1 所。特殊教育在校生 47085 人，比上年增加 10541 人，增长 28.84%；招生 8262 人，比上年增加 974 人，增长 13.36%。其中，在特殊教育学校就读在校生 17265 人，比上年增加 3177 人，增长 22.55%；招生 2748 人，比上年减少 218 人，减少 7.35%。

2. 义务教育

全省共有普通小学 7245 所，比上年减少 90 所，另有小学教学点 7634 个，比上年减少 62 个。毕业 83.93 万人，比上年增加 0.70 万人，增长 0.84%；招生 89.54 万人，比上年减少 7.92 万人，减少 8.52%；在校生 528.77 万人，比上年增加 6.79 万人，增长 1.30%。小学校均规模 729.85 人，比上年增加 18.25 人。小学学龄儿童入学率 100%。小学有 56 人及以上的大班 6780 个，占小学班数的 5%，比上年降低 10.35 个百分点；其中 66 人及以上的超大班有 0 个，比上年降低 0.46 个百分点。

全省共有初中 3368 所，比上年增加 37 所。毕业 76.95 万人，比上年增加 4.46 万人，增长 6.15%；招生 85.13 万人，比上年增加 5.28 万人，增长 6.27%；在校生 248.25 万人，比上年增加 7.79 万人，增长 3.24%。初中校均规模 737.09 人，比上年增加 15.09 人。初中学龄儿童入学率 99.98%。初中有 56 人及以上的大班 2350 个，占初中总班数的 4.56%，比上年降低 13.87 个百分点，其中 66 人以上的超大班有 0 个，比上年降低 0.36 个百分点。

全省有小学专任教师 28.71 万人，比上年增加 1.26 万人，增长 4.58%。专任教师学历合格率为 99.98%，比上年降低 0.01 个百分点，具有大专及以上学历的专任教师所占比例为 97.32%，比上年提高 1.05 个百分点。生师比为 18.42 ：1，比上年的

19.01 ： 1 降低 0.59 个百分点。全省有初中专任教师 18.18 万人，比上年增加 0.64 万人，增长 3.66%。专任教师学历合格率为 99.79%，比上年略有下降，专任教师中本科及以上学历所占比例为 81.92%，比上年提高 1.77 个百分点。初中生师比为 13.65 ： 1，比上年的 13.71 ： 1 略有降低。

全省建有校园网的义务教育学校共有 5495 所，比上年增加 385 所，义务教育学校共有计算机 73.55 万台，比上年增加 5.25 万台。

全省义务教育阶段有寄宿生 218.52 万人，占义务教育阶段学生总数的 28.12%，寄宿制学生比上年增加 0.46 万人，增长 0.21%。义务教育阶段学生中，随迁子女在校生 59.38 万人，占总学生数的 7.64%，随迁子女学生比上年增加 2.49 万人，增长 4.37%，农村留守儿童 188.75 万人，占总学生数的 24.29%，农村留守儿童比上年减少 10.05 万人，减少 5.06%。

全省小学有校舍建筑面积 4020.2 万平方米，比上年增加 195.91 万平方米，增长 5.12%，生均校舍建筑面积 7.60 平方米，比上年增加 0.27 平方米；全省初中有校舍建筑面积 3722.8 万平方米，比上年增加 202.04 万平方米，增长 5.74%，生均 15.00 平方米，比上年增加 0.36 平方米。

3. 高中阶段教育

全省有普通高中学校 642 所，比上年增加 16 所；招生 43.73 万人，比上年增加 3.06 万人，增长 7.52%；在校生 122.14 万人，比上年增加 4.59 万人，增长 3.90%；毕业生 37.96 万人，比上年增加 1.50 万人，增长 4.12%。全省共有中等职业教育学校 487 所，比上年增加 15 所；招生 25.35 万人，比上年增加 2.43 万人，增长 10.63%；毕业 20.99 万人，比上年增加 0.54 万人，增长 2.64%。在校生 70 万人，比上年增加 1.18 万人，增长 1.79%。

全省有普通高中专任教师 8.44 万人，比上年增加 4397 人，增长 5.5%。生师比为 14.48 ： 1，比上年的 14.70 ： 1 有所下降。专任教师学历合格率为 98.10%，比上年提高 0.42 个百分点。中等职业教育学校有专任教师 3.10 万人，比上年增加 0.2 万人，增长 6.88%。专任教师本科及以上学历比例为 87.60%，比上年增加 0.04 个百分点。中等职业学校"双师型教师"占专任教师总数的 23.81%，比上年降低 0.21 个百分点。

全省普通中学校舍建筑总面积 6447.16 万平方米，比上年增加 359.22 万平方米，增长 5.90%。

全省中等职业学校产权校舍建筑总面积 1019.46 万平方米，比上年增加 89.45 万平方米，增加 9.62%。

中等职业教育招生数占高中阶段教育的比例为 36.69%，比上年上升 0.66 个百分点；在校生占高中阶段教育的比例为 35.42%，比上年下降 0.48 个百分点。

4. 高等教育

全省共有普通、成人高等学校 122 所（不含国防科技大学、独立学院），其中普通高校 110 所。普通高校中本科院校 36 所，高职（专科）院校 74 所。全省共有研究生培养单位 22 个，其中普通高校 18 所（不含国防科大），科研机构 4 个。

全省共招收研究生 2.98 万人，比上年增加 998 人，增长 3.46%。有在学研究生 9.35 万人，比上年增加 7641 人，增长 8.9%，另有在职攻读硕士学位在校生 1.33 万人。

全省共招收普通本专科学生 45.62 万人，比上年增加 3.99 万人，增长 9.59%；全省地方院校招收普通本专科学生 43.92 万人，比上年增加 3.96 万人，增长 9.92%；其中地方院校普通本科招生 18.27 万人，比上年增加 6060 人，增长 3.43%；普通专科招生 25.66 万人，比上年增加 3.36 万人，增长 15.06%，其中五年制转入 25684 人，对口招收中职生 34989 人。全省有普通、成人本专科在校生 187.5 万人，其中普通本专科在校生 140.71 万人，比上年增加 8.03 万人，增长 6.05%，其中地方普通本专科在校生 134.29 万人，比上年增加 7.93 万人，增长 6.28%。另外有自考助学班在校学生 15595 人；普通预科生注册人数为 2337 人；来华留学生 6707 人，其中学历教育 5074 人。

全省普通高校有专任教师 7.65 万人，比上年增加 3838 人，增长 5.28%；专任教师中硕士及以上学位 53964 人，占专任教师的 70.52%，比上年提高 1.74 个百分点，生师比为 18.28 ：1，比上年的 17.93 ：1 有所上升。

全省普通高校共有占地面积 11.62 万亩，比上年增加 2264.86 亩，增长 1.99%，生均 51.17 平方米，比上年减少 2.22 平方米；校舍建筑面积 3733.21 万平方米，比上年增加 147.45 万平方米，增长 4.11%；生均 24.67 平方米，比上年减少 0.54 平方米；教学仪器设备值 176.44 亿元，比上年增加 14.79 亿元，增长 9.15%，生均 1.07 万元，比上年增加 0.02 万元；纸质图书 11799.58 万册，比上年增加 523.93 万册，增长 4.65%，生均 71.69 册，比上年减少 1.74 册。

附：各级各类教育发展水平

各级各类教育发展水平

1. 教育规模

单位：万人、万所

年份	教育人口		学校数		学生数		教职工	
	全国	湖南	全国	湖南	全国	湖南	全国	湖南
2019 年	29880	1491.42	52.04	2.77	27737	1392.99	2143	98.43
2018 年	29521	1443.77	51.93	2.71	27430	1350.07	2091	93.7
2017 年	29562	1443.01	51.38	2.70	27536	1350.81	2026	90.2
2016 年	28926	1369.02	51.17	2.72	26967	1282.48	1959	86.54
2015 年	28553	1334.69	51.27	2.69	26637	1250.64	1916	84.05
2014 年	28261	1295.88	51.41	2.61	26384	1213.93	1877	81.95
2013 年	28094	1263.49	51.93	2.61	26257	1182.96	1837	80.53
2012 年	27960	1256.26	49.4	2.58	26158	1175.69	1802	80.57
2011 年	28700	1265.41	52.71	2.5	26918	1185.9	1782	79.5
2010 年	33954	1224.89	53	2.53	32210	1147.1	1744	77.79
2009 年	33820	1199.72	52	2.46	32082	1123.19	1738	76.53
2008 年	33791	1177.18	52	2.44	32099	1101.03	1692	76.15
2007 年	33862	1188.51	66	2.46	32187	1112.88	1675	75.63
2006 年	33512	1175.32	63	2.58	31860	1100.34	1652	74.98
2005 年	38528	1176.87	65	2.72	36904	1103.48	1624	73.39
2004 年	34155	1198.00	68	2.81	32558	1125.25	1597	72.75
2003 年	33568	1261.44	73	3.46	31989	1189.32	1579	72.12
2002 年	33454	1385.99	117	5.58	31873	1311.46	1581	74.53
2001 年	33709	1450.90	135	7.02	32135	1374.75	1574	76.15

注：教育人口为学生数与教职工数之和。

2. 各级教育入学率

（1）小学学龄儿童净入学率（%）

年份	总 计		男		女		性别差	
	全国	湖南	全国	湖南	全国	湖南	全国	湖南
2019 年	99.94	100	99.94	100	99.93	100	0.01	0
2018 年	99.95	99.98	99.95	99.98	99.95	99.98	0	0
2017 年	99.91	99.98	99.93	100	99.89	99.9	0.04	0.1
2016 年	99.92	99.99	99.91	99.99	99.93	100	−0.02	−0.01
2015 年	99.88	99.97	99.88	99.97	99.88	99.97	0	0
2014 年	99.81	99.96	99.80	99.96	99.83	99.97	−0.03	−0.01
2013 年	99.71	99.96	99.70	99.96	99.72	99.97	−0.02	−0.01
2012 年	99.85	99.85	99.84	99.86	99.86	99.85	−0.02	0.01
2011 年	99.76	99.88	99.75	99.88	99.76	99.88	−0.01	0
2010 年	99.7	99.9	99.68	99.91	99.73	99.93	−0.05	−0.02
2009 年	99.40	99.62	99.36	99.62	99.44	99.61	−0.08	0.01
2008 年	99.54	99.8	99.5	99.76	99.58	99.78	−0.08	−0.02
2007 年	99.49	99.8	99.46	99.78	99.52	99.81	−0.06	−0.03
2006 年	99.27	99.5	99.25	99.56	99.29	99.51	−0.04	0.05
2005 年	99.15	99.03	99.16	99.04	99.14	99.03	0.02	0.01
2004 年	98.95	98.45	98.97	98.44	98.93	98.46	0.04	−0.02
2003 年	98.65	98.56	98.69	98.64	98.61	98.48	0.08	0.16
2002 年	98.58	97.64	98.62	97.64	98.53	97.64	0.09	0
2001 年	99.05	97.90	99.08	97.09	99.01	97.93	0.07	−0.84
2000 年	99.5	98.42	99.14	98.43	99.07	98.41	0.07	0.02
1999 年	99.5	98.79	99.10	98.74	99.00	98.84	0.10	−0.10
1998 年	99.3	98.68	99.00	98.63	98.90	98.73	0.10	−0.10
1997 年	99.2	98.55	99.00	98.51	98.80	98.60	0.20	−0.09

（2）毛入学率①（%）

年份	小学		初中②		高中阶段③		高等教育④	
	全 国	湖 南	全 国	湖 南	全 国	湖 南	全 国	湖 南
2019 年	103.0	101.76	102.6	109.61	89.5	93.04	51.6	52.41
2018 年	103.2	102.32	100.9	110.60	88.8	92.54	48.1	49.83
2017 年	104.8	102.31	103.5	111.23	88.3	91.5	45.7	46.28
2016 年	104.4	102.93	104	113.96	87.5	90.6	42.7	43
2015 年	103.5	103.28	104	113.23	87	90	40	40.21
2014 年	103.8	104.09	103.5	114.48	86.5	89	37.5	36.6
2013 年	104.4	110.19	104.1	124.30	86.0	88.2	34.5	34.7
2012 年	104.3	107.18	102.1	120.17	85	88	30	30
2011 年	104.2	103.02	100.1	109.71	84	87	26.9	27
2010 年	104.6	103.7	100.1	112.54	82.5	85.02	26.6	25
2009 年	104.8	106.48	99	119.40	79.2	83.2	24.2	20.4
2008 年	105.7	104.99	98.5	113.3	74	78.5	23.3	19.3
2007 年	106.2	105.35	98	112.9	66	64	23	19.1
2006 年	106.3	105.44	97	114.1	59.8	54.2	22	18.8
2005 年	106.4	105.86	95	109.51	52.7	48.5	21	17.8
2004 年	106.6	105.75	94.1	109.71	48.1	47.2	19	15.7
2003 年	107.2	107.07	92.7	108.49	43.8	40.3	17	
2002 年	107.5	106.66	90.0	107.80	42.8	39.2	15	
2001 年	104.5	106.07	88.7	120.15	42.8	35.1	13.3	
2000 年	104.6	102.92	88.6	106.44	42.8	36.79	12.5	

注：①毛入学率指该级教育在校学生总数与政府规定的该级学龄段人口总数的百分比。

②初中包括普通初中和职业初中。

③高中阶段教育（全口径）：普通高中、职业高中、成人高中、普通中专、成人中专和技工学校。高中阶段教育职前：普通高中、职业高中、普通中专和技工学校。我省不含技工学校的数据。高中阶段学龄人口数按人口普查数推测。

④高等教育 1990 年至 2003 年教育部报表设计中没有对分省生源作统计，故不能作毛入学率的计算。

3. 毕业生升学率（%）

年份	小学升初中		初中升高中阶段	
	全 国	湖 南	全 国	湖 南
2019 年	99.5	101.42	94.5	93.65
2018 年	99.1	101.24	95.2	93.82
2017 年	98.8	101.31	94.9	92.51
2016 年	98.7	99.80	93.7	92.09
2015 年	98.2	99.94	94.1	92.31
2014 年	98	100.59	95.1	88.57
2013 年	98.3	99.48	91.2	87.32
2012 年	98.3	96.4	88.4	83.73
2011 年	98.3	100.65	88.6	85.02
2010 年	98.7	100.86	87.5	86
2009 年	99.1	101.37	85.6	84.09
2008 年	99.7	102.35	83.4	82.42
2007 年	99.9	102.91	80.5	81.65
2006 年	100	101.53	75.7	68.17
2005 年	98.4	99.65	69.7	65.87
2004 年	98.1	99.40	62.9	63.73
2003 年	97.9	99.77	59.6	64.02
2002 年	97.0	98.47	58.3	60.59
2001 年	95.5	97.61	52.9	58.75
2000 年	94.9	97.04	51.20	52.72

注：初中毕业生升学率：分子数为高中阶段教育招生数，包括普通高中、职业高中、技工学校、普通中专及普通中专举办的成人中专班和成人中专招收应届初中毕业生数。我省不含技工学校的数据。

4. 每十万人口各级学校平均在校学生数（人）

年份	高等教育①		高中阶段②		初中阶段③		小学		幼儿园	
	全国	湖南	全国	湖南	全国	湖南	全国	湖南	全国	湖南
2019 年	2857	2853	2850	2742	3459	3598	7569	7665	3378	3299
2018 年	2658	2584	2828	2673	3347	3505	7438	7609	3350	3283
2017 年	2576	2388	2861	2687	3213	3366	7300	7500	3327	3357
2016 年	2530	2251	2887	2609	3150	3318	7211	7398	3211	3316
2015 年	2524	2214	2965	2557	3152	3301	7086	7256	3118	3215
2014 年	2488	2145	3100	2526	3222	3275	6946	7033	2977	3016
2013 年	2418	2106	3255	2548	3279	3228	6913	7046	2876	2881
2012 年	2335	2087	3416	2670	3535	3201	7196	7184	2736	2675
2011 年	2253	2054	3489	3031	3779	3293	7403	7463	2554	2492
2010 年	2189	2051	3499	3048	3955	3355	7448	7480	2230	2215
2009 年	2128	2040	3482	2738	4097	3134	7584	6859	2001	1766
2008 年	2042	1966	3440	2879	4227	3150	7819	6736	1873	1557
2007 年	1924	1924	3409	3142	4364	3285	8037	6536	1787	1378
2006 年	1816	1591	3321	3125	4557	3678	8192	6343	1731	1311
2005 年	1612	1404	3070	3023	4781	4439	8358	6269	1676	1227
2004 年	1420	1228	2792	2917	5058	5299	8725	6492	1617	977
2003 年	1298	1222	2523	2611	5209	5771	9100	7070	1560	991
2002 年	1146	1093	2283	1844	5240	6026	9525	8027	1595	863
2001 年	931	911	2021	1633	5161	5749	9937	9336	1602	933
2000 年	723	695	2018	1932	4969	5055	10335	10164	1782	963
1999 年	594	531	2032	1841	4656	4651	10855	11044	1864	985

注：①高等教育包括研究生教育、普通高等教育和成人高等教育。
　　②高中阶段（全口径）包括普通高中、职业高中、普通中专、技工学校、成人中专和成人高中。湖南省不包括技工学校的数据。
　　③初中阶段包括普通初中和职业初中。

全国教育事业统计参考资料

1. 小学校数、教学点数及班数情况

省市名称	学校数（所）	教学点数（个）	班数（个）							
			合计	一年级	二年级	三年级	四年级	五年级	六年级	复式班
总计	160148	96456	2807828	522379	509287	472888	455210	439211	401927	6926
北京	941	0	27970	5198	5168	4593	4340	4305	4366	0
天津	877	0	18997	3464	3423	3203	3139	3052	2716	0
河北	11604	6928	176556	33317	33049	29365	28089	27238	25097	401
山西	5312	2607	72935	12795	12695	12116	11962	11677	11073	617
内蒙古	1662	685	36367	6702	6367	5835	5996	5769	5679	19
辽宁	2976	816	54245	9497	9399	8669	8763	8931	8986	0
吉林	3740	615	39127	6477	6644	6381	6687	6649	6289	0
黑龙江	1431	860	37395	6416	6634	6557	6939	6912	3937	0
上海	698	0	22470	4870	4784	4414	4292	4110	0	0
江苏	4151	745	133866	23689	23854	22364	21833	21412	20714	0
浙江	3310	93	95544	16996	16956	15934	15425	15292	14937	4
安徽	7792	4220	130617	23508	23363	22009	20998	20599	19797	343
福建	5160	1790	82259	15574	14904	13244	12958	12882	12600	97
江西	7330	8214	120429	23565	22055	20082	18968	18037	16501	1221
山东	9646	1731	185621	33956	33714	32165	30726	30471	24589	0
河南	18117	13726	280034	52432	51069	48273	46038	43543	38545	134
湖北	5405	3576	92327	17143	16678	15407	14842	14512	13512	233
湖南	7245	7634	135530	26025	25446	22359	21693	20671	18746	590
广东	10565	5827	260524	50130	48221	44662	42069	39740	35690	12
广西	8036	10909	132934	26442	24095	22363	21028	19356	18427	1223
海南	1376	1045	22715	4243	4214	3856	3594	3465	3343	0
重庆	2860	1348	52629	9064	9032	8570	8597	8501	8857	8
四川	5725	7356	140477	25095	24821	23337	22718	22325	22055	126
贵州	6943	3084	99769	18540	18066	16804	16232	15498	14502	127
云南	10789	3229	110642	20097	19750	18626	18209	17351	16479	130
西藏	821	73	9123	1688	1629	1588	1474	1388	1356	0
陕西	4640	2024	71359	13327	13125	12128	11546	10595	10100	538
甘肃	5444	5333	70803	13134	12770	12031	11389	10805	9644	1030
青海	724	828	13090	2646	2524	2173	2020	1893	1794	40
宁夏	1188	543	15414	2905	2771	2568	2511	2367	2259	33
新疆	3640	617	66060	13444	12067	11212	10135	9865	9337	0

2. 小学学生情况

单位：人

省市名称	毕业生数	招生数		在校生数								预计毕业生数
		合计	其中：受过学前教育	合计	其中：女	一年级	二年级	三年级	四年级	五年级	六年级	
总计	16479006	18690411	18555130	105612358	49165005	18693375	18666360	17686673	17478582	17183866	15903502	16409846
北京	138968	182873	182818	941614	449548	182979	184450	155881	141363	139841	137100	138581
天津	100815	127827	127532	702004	328842	127862	128120	118337	115697	111572	100416	110362
河北	1003465	1189801	1189566	6791054	3164076	1189808	1218189	1149756	1121252	1106465	1005584	1005584
山西	386557	398696	397583	2293318	1102670	398727	402603	382025	385658	376379	347926	347926
内蒙古	222827	245706	244633	1363093	651780	245765	235701	215655	226400	221033	218539	220337
辽宁	345630	339683	339383	1950513	927455	339702	343123	301859	312893	323586	329350	329350
吉林	212027	196696	196388	1185695	566138	196696	201819	189451	204056	204102	189571	189571
黑龙江	252008	214565	211222	1278727	616015	214565	222543	220585	244017	244724	132293	235551
上海	145432	184354	184284	826347	390524	184487	182721	161870	153893	143376	0	143376
江苏	876384	1001249	1001013	5726376	2643256	1001249	1023252	956114	936978	921784	886999	886999
浙江	573232	655675	655488	3671067	1693825	655675	661871	610807	589763	584021	568930	571355
安徽	753912	795818	795403	4621048	2121638	795873	814527	773724	744448	752283	740193	740193
福建	487873	621772	621081	3343976	1528602	622209	609161	533498	527650	530446	521012	521012
江西	765289	658488	642782	4114416	1864689	659994	704197	680556	685890	701788	681991	681991
山东	1177488	1278551	1278275	7385622	3346576	1278553	1301624	1276041	1245974	1254570	1028860	1251719
河南	1581313	1737602	1736831	10124818	4684355	1737614	1742698	1725172	1715409	1681715	1522210	1541778
湖北	561501	657842	657181	3764794	1715177	657991	667493	626317	616808	618576	577609	578446
湖南	839304	895433	895421	5287730	2454496	895437	925421	881548	892974	879795	812555	812555
广东	1430339	1944213	1922161	10334303	4741781	1943524	1880445	1732964	1692611	1614477	1470282	1471078
广西	752393	932910	919674	4950349	2307528	932950	857306	833981	810633	768363	747116	747116
海南	127744	152354	151514	853075	383215	152354	151374	141760	138095	136952	132540	132540
重庆	384347	340359	337980	2062948	980407	340508	341899	328542	338980	341805	371214	371214
四川	935545	933467	928217	5557731	2671156	933467	946206	909411	921602	924924	922121	922121
贵州	545516	687609	675651	3882991	1811674	687630	676610	657004	652671	628070	581006	581006
云南	610568	669748	636576	3851042	1836684	669891	665121	633846	642597	631997	607590	607590
西藏	50998	61760	50950	340952	167355	61762	60639	59023	56249	52275	51004	51004
陕西	390191	510915	510808	2775874	1309435	511087	513375	480248	458147	414447	398570	398570
甘肃	303579	352383	350286	1941406	921878	352397	344275	334477	322715	307656	279886	279886
青海	74531	90313	84375	498501	242024	90630	90653	85734	80782	76048	74654	74654
宁夏	100626	101798	101566	584149	278930	101925	100414	97198	96761	94084	93767	93767
新疆	348604	529951	528488	2606825	1263276	530064	468530	433289	405616	396712	372614	372614

3. 小学教职工情况

单位：人

省市名称	教职工数						代课教师	兼任教师
	合计	专任教师	行政人员	教辅人员	工勤人员	校办企业职工		
总计	5852646	5486258	123692	105948	136443	305	166922	28676
北京	61934	55758	3047	2288	841	0	0	1329
天津	47885	43253	3090	984	558	0	561	185
河北	391480	365313	12939	4993	8235	0	10350	588
山西	167819	149648	3468	8817	5875	11	10205	758
内蒙古	115544	92236	4814	11050	7443	1	1370	73
辽宁	127301	111936	11863	2679	818	5	391	47
吉林	106377	89468	7204	8375	1330	0	576	74
黑龙江	101932	87646	4581	6816	2877	12	1899	119
上海	53441	46683	2737	2242	1777	2	467	78
江苏	303154	288034	3805	5310	5934	71	12323	642
浙江	192363	184174	2896	2273	3019	1	0	326
安徽	227117	219291	2370	1991	3465	0	6931	951
福建	173808	167025	2753	1822	2178	30	17561	344
江西	211617	209153	400	709	1348	7	1927	530
山东	396465	385089	3700	3771	3903	2	9511	252
河南	539350	510350	8807	4836	15357	0	28963	1582
湖北	197743	185132	3714	4083	4792	22	12249	595
湖南	247537	240995	2587	1262	2635	58	12591	750
广东	476110	442928	13752	4397	14983	50	450	1482
广西	269782	256065	2704	2539	8474	0	983	7918
海南	47002	43852	619	442	2088	1	2383	465
重庆	126285	121834	1958	874	1616	3	3956	541
四川	280188	267989	4430	1881	5888	0	12234	2658
贵州	212738	198474	3094	1177	9992	1	297	1464
云南	230326	220392	2144	1312	6462	16	8	3440
西藏	23138	22881	107	70	80	0	154	21
陕西	167072	152882	5912	3191	5087	0	2925	243
甘肃	135714	132449	977	1130	1151	7	4471	915
青海	25409	23000	101	105	2199	4	1927	5
宁夏	32579	32144	122	102	211	0	1920	52
新疆	163436	140184	2997	14427	5827	1	7339	249

4. 小学专任教师学历、职称情况

单位：人

省市名称	合计	其中：女	按学历分					按职称分					
			研究生毕业	本科毕业	专科毕业	高中阶段毕业	高中阶段以下毕业	正高级	副高级	中级	助理级	员级	未定职级
总计	6269084	4389430	85135	3833676	2178498	170109	1666	931	449831	2773945	1860741	189220	994416
北京	69339	56749	6562	58591	4056	125	5	10	5674	30788	24170	873	7824
天津	46497	36285	3078	35610	6906	863	40	4	4143	26859	10316	358	4817
河北	395305	317841	3268	227065	158606	6343	23	45	22391	165605	122098	11896	73270
山西	167801	135280	1467	102464	59310	4508	52	5	3012	63919	71890	3217	25758
内蒙古	102876	77373	1596	72087	28109	1082	2	22	22152	45423	20950	1755	12574
辽宁	137349	105430	3638	84025	47273	2357	56	16	26157	80550	15732	3637	11257
吉林	104977	78522	1993	70464	29896	2607	17	14	15543	53280	25347	923	9870
黑龙江	107089	76489	790	59959	43241	3082	17	21	16218	54369	30359	883	5239
上海	59451	49583	4558	46332	8308	253	0	1	1953	27287	23789	807	5614
江苏	332052	238133	8724	277415	43729	2184	0	72	21890	164023	88255	5209	52603
浙江	216107	163355	4867	175745	34171	1324	0	69	12026	107152	71009	3641	22210
安徽	255415	159374	1803	148177	100504	4929	2	28	16801	114498	70777	11174	42137
福建	177930	126473	1341	103355	64372	8828	34	47	4791	91082	51945	5683	24382
江西	238475	164864	650	125527	101465	10810	23	16	9459	98134	66882	16882	47102
山东	442729	295386	9754	304851	113570	14506	48	78	23193	160784	176051	10900	71723
河南	565248	420233	3804	314312	228449	18682	1	18	23268	225290	187554	14883	114235
湖北	208322	133204	3022	112673	83745	8782	100	56	10514	112373	53612	8014	23753
湖南	287097	204002	2466	158636	118290	7657	48	82	20928	124042	75907	14131	52007
广东	553241	407584	8945	371930	164350	7919	97	93	16520	285592	96687	17737	136612
广西	267128	184682	1119	126300	125766	13696	247	37	9232	139011	65716	12295	40837
海南	52466	31067	202	19811	28910	3542	1	6	2024	22000	18941	1246	8249
重庆	128777	81982	2148	76537	48086	1978	28	36	9169	55938	51382	1700	10552
四川	337840	220222	2976	169551	156777	8536	0	66	35518	127941	122777	12251	39287
贵州	212485	117347	360	116320	86884	8636	285	16	9593	112948	58002	5425	26501
云南	230762	132054	1041	122169	95962	11140	450	3	72286	86043	51521	5734	15175
西藏	23164	13190	50	12312	10499	288	15	5	1821	9205	6953	2477	2703
陕西	170709	124269	3139	121778	44291	1501	0	14	6072	65392	66220	4373	28638
甘肃	148408	81249	884	96302	43517	7672	33	33	8838	55586	67413	1647	14891
青海	28318	16965	275	17543	9736	751	13	9	4544	12874	6472	867	3552
宁夏	34279	23377	212	21675	11573	816	3	5	4740	14139	11895	571	2929
新疆	167448	116866	403	84160	78147	4712	26	4	9361	41818	50119	8031	58115

5. 工读学校基本情况

单位：人

省市名称	学校数（所）	班数（个）	离校人数	入校人数	在校生数	教职工数	
						合计	其中：专任教师
总计	94	298	3449	3792	6488	2822	2157
北京	6	25	204	186	451	253	194
天津	2	0	0	0	0	64	53
河北	0	0	0	0	0	0	0
山西	1	13	99	200	455	74	65
内蒙古	0	0	0	0	0	0	0
辽宁	10	15	72	84	233	266	215
吉林	3	5	29	34	46	41	31
黑龙江	1	0	0	0	0	0	0
上海	12	53	424	261	564	423	354
江苏	0	0	0	0	0	0	0
浙江	1	16	129	209	401	77	65
安徽	3	0	0	0	0	48	31
福建	0	0	0	0	0	0	0
江西	1	12	196	171	302	47	42
山东	0	0	0	0	0	0	0
河南	3	13	56	84	216	67	60
湖北	2	7	14	117	131	46	38
湖南	2	7	17	35	173	64	49
广东	3	18	145	170	344	176	136
广西	3	2	18	23	23	36	28
海南	0	0	0	0	0	0	0
重庆	1	3	26	28	38	24	22
四川	10	28	302	282	553	237	184
贵州	22	55	1462	1566	1929	428	320
云南	2	12	135	145	306	67	60
西藏	0	0	0	0	0	0	0
陕西	1	3	15	7	10	42	32
甘肃	0	0	0	0	0	0	0
青海	0	0	0	0	0	0	0
宁夏	0	0	0	0	0	0	0
新疆	5	11	106	190	313	342	178

6.幼儿园基本情况

省市名称	园数（所）		班数（个）	入园（班）人数（人）	在园（班）人数（人）	离园（班）人数（人）
	合计	其中：少数民族幼儿园				
总计	281174	7174	1728603	16882293	47138810	17651692
北京	1733	9	16934	168166	467595	118178
天津	2374	5	11896	106437	275871	89382
河北	16559	45	101066	875756	2390385	940002
山西	7089	0	43615	323860	996978	355236
内蒙古	4374	451	26184	176338	606965	218352
辽宁	9903	58	44458	297891	915065	304949
吉林	3605	67	21007	155185	411552	168679
黑龙江	5881	47	26013	205587	509864	203794
上海	1670	2	20215	187963	571302	191736
江苏	7608	1	78833	790611	2538978	894833
浙江	8261	2	67859	625273	1937389	657443
安徽	9631	10	72122	807035	2114345	785073
福建	8664	13	59068	634249	1695859	591861
江西	15958	14	68442	608004	1657888	601978
山东	23588	44	128946	1297309	3381184	1086991
河南	23181	42	165549	1253449	4308701	1646408
湖北	8925	10	62510	568080	1777926	662895
湖南	15717	204	82517	794812	2276122	997220
广东	19885	4	157474	1808192	4645041	1783537
广西	13112	15	78483	894778	2167734	925940
海南	2538	32	14161	123391	375208	141680
重庆	5660	0	33488	365421	982526	355637
四川	13568	566	90404	901786	2644188	984069
贵州	10685	35	51080	654564	1545246	659658
云南	12085	29	51587	714245	1498668	632954
西藏	2014	174	5936	76750	141660	56082
陕西	8048	5	51111	460931	1389532	518758
甘肃	7988	154	35712	335332	932788	367711
青海	1816	857	8080	92700	214919	89717
宁夏	1329	21	8109	115992	247838	106134
新疆	7725	4258	45744	462206	1519493	514805

7. 幼儿园教职工数

单位：人

省市名称	教职工数						代课教师	兼任教师
	合计	园长	专任教师	保健医	保育员	其他		
总计	4915735	303646	2763104	143881	1012527	692577	150408	44614
北京	79777	2681	41187	3808	13157	18944	0	1168
天津	38495	2575	21549	1428	6490	6453	1640	99
河北	222594	17140	135145	7045	36272	26992	14097	278
山西	99034	7077	60555	2923	15598	12881	11656	1080
内蒙古	78461	4147	46545	2320	12104	13345	3059	184
辽宁	127938	10785	75648	2641	21740	17124	195	961
吉林	57360	4342	28848	2522	13329	8319	413	275
黑龙江	72013	6541	35914	3523	14446	11589	3365	713
上海	78681	2056	43171	2998	18073	12383	1601	130
江苏	280754	10825	159442	8748	67018	34721	9785	296
浙江	250051	8509	135413	8533	54140	43456	0	231
安徽	168961	11009	99872	5476	34848	17756	6947	1138
福建	176435	9896	97910	4393	38069	26167	10556	375
江西	165264	13151	102539	2402	34468	12704	3534	3655
山东	336935	25515	219385	6990	49046	35999	24404	1400
河南	390652	26999	226163	12214	80803	44473	13633	1582
湖北	200730	12599	98612	8076	48176	33267	8204	926
湖南	244405	15550	115877	8049	66819	38110	3897	464
广东	582390	29570	307952	17332	130360	97176	545	818
广西	187602	15112	95805	4737	44307	27641	991	3715
海南	48813	3397	23502	1899	10949	9066	162	166
重庆	100444	6510	50522	2980	24138	16294	4217	353
四川	234912	15966	128724	7278	47661	35283	9566	8717
贵州	157008	8911	90713	3307	36947	17130	1650	2685
云南	124050	8862	72829	2906	20168	19285	607	6609
西藏	7619	406	6377	29	401	406	572	14
陕西	169716	9673	95048	5949	32476	26570	3269	224
甘肃	71519	5585	49438	1417	7633	7446	1064	4960
青海	21208	1333	11999	226	4385	3265	486	47
宁夏	24163	1626	12971	678	3756	5132	2982	280
新疆	117751	5298	73449	1054	24750	13200	7311	1071

8. 幼儿园园长、专任教师学历、职称情况

单位：人

省市名称	合计	按学历分					按职称分					
		研究生毕业	本科毕业	专科毕业	高中阶段毕业	高中阶段以下毕业	正高级	副高级	中级	助理级	员级	未定职级
总计	3066750	8519	781148	1773350	456643	47090	465	43312	254935	354838	119939	2293261
北京	43868	686	21116	19795	2223	48	12	1335	6190	9204	3481	23646
天津	24124	388	11746	8697	2841	452	10	1078	4630	3020	317	15069
河北	152285	329	30108	87077	33255	1516	23	3089	20312	14884	2970	111007
山西	67632	181	17215	37914	11400	922	13	460	6952	9297	1745	49165
内蒙古	50692	263	20760	25447	4130	92	11	2384	5954	8946	1931	31466
辽宁	86433	453	17612	51272	14410	2686	9	1710	5889	3232	2129	73464
吉林	33190	224	10359	18722	3644	241	3	1250	4069	2119	482	25267
黑龙江	42455	126	12299	25295	4150	585	4	1802	4923	4764	850	30112
上海	45227	608	34468	9196	955	0	14	1088	12693	16352	2114	12966
江苏	170267	552	89120	75883	4449	263	24	2774	20619	37760	6863	102227
浙江	143922	552	65459	74033	3854	24	17	1582	19360	48728	13374	60861
安徽	110881	127	24414	74756	10867	717	26	1001	8578	10003	6251	85022
福建	107806	105	26682	57308	21367	2344	26	672	9193	13412	4758	79745
江西	115690	73	13125	68224	27630	6638	0	826	4972	5960	4762	99170
山东	244900	651	56150	143570	37720	6809	20	2877	14491	20669	5843	201000
河南	253162	446	36442	157087	53198	5989	11	2133	13008	17190	4791	216029
湖北	111211	233	19471	61927	27177	2403	41	1215	8540	8681	3730	89004
湖南	131427	198	16638	85449	27269	1873	15	999	5733	6924	2318	115438
广东	337522	710	58294	218528	57036	2954	29	1479	18035	17686	15957	284336
广西	110917	127	18811	65066	20963	5950	47	494	6196	6375	2762	95043
海南	26899	49	4978	16494	4888	490	2	56	1077	2407	818	22539
重庆	57032	178	11834	38108	6602	310	31	683	2913	4064	1117	48224
四川	144690	284	28430	98477	17478	21	28	2392	8809	14342	5074	114045
贵州	99624	62	27439	54011	17507	605	4	889	8449	15016	6187	69079
云南	81691	183	22260	45784	11572	1892	6	5204	10008	8340	2968	55165
西藏	6783	17	2899	3625	209	33	1	157	954	1890	1772	2009
陕西	104721	431	31345	60438	12034	473	11	896	8423	14453	4457	76481
甘肃	55023	150	23223	27084	4312	254	8	1300	7887	15108	939	29781
青海	13332	21	3332	7533	2215	231	5	155	666	613	517	11376
宁夏	14597	61	2930	10027	1465	114	2	414	1249	851	102	11979
新疆	78747	51	22189	46523	9823	161	12	918	4163	12548	8560	52546

9. 特殊教育基本情况

单位：人

省市名称	学校数(所)	班数(个)	毕业生数	招生数	在校生数			小学阶段						初中阶段				高中阶段		
					合计	其中:女	学前教育阶段	一年级	二年级	三年级	四年级	五年级	六年级	一年级	二年级	三年级	四年级	一年级	二年级	三年级及以上
总计	2192	29437	97587	144211	794612	291367	4993	78972	96652	104420	95076	93785	87176	76093	75212	69107	2249	4095	3461	3321
北京	20	321	1386	1026	6962	2382	7	446	659	717	722	749	917	720	939	942	1	45	39	59
天津	21	326	510	878	4923	1738	82	604	533	646	485	441	489	461	460	360	14	155	65	128
河北	163	1837	3010	5733	29459	11024	288	3955	4310	3587	2981	3025	3036	3016	2587	2405	45	84	87	53
山西	80	975	2278	4046	18336	7296	236	1980	1821	2304	2113	2062	2142	1864	1756	1595	0	179	120	164
内蒙古	51	661	1712	2209	13215	5166	198	1250	1446	1956	1647	1673	1638	1101	1150	955	15	79	74	33
辽宁	83	894	1771	1979	13264	4542	133	1322	1430	1521	1510	1480	1378	1279	1326	1180	0	271	251	183
吉林	49	633	1410	2095	11313	3991	34	1048	1393	1273	1368	1359	1212	1166	1176	1064	0	76	90	54
黑龙江	72	1143	1436	2568	15812	5738	33	1593	2163	2619	1746	1609	964	1664	1459	1409	412	51	57	33
上海	31	552	1440	1322	8122	2852	301	387	423	636	742	778	0	903	1019	1149	959	279	233	313
江苏	104	1537	4235	5182	33083	11558	649	2878	3236	4447	4051	4423	3921	2900	2769	2879	4	393	261	272
浙江	86	1108	2909	3521	20913	7462	284	1639	1998	2146	2214	2272	2388	2128	2665	2327	1	391	258	202
安徽	73	1212	2759	5395	36941	13241	260	2874	4479	5586	4758	5423	4201	3070	3231	2621	0	152	101	185
福建	73	1112	4077	4962	26798	8994	173	2600	2797	3181	3297	3535	3623	2378	2308	2365	8	188	197	148
江西	95	1377	7058	6930	37644	13563	117	3221	4313	5255	4781	4352	4555	4094	3404	3194	0	150	121	87
山东	150	2302	4618	6333	38986	13811	751	3426	5728	5525	4425	4310	3421	3027	3626	3262	670	275	262	278
河南	150	1767	3007	10472	54849	19998	214	7759	9204	7830	6816	6136	4970	4161	4168	3367	33	82	77	32
湖北	85	867	1724	5549	28774	9816	24	3625	3578	3375	3318	3240	3169	2793	2685	2677	47	84	87	72
湖南	86	1190	5550	8262	47085	17016	486	5034	6773	6498	5668	5285	4583	4503	4268	3866	0	65	33	23
广东	141	2148	5179	10149	52869	16953	109	5682	7162	7248	6412	6465	5549	4314	4573	4135	0	378	463	379
广西	82	1093	4701	7077	37730	13098	110	3727	5097	4821	4699	4242	4451	3780	3713	2924	0	72	54	40
海南	13	161	387	860	4291	1415	0	426	659	565	460	440	518	350	410	339	0	52	36	36
重庆	39	438	3203	4492	25362	9674	70	1903	2498	3117	3021	3185	3418	3023	2600	2293	0	94	73	67
四川	129	1523	11408	10914	61072	23553	80	4988	6316	7694	8325	7405	7734	6186	6227	5763	0	123	80	151
贵州	77	1308	4297	7876	38942	14878	41	4014	4605	4994	4897	5010	4410	3602	3733	3346	0	92	91	107
云南	65	941	7642	7798	42207	17023	92	3571	4407	5553	4765	4743	4719	4963	4783	4563	0	15	14	19
西藏	6	82	738	1350	6766	3112	0	761	779	789	727	746	883	705	608	717	0	20	23	8
陕西	66	724	2412	3198	18359	6983	73	1953	2165	2628	2286	2034	2060	1773	1689	1601	22	30	21	24
甘肃	44	503	1997	3771	19294	7368	19	1715	2199	2455	2327	2297	2168	2083	1971	1874	0	95	45	46
青海	16	143	803	1356	7700	3216	3	749	878	1225	975	868	762	687	712	782	0	17	26	16
宁夏	14	162	793	1212	6976	2787	28	577	562	873	632	1122	893	733	709	676	18	44	73	36
新疆	28	397	3137	5696	26565	11119	98	3265	3041	3356	2908	3076	3004	2666	2488	2477	0	64	49	73

10. 特殊教育学校教职工情况

单位：人

省市名称	教职工数					代课教师	兼任教师
	合计	专任教师	行政人员	教辅人员	工勤人员		
总计	72108	62358	3392	2686	3672	1595	291
北京	1234	993	107	86	48	0	3
天津	810	662	89	31	28	10	0
河北	4054	3530	213	117	194	26	7
山西	2304	1924	96	143	141	215	16
内蒙古	1942	1662	97	117	66	16	0
辽宁	2903	2201	522	94	86	1	0
吉林	1935	1649	160	82	44	11	2
黑龙江	2330	1997	141	104	88	18	0
上海	1752	1385	160	107	100	2	2
江苏	4188	3654	140	186	208	71	6
浙江	3121	2852	68	65	136	0	0
安徽	2044	1873	44	40	87	154	20
福建	2470	2216	83	39	132	216	4
江西	1982	1767	41	98	76	62	9
山东	6248	5517	182	216	333	67	0
河南	4505	4156	121	70	158	184	14
湖北	2162	1889	94	54	125	80	6
湖南	2711	2423	145	60	83	106	0
广东	6570	5326	269	522	453	21	84
广西	2138	1823	49	91	175	14	52
海南	582	404	15	22	141	9	0
重庆	1156	1050	44	14	48	56	0
四川	3391	3094	105	75	117	147	24
贵州	2183	1922	87	26	148	11	20
云南	1961	1740	52	39	130	3	13
西藏	307	286	12	1	8	0	0
陕西	1842	1519	136	58	129	13	7
甘肃	1249	1083	48	45	73	0	0
青海	278	216	13	2	47	13	0
宁夏	478	427	11	29	11	59	0
新疆	1278	1118	48	53	59	10	2

11. 特殊教育学校专任教师学历、职称情况

单位：人

省市名称	合计	其中：女	按学历分					按职称分					
			研究生毕业	本科毕业	专科毕业	高中阶段毕业	高中阶段以下毕业	正高级	副高级	中级	助理级	员级	未定职级
总计	62358	46303	1632	43618	16186	906	16	44	9392	27358	16294	2020	7250
北京	993	790	70	879	44	0	0	0	136	457	338	14	48
天津	662	504	38	527	93	4	0	0	103	373	154	1	31
河北	3530	2822	41	2361	1074	54	0	1	671	1840	728	29	261
山西	1924	1498	18	1340	535	31	0	0	98	723	715	56	332
内蒙古	1662	1189	37	1200	390	35	0	0	423	660	304	26	249
辽宁	2201	1755	53	1582	547	18	1	0	469	1334	221	41	136
吉林	1649	1272	27	1263	329	30	0	1	417	753	387	21	70
黑龙江	1997	1413	10	1137	805	45	0	2	572	995	336	15	77
上海	1385	1158	162	1094	125	4	0	1	68	786	486	13	31
江苏	3654	2702	125	2990	523	15	1	0	584	1850	808	77	335
浙江	2852	2161	132	2249	449	21	1	1	384	1139	891	103	334
安徽	1873	1319	26	1270	547	30	0	3	262	774	425	121	288
福建	2216	1746	28	1526	630	32	0	2	173	1059	702	120	160
江西	1767	1356	14	976	752	24	1	0	245	550	427	199	346
山东	5517	3658	198	4130	1045	144	0	11	935	2413	1411	87	660
河南	4156	3102	38	2489	1551	78	0	0	709	1961	1118	84	284
湖北	1889	1276	29	1145	680	34	1	1	315	1017	368	48	140
湖南	2423	1797	47	1420	861	95	0	2	385	896	541	117	482
广东	5326	3980	293	3998	957	78	0	5	498	2039	1383	319	1082
广西	1823	1469	35	1064	691	31	2	1	97	899	456	93	277
海南	404	302	3	235	163	3	0	0	37	96	114	57	100
重庆	1050	788	21	760	258	7	4	1	135	457	377	5	75
四川	3094	2278	58	2008	1004	24	0	3	558	1002	1082	130	319
贵州	1922	1373	11	1353	533	24	1	1	139	895	653	73	161
云南	1740	1223	23	1314	385	18	0	4	488	744	344	45	115
西藏	286	185	2	214	70	0	0	0	29	85	84	24	64
陕西	1519	1106	42	1034	429	10	4	0	112	625	476	38	268
甘肃	1083	764	27	793	259	4	0	2	124	434	430	15	78
青海	216	137	7	135	71	3	0	0	59	79	40	6	32
宁夏	427	334	7	297	121	2	0	1	60	176	132	3	55
新疆	1118	846	10	835	265	8	0	1	107	247	363	40	360

12. 初中校数、班数情况

省市名称	学校数（所）				班数（个）				
	合计	初级中学	九年一贯制学校	职业初中	合计	一年级	二年级	三年级	四年级
总计	52415	35038	17366	11	1044122	356301	345578	330723	11520
北京	336	192	144	0	10073	3561	3241	3239	32
天津	340	292	48	0	7575	2543	2401	2396	235
河北	2405	1840	565	0	59810	20276	20353	19181	0
山西	1762	1204	558	0	26258	8812	8968	8478	0
内蒙古	701	463	238	0	15338	5161	5040	5097	40
辽宁	1518	976	542	0	24247	8240	7935	8072	0
吉林	1177	798	374	5	15828	5169	5353	5306	0
黑龙江	1420	861	559	0	22037	6183	6555	6655	2644
上海	584	370	214	0	13485	3644	3518	3201	3122
江苏	2224	1687	537	0	53454	18882	17751	16810	11
浙江	1744	1235	509	0	39564	13285	13115	13108	56
安徽	2846	1804	1042	0	48931	17141	15900	15890	0
福建	1249	1034	215	0	29589	10419	9804	9366	0
江西	2177	1389	788	0	45663	16528	15122	14013	0
山东	3151	2161	990	0	77911	25539	23944	23337	5091
河南	4603	3486	1117	0	94699	32411	32266	29752	270
湖北	2080	1522	558	0	34215	11717	11532	10947	19
湖南	3368	2049	1319	0	51535	17918	17587	16030	0
广东	3712	2030	1682	0	84473	29793	28190	26490	0
广西	1753	1479	274	0	42360	14960	14019	13381	0
海南	404	208	196	0	7730	2661	2619	2450	0
重庆	867	669	198	0	23608	8381	7866	7361	0
四川	3734	1713	2018	3	58762	20204	19811	18747	0
贵州	2008	1472	535	1	37498	12017	12885	12596	0
云南	1689	1419	268	2	38878	12906	12918	13054	0
西藏	101	99	2	0	2930	1006	994	930	0
陕西	1612	1084	528	0	24573	8604	8216	7753	0
甘肃	1465	855	610	0	20345	6924	6802	6619	0
青海	263	99	164	0	4790	1583	1618	1589	0
宁夏	252	176	76	0	6029	2036	2030	1963	0
新疆	870	372	498	0	21934	7797	7225	6912	0

13. 初中学生情况

单位：人

省市名称	毕业生数	招生数	在校生数						预计毕业生数
			合计	其中：女	一年级	二年级	三年级	四年级	
总计	14540936	16388487	48271362	22408314	16394240	16037276	15365613	474233	15388151
北京	73344	117398	308722	146654	117528	97997	92177	1020	92128
天津	76464	99558	303432	141773	103355	96426	95239	8412	94817
河北	860418	992368	2973099	1395681	992370	1013518	967211	0	967148
山西	375268	377842	1141923	548153	377881	393370	370672	0	370672
内蒙古	194077	222652	663303	317508	222665	216691	222329	1618	222267
辽宁	315612	345116	1014597	481188	345128	329650	339819	0	339819
吉林	214960	210064	654524	312129	210067	223062	221395	0	221395
黑龙江	269903	250104	913966	437807	250158	273691	278001	112116	278775
上海	86567	132913	450954	215122	133063	121237	99635	97019	97086
江苏	693410	862163	2424561	1106240	862163	804797	757188	413	757320
浙江	512211	550411	1636986	762510	550411	541160	543464	1951	543557
安徽	676496	768682	2188323	991158	768721	708289	711313	0	711313
福建	399462	483234	1364564	627959	483296	451788	429480	0	429480
江西	635775	768708	2200671	985973	769665	742033	688973	0	688973
山东	1023992	1173111	3609195	1662504	1173114	1102090	1098324	235667	1124621
河南	1411868	1578686	4684765	2120991	1578696	1606193	1484612	15264	1483010
湖北	499686	565300	1653660	753749	565340	560560	527007	753	526996
湖南	769462	851250	2482512	1149677	851250	844757	786505	0	786505
广东	1149457	1380301	3890283	1774306	1380263	1299934	1210086	0	1210086
广西	681181	760083	2204864	1031891	760125	736481	708258	0	708258
海南	105415	126322	369015	166344	126326	125955	116734	0	116734
重庆	329956	396289	1115764	529310	396439	370608	348717	0	348717
四川	828692	943769	2737192	1308919	943769	925667	867756	0	867756
贵州	601458	561848	1792803	830780	561856	620783	610164	0	610164
云南	618649	607343	1845363	873396	607386	612605	625372	0	625372
西藏	41191	48681	139808	68613	48681	47347	43780	0	43780
陕西	351360	392319	1123519	527025	392362	376605	354552	0	354552
甘肃	285931	299865	881781	415827	299865	295777	286139	0	286139
青海	72013	73925	225270	108755	74004	75814	75452	0	75452
宁夏	91727	100254	298799	143138	100340	100855	97604	0	97604
新疆	294931	347928	977144	473234	347953	321536	307655	0	307655

14. 初中专任教师学历、职称情况

单位：人

省市名称	合计	其中：女	按学历分					按职称分					
			研究生毕业	本科毕业	专科毕业	高中阶段毕业	高中阶段以下毕业	正高级	副高级	中级	助理级	员级	未定职级
总计	3747429	2165951	131646	3141892	469255	4496	140	1912	742917	1521323	979660	56799	444818
北京	37057	28504	8138	28638	276	5	0	17	10426	12977	10541	196	2900
天津	28333	20208	3016	24520	763	34	0	3	9769	12943	4094	133	1391
河北	210644	151082	5529	180870	24175	66	4	93	37132	86347	46384	5519	35169
山西	109271	75499	3211	89015	16862	174	9	59	12854	35518	41981	1647	17212
内蒙古	59558	41345	3403	50804	5351	0	0	18	17527	24278	10734	514	6487
辽宁	99648	69919	4271	85967	9290	99	21	44	50407	33246	10115	414	5422
吉林	66275	45669	2897	57393	5939	45	1	51	16938	25761	17050	513	5962
黑龙江	88058	57896	1706	75122	11076	154	0	31	23213	41439	18887	614	3874
上海	43073	31907	6780	35948	345	0	0	8	5297	21426	13229	170	2943
江苏	200995	110200	13288	182119	5529	58	1	163	51385	89644	39219	808	19776
浙江	130566	79233	6343	120200	3996	27	0	81	32012	57076	31069	638	9690
安徽	162358	70860	3147	136325	22858	28	0	48	31078	64912	37733	3544	25043
福建	104637	51591	3095	90739	10732	71	0	33	22213	43832	29721	788	8050
江西	136570	65676	2270	103686	30485	124	5	47	36292	46540	30727	1670	21294
山东	292845	167777	13237	251132	28090	373	13	192	41666	121549	90997	2556	35885
河南	327211	211044	7938	257573	60463	1236	1	54	54346	118059	97395	6781	50576
湖北	133135	64187	3778	101696	27161	491	9	131	27021	66094	26941	2826	10122
湖南	181836	101493	5029	143925	32497	380	5	112	26595	80357	42892	5592	26288
广东	291619	167962	12358	251722	27489	46	4	137	39984	136424	63999	6001	45074
广西	142404	79011	1988	116290	23786	330	10	108	19067	67208	33992	3635	18394
海南	26987	13745	469	22248	4198	72	0	53	5056	9938	8891	278	2771
重庆	81196	42477	2947	72224	5925	93	7	60	12760	35016	26947	424	5989
四川	211700	109718	4359	168416	38912	13	0	95	41572	81745	65615	3611	19062
贵州	128224	58375	1079	107461	19558	123	3	80	21743	51382	38721	2068	14230
云南	133786	69725	1835	116318	15289	299	45	57	47935	45385	29957	1078	9374
西藏	11934	6290	198	10687	1038	11	0	1	1048	4591	3838	761	1695
陕西	99923	60150	5086	87421	7383	33	0	16	14141	39314	36298	1252	8902
甘肃	81037	36099	1691	68018	11267	61	0	52	11348	31546	33053	505	4533
青海	16703	9440	532	13744	2402	24	1	8	4037	6324	4401	450	1483
宁夏	20659	11848	629	18638	1387	5	0	2	4496	7354	7234	241	1332
新疆	89187	57021	1399	73033	14733	21	1	58	13559	23098	27005	1572	23895

15. 中等职业学校（机构）情况

单位：所

省市名称	中等职业学校 合计	其中:中央部门	其中:地方部门	其中:民办	其中:中外合资办	普通中等专业学校 小计	其中:中央部门	其中:地方部门	其中:民办	其中:中外合资办	成人中等专业学校 小计	其中:中央部门	其中:地方部门	其中:民办	其中:中外合资办	职业高中学校 小计	其中:中央部门	其中:地方部门	其中:民办	其中:中外合资办
总计	7686	21	5679	1985	1	3339	18	2464	857	0	1032	1	928	103	0	3315	2	2287	1025	1
北京	84	8	57	19	0	29	7	21	1	0	11	1	9	1	0	44	0	27	17	0
天津	69	0	63	6	0	38	0	36	2	0	17	0	17	0	0	14	0	10	4	0
河北	601	2	432	167	0	252	2	106	144	0	162	0	156	6	0	187	0	170	17	0
山西	343	0	249	94	0	88	0	76	12	0	25	0	25	0	0	230	0	148	82	0
内蒙古	237	0	172	65	0	74	0	34	40	0	55	0	55	0	0	108	0	83	25	0
辽宁	269	0	184	85	0	103	0	93	10	0	0	0	0	0	0	166	0	91	75	0
吉林	255	0	188	67	0	41	0	36	5	0	72	0	72	0	0	142	0	80	62	0
黑龙江	219	0	168	51	0	76	0	35	41	0	32	0	29	3	0	111	0	104	7	0
上海	90	2	84	3	1	57	2	54	1	0	10	0	8	2	0	23	0	22	0	1
江苏	206	0	182	24	0	148	0	134	14	0	10	0	9	1	0	48	0	39	9	0
浙江	245	0	202	43	0	46	0	39	7	0	14	0	13	1	0	185	0	150	35	0
安徽	328	0	225	103	0	214	0	144	70	0	29	0	26	3	0	85	0	55	30	0
福建	180	0	151	29	0	180	0	151	29	0	0	0	0	0	0	0	0	0	0	0
江西	327	1	237	89	0	95	1	80	14	0	87	0	87	0	0	145	0	70	75	0
山东	391	1	289	101	0	240	0	178	62	0	28	0	22	6	0	123	1	89	33	0
河南	574	1	416	157	0	145	1	121	23	0	159	0	108	51	0	270	0	187	83	0
湖北	272	2	215	55	0	212	2	170	40	0	7	0	4	3	0	53	0	41	12	0
湖南	487	0	272	215	0	36	0	32	4	0	83	0	68	15	0	368	0	172	196	0
广东	426	0	314	112	0	319	0	229	90	0	5	0	5	0	0	102	0	80	22	0
广西	248	0	187	61	0	248	0	187	61	0	0	0	0	0	0	0	0	0	0	0
海南	73	0	41	32	0	30	0	22	8	0	1	0	1	0	0	42	0	18	24	0
重庆	129	0	107	22	0	25	0	21	4	0	42	0	39	3	0	62	0	47	15	0
四川	408	0	237	171	0	201	0	71	130	0	14	0	9	5	0	193	0	157	36	0
贵州	185	0	144	41	0	65	0	60	5	0	5	0	5	0	0	115	0	79	36	0
云南	370	0	325	45	0	87	0	70	17	0	123	0	122	1	0	160	0	133	27	0
西藏	11	0	11	0	0	11	0	11	0	0	0	0	0	0	0	0	0	0	0	0
陕西	230	0	150	80	0	31	0	29	2	0	3	0	3	0	0	196	0	118	78	0
甘肃	205	0	175	30	0	115	0	108	7	0	18	0	16	2	0	72	0	51	21	0
青海	36	1	28	7	0	33	1	26	6	0	2	0	2	0	0	1	0	0	1	0
宁夏	30	0	23	7	0	13	0	7	6	0	2	0	2	0	0	15	0	14	1	0
新疆	158	3	151	4	0	87	2	83	2	0	16	0	16	0	0	55	1	52	2	0

16. 中等职业学校学生情况

单位：人

省市名称	毕业生数		招生数				在校学生数					预计毕业生数	
	合计	其中:获得职业资格证书	合计	其中:应届毕业		其中:五年制高职中职段	合计	一年级	二年级	三年级	四年级及以上	合计	其中:五年制高职中职段
				计	其中:初中毕业生								
总计	3950427	2839511	4574121	4165127	4054872	542276	12161663	4577580	3841851	3687756	54476	3919994	460034
北京	22939	9377	12578	11095	10672	6773	49356	12634	14284	18841	3597	18586	7620
天津	30005	22937	24971	23968	22798	4072	80942	25211	26998	28358	375	31300	4516
河北	244988	184967	315647	278547	267789	7596	774629	315647	236776	220945	1261	270900	12411
山西	107153	91546	106945	97876	91342	20351	296674	106989	91261	96394	2030	101186	14997
内蒙古	59815	31533	57572	54449	53232	6865	168536	57603	53026	57361	546	57851	8646
辽宁	99924	50529	86152	79967	76289	11641	265089	86159	76369	96273	6288	99319	8992
吉林	43181	17636	43755	39748	38052	16658	117863	43755	34177	39735	196	41096	11456
黑龙江	61511	18249	55174	47511	42662	2758	167688	55176	48755	59861	3896	62918	3192
上海	33778	26911	34291	31219	31046	7994	99979	34466	32136	30960	2417	33192	6528
江苏	201787	175617	212812	206781	199327	60111	621530	212838	197355	207816	3521	210132	54189
浙江	172310	161622	199421	194457	194308	37949	542066	199535	171972	165750	4809	171549	31990
安徽	267892	207708	302038	266187	255992	29816	750713	302041	235401	211752	1519	260051	29264
福建	110432	97549	130126	119868	118115	19423	334826	130157	108132	96484	53	101379	6525
江西	112129	105329	149327	141223	140484	12683	385493	151193	121728	111281	1291	107638	13125
山东	259891	164970	267223	255871	253641	88321	730464	267223	229588	232067	1586	235070	60819
河南	343875	219728	420862	379187	370098	40550	1110637	420863	359113	327322	3339	335370	37596
湖北	116755	83438	144955	140994	139716	11850	391910	145004	125614	118843	2449	118975	11788
湖南	209896	161591	253467	237365	234069	10518	669992	253735	213939	198350	3968	209296	23917
广东	279317	185207	314820	290868	284058	11859	859668	314750	278830	265271	817	270226	5955
广西	196423	113794	259391	202052	190850	20949	680286	259391	218249	201498	1148	210574	16221
海南	34764	10802	42818	35050	34388	5497	117313	42824	37437	35811	1241	35840	4218
重庆	92141	71461	123645	120180	119253	23011	317203	123648	99910	92961	684	92972	11790
四川	307889	269076	323855	291058	281976	6482	796091	323971	237531	233303	1286	285895	7022
贵州	142170	94041	154707	138810	135266	2708	438121	154920	142578	140623	0	146221	5990
云南	148998	101414	194839	165654	163326	45234	513232	194853	163960	154134	285	155543	41654
西藏	6601	873	10537	9539	9487	0	25402	10537	8624	6137	104	6225	0
陕西	73018	51756	109191	103124	100376	17841	257529	109211	75407	72534	377	75071	11259
甘肃	59734	47652	76052	71607	70417	3755	186733	76059	60614	49730	330	54661	1492
青海	20184	11143	31917	21855	21453	349	81621	31927	25103	22679	1912	21354	784
宁夏	22966	13766	27933	26702	26615	2144	74640	27933	24202	22019	486	22759	501
新疆	67961	37289	87100	82315	77775	6518	255437	87327	92782	72663	2665	76845	5577

17. 中等职业学校教职工情况

单位：人

省市名称	教职工数								聘请校外教师
	合计	校本部教职工					校办企业职工	其他附设机构人员	
		小计	专任教师	行政人员	教辅人员	工勤人员			
总计	801482	798471	642197	62745	48146	45383	945	2066	81000
北京	9322	9312	6019	1639	1008	646	10	0	966
天津	7972	7935	5782	1248	559	346	0	37	723
河北	60704	60678	48484	4825	4199	3170	9	17	2138
山西	29157	29147	23248	2264	1805	1830	0	10	4220
内蒙古	18195	18162	13632	1675	1747	1108	33	0	1104
辽宁	25604	25576	19153	3300	1577	1546	25	3	1756
吉林	18289	18289	13921	1949	1743	676	0	0	1648
黑龙江	17054	17053	12604	1941	1313	1195	0	1	2254
上海	11722	11689	8160	1784	1104	641	9	24	1418
江苏	50609	50570	43161	2333	2531	2545	39	0	5171
浙江	39836	39819	35613	1257	1878	1071	10	7	4526
安徽	32768	32661	27884	2011	1227	1539	93	14	6159
福建	19928	19912	16778	1303	1163	668	3	13	2474
江西	19701	19626	14225	1691	2545	1165	21	54	2574
山东	58249	58042	48099	3573	3803	2567	95	112	3709
河南	58995	58463	47710	4356	3359	3038	397	135	8542
湖北	25951	25913	20452	2325	1659	1477	38	0	1849
湖南	39075	39040	31027	3597	2213	2203	6	29	2983
广东	56252	56122	44034	4428	3508	4152	27	103	2881
广西	27023	26557	20430	2611	1591	1925	0	466	2539
海南	6034	6034	4286	746	384	618	0	0	675
重庆	18190	17983	15114	1233	648	988	0	207	2880
四川	47098	46368	37463	3163	2031	3711	25	705	3522
贵州	20976	20959	17470	1546	623	1320	5	12	4202
云南	23948	23892	20128	1217	761	1786	4	52	4789
西藏	1905	1905	1784	81	4	36	0	0	85
陕西	18900	18833	14347	1999	1442	1045	26	41	785
甘肃	16153	16145	13680	853	689	923	0	8	623
青海	2920	2846	2362	166	60	258	70	4	1609
宁夏	3702	3702	3063	368	113	158	0	0	576
新疆	15250	15238	12084	1263	859	1032	0	12	1620

18. 中等职业学校（机构）专任教师职称、学历情况

单位：人

省市名称	合计	按职称分					按学历分				
		正高级	副高级	中级	初级	无职级	博士研究生	硕士研究生	本科	专科	高中阶段及以下
总计	642197	2533	158939	247629	153489	79607	430	52255	542051	45791	1670
北京	6019	37	1902	2343	1287	450	54	958	4816	179	12
天津	5782	19	2125	2413	1019	206	4	874	4746	144	14
河北	48484	143	12879	20066	9800	5596	6	2567	41752	4097	62
山西	23248	24	4437	8710	7272	2805	11	1352	20115	1713	57
内蒙古	13632	27	4021	5011	2728	1845	3	1068	11419	1097	45
辽宁	19153	554	6370	8095	2542	1592	7	1615	16533	957	41
吉林	13921	89	4825	5762	2264	981	8	968	12109	817	19
黑龙江	12604	63	4366	4831	2326	1018	4	578	11286	725	11
上海	8160	22	1780	4147	1909	302	48	1786	6164	142	20
江苏	43161	242	14350	17008	8558	3003	41	7847	34398	846	29
浙江	35613	73	10127	13299	9392	2722	7	3261	31534	806	5
安徽	27884	32	7322	10328	6326	3876	3	1697	24785	1382	17
福建	16778	38	4029	6979	4241	1491	4	1124	14823	775	52
江西	14225	42	3628	4348	2705	3502	1	565	10893	2614	152
山东	48099	240	11818	19762	11746	4533	32	4176	41372	2352	167
河南	47710	117	9760	19290	13024	5519	26	3823	39487	4316	58
湖北	20452	70	4691	8996	4705	1990	12	1354	17273	1733	80
湖南	31027	125	5936	11241	7154	6571	26	1643	25511	3781	66
广东	44034	37	8203	19550	9645	6599	43	4945	36442	2368	236
广西	20430	96	3553	7541	5697	3543	11	2073	16515	1714	117
海南	4286	14	805	1438	1064	965	19	199	3536	449	83
重庆	15114	155	3854	5361	4154	1590	4	1235	12853	980	42
四川	37463	99	9309	12309	10155	5591	27	1660	31776	3974	26
贵州	17470	56	2780	5531	6318	2785	9	959	14561	1883	58
云南	20128	32	7174	6537	3910	2475	2	1125	17240	1656	105
西藏	1784	0	207	528	551	498	0	117	1603	63	1
陕西	14347	24	2868	5896	3824	1735	7	1020	12231	1078	11
甘肃	13680	47	2634	5481	4444	1074	5	627	11867	1156	25
青海	2362	4	667	815	606	270	2	74	1832	449	5
宁夏	3063	4	659	878	878	644	0	320	2585	151	7
新疆	12084	8	1860	3135	3245	3836	4	645	9994	1394	47

19. 普通高中校数、班数情况

省市名称	学校数（所）				班数（个）			
	合计	完全中学	高级中学	十二年一贯制学校	合计	一年级	二年级	三年级
总计	13964	5392	7003	1569	479637	165774	156709	157154
北京	318	170	36	112	5054	1646	1632	1776
天津	187	105	69	13	3859	1246	1266	1347
河北	679	228	383	68	26646	9598	8599	8449
山西	522	217	252	53	14062	4741	4528	4793
内蒙古	303	114	158	31	9405	3119	3084	3202
辽宁	420	53	337	30	13423	4475	4316	4632
吉林	251	65	169	17	8373	2938	2640	2795
黑龙江	368	81	262	25	11106	3778	3544	3784
上海	258	86	144	28	4670	1579	1528	1563
江苏	580	86	438	56	22261	7949	7374	6938
浙江	601	85	469	47	18842	6466	6173	6203
安徽	667	276	305	86	21783	7517	7184	7082
福建	544	426	79	39	13614	4658	4514	4442
江西	496	248	156	92	19910	7203	6452	6255
山东	640	93	472	75	35126	12184	11466	11476
河南	889	169	601	119	38316	13762	12505	12049
湖北	532	73	403	56	16021	5503	5267	5251
湖南	642	213	344	85	22411	7919	7446	7046
广东	1008	536	319	153	37648	12870	12356	12422
广西	490	195	270	25	17874	6355	5880	5639
海南	124	79	13	32	3553	1237	1170	1146
重庆	260	216	38	6	11284	3839	3693	3752
四川	779	521	163	95	26851	9318	8715	8818
贵州	468	151	261	56	18750	6206	6173	6371
云南	547	354	160	33	16606	5923	5425	5258
西藏	35	6	26	3	1327	453	450	424
陕西	471	202	224	45	13929	4470	4638	4821
甘肃	376	154	204	18	10735	3507	3519	3709
青海	108	38	54	16	2510	845	834	831
宁夏	65	19	45	1	2879	1007	952	920
新疆	336	133	149	54	10809	3463	3386	3960

20. 普通高中学生数情况

单位：人

省市名称	毕业生数	招生数	在校学生数					预计毕业生数
			合计	其中：女	一年级	二年级	三年级	
总计	7892494	8394949	24143050	12242772	8398599	7846454	7897997	7897972
北京	50390	51403	152857	77905	51879	47264	53714	53714
天津	54368	52243	158561	81400	52268	51297	54996	54996
河北	427550	506728	1411999	738507	506739	449082	456178	456178
山西	244365	224654	660092	343727	224686	207968	227438	227438
内蒙古	144760	130362	406205	211418	130364	132955	142886	142886
辽宁	206749	203043	601543	313787	203093	188960	209490	209490
吉林	137352	149522	418443	216923	149525	128503	140415	140415
黑龙江	185865	190255	551656	287021	190255	172378	189023	189023
上海	51624	54236	159445	81930	54791	52302	52352	52352
江苏	313885	387603	1050290	508792	387881	350374	312035	312035
浙江	254026	273060	784233	396658	273109	254747	256377	256377
安徽	363296	378830	1088028	513099	378867	357500	351661	351661
福建	210157	221862	639259	322597	221952	210107	207200	207200
江西	326947	377216	1055368	474097	377460	342943	334965	334965
山东	551604	587874	1672070	858974	587881	541885	542304	542304
河南	679853	749785	2158790	1091719	749822	718465	690503	690503
湖北	274071	301376	852203	409667	301461	276468	274274	274274
湖南	379575	437339	1221359	595507	437345	398401	385613	385613
广东	628523	639413	1837399	904044	639955	597021	600423	600398
广西	326975	394233	1091029	583456	394307	357515	339207	339207
海南	57354	60586	172528	85386	60614	56403	55511	55511
重庆	206590	209829	616561	313016	209996	197917	208648	208648
四川	470039	484081	1398064	719517	484331	455851	457882	457882
贵州	333356	325020	992072	516355	325044	325976	341052	341052
云南	272366	330490	909138	508880	330706	294676	283756	283756
西藏	19159	23238	65500	36121	23278	22114	20108	20108
陕西	252235	212712	683891	341546	212763	229518	241610	241610
甘肃	193621	172017	526270	263914	172022	171777	182471	182471
青海	41582	42236	126349	66733	42424	41843	42082	42082
宁夏	47318	53619	153403	82964	53655	50601	49147	49147
新疆	186939	170084	528445	297112	170126	163643	194676	194676

21. 普通中学教职工数情况

单位：人

省市名称	教职工数						代课教师	兼任教师
	合计	专任教师	行政人员	教辅人员	工勤人员	校办企业职工		
总计	7184080	6389497	190484	277656	324861	1582	60978	18406
北京	91277	71271	7209	9457	3317	23	0	1292
天津	56241	48173	3490	3599	974	5	111	447
河北	394332	347695	12619	16854	17022	142	3084	624
山西	226739	191581	6485	13260	15336	77	5816	971
内蒙古	135351	107164	6469	14278	7437	3	938	161
辽宁	204608	177439	17618	6292	3247	12	48	238
吉林	137695	113475	7465	13395	3306	54	208	197
黑龙江	177408	150410	8359	11606	7005	28	2573	240
上海	89952	74450	5035	6568	3898	1	335	209
江苏	384087	344304	6585	15476	17566	156	3530	405
浙江	261384	234451	5736	9244	11923	30	0	346
安徽	312381	278849	7008	8047	18438	39	3372	731
福建	187058	167494	4858	7666	6934	106	3084	117
江西	237636	226371	1805	3668	5769	23	252	1086
山东	536931	493448	8752	20714	13996	21	2458	675
河南	580080	520378	14539	13341	31784	38	11869	2455
湖北	256597	223227	7156	10960	15059	195	3862	722
湖南	340714	312303	6993	9500	11894	24	4252	477
广东	633195	550707	15529	23277	43322	360	237	446
广西	242390	216558	3691	8280	13852	9	228	2292
海南	57610	49190	1517	1393	5358	152	985	187
重庆	138577	128021	2876	3594	4054	32	1440	274
四川	418103	382718	7511	9390	18472	12	4500	1290
贵州	231843	210334	4671	3386	13452	0	39	547
云南	224201	206645	2400	4000	11140	16	2	805
西藏	18522	17965	148	177	232	0	0	0
陕西	200738	175223	8605	9621	7278	11	1146	73
甘肃	151602	142809	2172	3900	2721	0	1016	865
青海	34734	32015	250	276	2190	3	671	51
宁夏	36040	34116	362	910	652	0	1143	80
新疆	186054	160713	2571	15527	7233	10	3779	103

22.普通高中专任教师学历、职称情况

单位：人

省市名称	合计	其中：女	按学历分					按职称分					
			研究生毕业	本科毕业	专科毕业	高中阶段毕业	高中阶段以下毕业	正高级	副高级	中级	助理级	员级	未定职级
总计	1859242	1017816	197002	1636615	25257	349	19	4623	513213	681882	454822	17787	186915
北京	20633	14816	6689	13914	29	1	0	98	8228	6317	4372	73	1545
天津	16596	11898	3090	13439	65	2	0	36	6435	6807	2517	73	728
河北	107059	71714	10312	95336	1397	14	0	192	24507	42592	22141	2764	14863
山西	64157	40757	6706	56545	896	9	1	120	13274	22232	19995	561	7975
内蒙古	36966	23378	5689	30726	551	0	0	80	11234	13652	8137	209	3654
辽宁	52378	36276	6140	45688	525	23	2	48	22594	18564	6751	140	4281
吉林	31691	21206	3534	27937	219	1	0	107	10181	12154	6421	122	2706
黑龙江	42909	28141	3770	38741	391	7	0	90	13635	18043	8910	245	1986
上海	18609	12402	4659	13943	7	0	0	49	5605	8016	3953	51	935
江苏	99291	50138	18817	80259	215	0	0	453	38403	37451	16054	154	6776
浙江	71952	38955	8958	62767	225	2	0	187	24667	25499	15423	229	5947
安徽	80367	33891	6150	73044	1157	16	0	154	24586	27828	15210	1337	11252
福建	51952	25987	4333	46922	693	4	0	116	15987	19790	12427	283	3349
江西	60479	27609	5872	51709	2866	32	0	94	20583	17993	12597	576	8636
山东	142963	78620	17643	123884	1401	35	0	254	29860	54062	43071	450	15266
河南	138269	78920	14634	121117	2509	9	0	80	29276	46049	44819	1583	16462
湖北	66902	28322	6065	59900	918	17	2	274	21966	28299	11754	642	3967
湖南	84365	39375	5975	76791	1554	40	5	248	24295	30558	18347	1558	9359
广东	148775	82826	19454	128350	963	8	0	280	35816	63389	35868	1481	11941
广西	63091	36966	4242	57613	1202	32	2	213	12778	23289	16923	1245	8643
海南	13589	7741	888	12410	290	1	0	67	3541	4767	3808	97	1309
重庆	39882	20105	3804	35539	524	15	0	204	10569	14615	12151	68	2275
四川	101167	48947	7440	92596	1126	5	0	241	31334	38381	23833	694	6684
贵州	68099	32548	3700	63214	1160	24	1	272	14681	21785	21611	1039	8711
云南	62489	33631	3283	58285	899	18	4	216	19733	20131	15162	148	7099
西藏	5748	3109	379	5293	76	0	0	7	832	2048	2245	317	299
陕西	57473	31425	7129	49817	516	11	0	147	14206	21645	16748	255	4472
甘肃	45813	19390	3949	40382	1471	11	0	164	10364	18631	14327	139	2188
青海	9994	5310	667	9005	316	5	1	20	2600	3184	2637	255	1298
宁夏	11322	6224	999	10127	193	3	0	24	3295	3866	3277	109	751
新疆	44262	27189	2032	41322	903	4	1	88	8148	10245	13333	890	11558

23. 高等学校（机构）专任教师学历、职称情况

单位：人

省市名称	合计	按学历分				按职称分				
		博士	硕士	本科	专科及以下	正高级	副高级	中级	初级	未评职级
总计	1760786	476652	645889	623647	14598	230301	531888	682603	183334	132660
北京	73373	48257	16505	8399	212	21228	26253	21696	2042	2154
天津	33137	12345	11390	9251	151	5068	10776	13257	2354	1682
河北	79697	13975	31796	33399	527	10809	24078	31486	6699	6625
山西	43446	7739	17711	17555	441	3027	11854	18146	7023	3396
内蒙古	27602	4628	10398	12185	391	3237	9155	10789	2611	1810
辽宁	64346	18316	23591	21812	627	9731	21593	27079	4070	1873
吉林	41477	11671	16673	12926	207	6877	13685	15126	4756	1033
黑龙江	48205	13019	17699	17270	217	8193	16897	18156	3210	1749
上海	46970	26324	13776	6622	248	9017	15113	17927	2924	1989
江苏	121239	44593	39116	37161	369	17625	42371	47874	8654	4715
浙江	67262	24289	22912	19782	279	10129	20298	28042	4243	4550
安徽	62926	12431	27713	22450	332	6176	17525	25168	10007	4050
福建	49350	13442	17540	17961	407	6356	15718	19725	5313	2238
江西	60839	10227	21026	28565	1021	5671	15578	24414	8529	6647
山东	118394	29756	42858	44962	818	12908	35430	49229	13255	7572
河南	124547	19949	50122	53011	1465	9746	31538	50392	22083	10788
湖北	85953	26628	30611	27948	766	11874	29093	30988	8152	5846
湖南	77293	16807	26996	32703	787	8577	22526	30588	7675	7927
广东	117219	33644	42257	40204	1114	15595	31741	46074	8143	15666
广西	49160	7687	22841	18190	442	5383	13048	18781	3125	8823
海南	11179	2261	4355	4459	104	1640	3064	3978	1103	1394
重庆	46288	11955	18566	15381	386	5556	13079	18721	5025	3907
四川	90671	19608	35407	34589	1067	10112	24597	34339	15351	6272
贵州	38095	6063	14100	17543	389	3774	11950	11081	5724	5566
云南	41547	6648	15419	18926	554	4242	11739	15630	6023	3913
西藏	2610	342	1391	869	8	291	784	1069	325	141
陕西	71602	23215	27605	20146	636	9806	22589	28710	7009	3488
甘肃	30139	5646	11016	13228	249	3937	9971	11616	2964	1651
青海	4937	769	1348	2759	61	761	1558	1461	763	394
宁夏	8497	1428	3278	3737	54	1455	2462	2447	1329	804
新疆	22786	2990	9873	9654	269	1500	5825	8614	2850	3997

24. 高等教育学校（机构）数情况

单位：所

省市名称	普通高校		本科院校	高职（专科）院校	成人高等学校		民办的其他高等教育机构
	合计	其中：中央部门			合计	其中：中央部门	
总计	2688	118	1265	1423	268	13	784
北京	93	39	68	25	23	8	64
天津	56	3	30	26	14	0	0
河北	122	4	61	61	6	1	38
山西	82	0	33	49	10	0	45
内蒙古	53	0	17	36	2	0	0
辽宁	115	5	64	51	18	2	55
吉林	62	2	37	25	14	0	15
黑龙江	81	3	39	42	16	0	35
上海	64	10	39	25	14	0	213
江苏	167	10	77	90	8	1	0
浙江	108	1	59	49	8	0	20
安徽	120	2	46	74	6	0	7
福建	90	2	39	51	3	0	0
江西	103	0	45	58	8	0	23
山东	146	3	70	76	11	0	65
河南	141	1	57	84	10	0	50
湖北	128	8	68	60	14	0	18
湖南	125	3	51	74	12	0	27
广东	154	4	67	87	14	0	29
广西	78	0	38	40	4	0	0
海南	20	0	8	12	1	0	0
重庆	65	2	26	39	4	0	6
四川	126	6	52	74	15	1	39
贵州	72	0	29	43	3	0	0
云南	81	1	32	49	2	0	0
西藏	7	0	4	3	0	0	0
陕西	95	6	57	38	14	0	0
甘肃	49	2	22	27	5	0	35
青海	12	0	4	8	2	0	0
宁夏	19	1	8	11	1	0	0
新疆	54	0	18	36	6	0	0

25. 高等学校（机构）研究生培养情况

单位：人

省市名称	毕（结）业生数				授予学位数	招生数				在校学生数				预计毕业生数			
	合计	其中:女	博士	硕士		合计	其中:女	博士	硕士	合计	其中:女	博士	硕士	合计	其中:女	博士	硕士
总计	639666	344063	62578	577088	715537	916503	492362	105169	811334	2863712	1447939	424182	2439530	946443	478400	177884	768559
北京	97895	50590	18653	79242	108932	132582	68386	27439	105143	410822	197676	113302	297520	141817	68944	44107	97710
天津	18520	10891	1734	16786	19584	25494	14546	3126	22368	79414	42119	11646	67768	26970	15393	4780	22190
河北	13874	8041	461	13413	15442	20131	11506	985	19146	58420	32105	3760	54660	18416	9906	1708	16708
山西	9978	6219	461	9517	11858	14128	8370	743	13385	40811	23486	3112	37699	13823	8062	1586	12237
内蒙古	6443	4170	218	6225	7559	9494	5931	443	9051	28581	17059	1915	26666	9472	5754	1060	8412
辽宁	33111	17887	2240	30871	36405	44359	24474	3491	40868	133493	71043	16831	116662	46246	24239	8136	38110
吉林	19250	11832	1938	17312	21656	25613	15932	2900	22713	77113	45868	11688	65425	26502	15425	6129	20373
黑龙江	20749	10559	1923	18826	23425	28272	14245	3793	24479	84849	41103	15708	69141	31052	14851	7103	23949
上海	46040	24640	5752	40288	52365	67488	35786	10026	57462	213515	105950	38055	175460	71227	35420	14897	56330
江苏	50109	25578	4975	45134	56798	73536	36647	8221	65315	241599	112496	34151	207448	76751	36842	15256	61495
浙江	20875	10881	2022	18853	22603	31771	16051	4032	27739	100719	48099	14869	85850	31313	14578	5196	26117
安徽	18065	8070	1609	16456	17592	25699	11716	2962	22737	74295	32535	9969	64326	22365	10122	2832	19533
福建	13301	7325	1019	12282	15016	20050	11014	1818	18232	62443	32300	7536	54907	20778	10127	3007	17771
江西	10621	5668	239	10382	12439	16029	8716	720	15309	45860	24165	2282	43578	14960	7891	970	13990
山东	27640	15771	1712	25928	31125	40675	23112	3022	37653	128601	68361	11895	116706	39995	21746	5131	34864
河南	16107	9532	335	15772	17592	20962	12640	937	20025	58403	33867	3271	55132	18244	9544	1099	17145
湖北	39073	19740	3965	35108	46483	54466	28216	6480	47986	191618	89874	27491	164127	62878	30013	13537	49341
湖南	21418	11607	1790	19628	24991	29841	16388	3127	26714	106840	53474	14827	92013	37311	18159	7841	29470
广东	30178	16089	3085	27093	33476	46576	24595	5697	40879	136154	68995	19430	116724	47132	23783	8369	38763
广西	9867	5543	199	9668	10461	14329	8111	619	13710	40381	21750	1999	38382	13701	6362	896	12805
海南	1644	1002	47	1597	1948	3169	1837	217	2952	9693	5413	562	9131	2803	1665	162	2641
重庆	16677	9490	1110	15567	19552	25267	14771	1864	23403	84008	47001	7368	76640	24480	13822	2581	21899
四川	28504	14642	2531	25973	31041	41371	21552	3932	37439	134753	64284	17511	117242	43234	20590	8947	34287
贵州	5559	3289	112	5447	6054	8483	5180	365	8118	25398	14722	1146	24252	7938	4586	447	7491
云南	10795	6242	405	10390	12114	16653	9785	899	15754	49982	28239	3537	46445	16705	8726	1597	15108
西藏	577	342	14	563	569	940	563	54	886	2445	1306	164	2281	772	398	63	709
陕西	32470	16603	3043	29427	36188	48195	24541	5140	43055	156544	75674	22818	133726	50521	25856	7213	43308
甘肃	10398	5605	690	9708	11177	15098	8247	1320	13778	44855	23453	4841	40014	14898	7677	2341	12557
青海	1288	724	15	1273	1411	2444	1501	107	2337	6033	3724	298	5735	1947	1032	46	1901
宁夏	1997	1286	61	1936	2323	3257	2034	168	3089	7777	4960	400	7377	2499	1314	101	2398
新疆	6643	4205	220	6423	7358	10131	5969	522	9609	28293	16838	1800	26493	9693	5573	746	8947

注：2017 年起，研究生招生、在校生指标内涵发生变化。招生包含全日制和非全日制研究生；在校生、授予学位数包含全日制、非全日制研究生和在职人员攻读硕士学位学生。（下同）

26. 高等教育普通本、专科学生情况

单位：人

省市名称	毕(结)业生数				授予学位数	招生数				在校学生数				预计毕业生数			
	合计	其中:女	本科	专科		合计	其中:女	本科	专科	合计	其中:女	本科	专科	合计	其中:女	本科	专科
总计	7585298	4068860	3947157	3638141	3891750	9149026	4956560	4312880	4836146	30315262	15679080	17508204	12807058	8199075	4190440	4343591	3855484
北京	147074	76585	121066	26008	120190	152239	79794	130851	21388	601545	302412	527417	74128	157743	77971	130719	27024
天津	137063	70364	79655	57408	77974	148877	79056	90245	58632	539366	269817	359897	179469	147852	71266	88215	59637
河北	357831	195950	174547	183284	173460	460879	262870	212885	247994	1473971	785384	822919	651052	390663	202269	195352	195311
山西	211772	121410	121113	90659	119349	229402	132292	122810	106592	802005	438388	515842	286163	221293	115323	130328	90965
内蒙古	124677	68507	60353	64324	58676	132428	74466	63245	69183	472033	248482	264901	207132	135372	71810	67110	68262
辽宁	257106	131471	165262	91844	164001	331129	141220	169450	161679	1041144	490023	696797	344347	263953	127611	175373	88580
吉林	171814	90745	116628	55186	115062	203888	104867	120651	83237	700145	355180	493437	206708	181967	93447	123615	58352
黑龙江	194809	100387	122745	72064	121758	238738	113797	135686	103052	778160	384002	542083	236077	195125	98035	129204	65921
上海	131694	71377	85641	46053	84422	139847	76058	95721	44126	526585	273704	391302	135283	146443	74166	100282	46161
江苏	488498	247724	266596	221902	260542	522849	287297	274259	248590	1874084	922357	1139878	734206	532288	252275	292128	240160
浙江	283396	158511	151734	131662	150481	300579	183043	151634	148945	1074688	574254	636152	438536	296714	149201	160277	136437
安徽	321623	168113	157643	163980	156221	400798	199152	166050	234748	1241151	603184	679883	561268	333023	166149	169938	163085
福建	200169	108022	121645	78524	121306	281180	147267	128447	152733	861231	449040	518096	343135	214104	113136	128545	85559
江西	303308	151513	122933	180375	122166	359431	186234	145706	213725	1134950	554305	568044	566906	312027	155426	136353	175674
山东	577980	313848	244719	333261	242749	663148	372830	264636	398512	2183944	1150293	1101805	1082139	617503	325001	282908	334595
河南	593363	321671	276666	316697	273111	696654	401504	287338	409316	2319653	1227146	1197185	1122468	650451	342939	308388	342063
湖北	383673	190685	207828	175845	203713	435431	223680	217367	218064	1500819	737625	893499	607320	409895	192719	223087	186808
湖南	361908	194659	166655	195253	163476	423249	234879	188797	234452	1407108	744121	748384	658724	381609	196298	179174	202435
广东	522094	280493	267550	254544	265074	616331	326690	288197	328134	2053977	1060617	1159808	894169	569880	284303	285306	284574
广西	233144	131826	108080	125064	105508	359824	189566	130049	229775	1076408	571263	522722	553686	279870	143240	129526	150344
海南	50393	28232	25748	24645	24924	68629	35134	31249	37380	207424	108340	118741	88683	52843	28121	28429	24414
重庆	200819	112217	108837	91982	106851	271415	136541	117696	153719	834864	432571	470302	364562	217972	114794	116503	101469
四川	402922	222860	206829	196093	202911	494840	274831	235226	259614	1661737	882046	944177	717560	450888	241663	232333	218555
贵州	169655	97911	67065	102590	64881	250966	142993	94667	156299	765745	424200	371133	394612	201355	107954	86850	114505
云南	196463	116685	101738	94725	99998	243379	176434	108203	135176	864035	503092	470776	393259	240299	139448	119806	120493
西藏	9935	5167	5968	3967	5642	10576	5440	6824	3752	36226	18833	25533	10693	9832	5244	5993	3839
陕西	293496	154634	160501	132995	158835	350990	171715	172015	178975	1121990	550765	693238	428752	299450	151148	172024	127426
甘肃	123314	62542	68928	54386	67993	157239	84956	73042	84197	524948	268281	296982	227966	136319	67340	73433	62886
青海	18958	10198	8570	10388	8440	21419	12220	11107	10312	73182	39557	42130	31052	20013	10551	9662	10351
宁夏	31988	17943	17975	14013	17272	43039	23274	22004	21035	135178	73693	84360	50818	35147	18869	19446	15701
新疆	84359	46610	35939	48420	34764	139633	76460	56823	82810	426966	235591	210781	216185	97182	52723	43284	53898

27. 高等学校（机构）成人本、专科学生情况

单位：人

省市名称	毕(结)业生数				授予学位数	招生数				在校生数				预计毕业生数			
	合计	其中:女	本科	专科		合计	其中:女	本科	专科	合计	其中:女	本科	专科	合计	其中:女	本科	专科
总计	2131369	1255515	1016733	1114636	144387	3022088	1739845	1505520	1516568	6685603	3923290	3413174	3272429	2646267	1499198	1295346	1350921
北京	59855	31607	36020	23835	9331	49920	24952	34339	15581	133464	68693	95517	37947	60703	31812	40700	20003
天津	21531	11565	11159	10372	258	15195	8378	6284	8911	38566	20771	19028	19538	22436	12132	12040	10396
河北	171132	93541	94773	76359	6646	147946	84674	80909	67037	429093	245449	243652	185441	210705	114695	113280	97425
山西	24952	14770	15234	9718	1649	40098	23067	29442	10656	92344	54130	66173	26171	24180	14095	14519	9661
内蒙古	8073	4885	6590	1483	241	8582	5187	7297	1285	19518	12313	16459	3059	9054	5761	7359	1695
辽宁	62886	35608	30377	32509	4546	95294	50526	46182	49112	192438	107462	99953	92485	72331	37732	34760	37571
吉林	52961	30949	30451	22510	1700	69994	42838	38305	31689	134849	82087	76424	58425	60432	37171	33696	26736
黑龙江	39671	21699	24992	14679	1918	38750	22600	27691	11059	92071	52812	65444	26627	48286	27480	33370	14916
上海	40061	22455	26170	13891	6829	45717	24605	32970	12747	128118	72208	93464	34654	45205	25542	30011	15194
江苏	183877	95759	97475	86402	18093	259927	126586	136728	123199	549615	272007	299183	250432	228276	110655	124038	104238
浙江	93972	54823	37920	56052	10030	140507	76749	57449	83058	264110	147757	111759	152351	110204	62364	47784	62420
安徽	74337	47490	38521	35816	5435	115127	67718	62308	52819	232117	142529	137124	94993	87094	53648	50488	36606
福建	30019	18478	15204	14815	1783	34715	21481	17993	16722	91770	56036	48231	43539	23704	13690	13070	10634
江西	49329	31606	24144	25185	15990	84799	52007	53329	31470	218269	142000	130209	88060	52969	34399	26601	26368
山东	158662	96482	92594	66068	10440	292911	171738	173739	119172	556026	329835	339302	216724	238044	129642	143190	94854
河南	124199	76888	64308	59891	4886	212846	136280	111510	101336	420347	269407	227679	192668	178498	109550	89817	88681
湖北	75385	43483	37297	38088	1953	113024	64250	57641	55383	229557	126587	124982	104575	103271	51915	54656	48615
湖南	134003	78393	57700	76303	1722	242598	138960	118735	123863	467853	274031	230665	237188	203841	115428	92907	110934
广东	225670	136113	64615	161055	6315	425138	246246	119783	305355	931474	555436	275580	655894	254693	151893	70739	183954
广西	99262	64343	43868	55394	19275	125058	78549	59947	65111	305128	197333	142415	162713	151422	97176	64394	87028
海南	5346	4487	2784	2562	180	5297	4250	3057	2240	16081	13191	8533	7548	6394	4557	2640	3754
重庆	44915	25138	9228	35687	713	32448	16138	8223	24225	91790	47833	23524	68266	47681	22195	10811	36870
四川	119602	74165	41793	77809	2493	143817	88466	67757	76060	327418	207779	157344	170074	131742	81956	55208	76534
贵州	38101	24201	18219	19882	897	33325	21071	19406	13919	92078	58625	50804	41274	51239	33020	26735	24504
云南	61161	39699	26324	34837	1578	81807	51484	49905	31902	245729	155737	138464	107265	66808	40574	27851	38957
西藏	4436	2560	3143	1293	877	4829	2941	3718	1111	15949	9104	11772	4177	5384	1992	4025	1359
陕西	62355	34938	33565	28790	6215	97646	49347	45374	52272	194354	95677	87488	106866	78956	38543	34333	44623
甘肃	24690	11811	11541	13149	174	22628	12131	11694	10934	61979	32761	31023	30956	24875	11436	11329	13546
青海	4178	2911	2437	1741	1848	5121	3382	3754	1367	10375	6786	7642	2733	4951	3271	3833	1118
宁夏	9996	6228	5048	4948	0	16457	9565	8712	7745	34592	20445	18924	15668	14337	6674	7324	7013
新疆	26752	18440	13239	13513	372	20567	13679	11339	9228	68531	46469	34413	34118	28552	18200	13838	14714

28. 高等学校（机构）网络本科、专科生学生情况

单位：人

省市名称	毕（结）业生数				授予学位数	招生数				在校生数			
	合计	其中：女	本科	专科		合计	其中：女	本科	专科	合计	其中：女	本科	专科
总计	2323128	1121601	801508	1521620	57788	2885458	1275879	1006897	1878561	8578345	3879772	2941610	5636735
北京	1137984	557754	347314	790670	22901	1783112	767360	459901	1323211	5225973	2324820	1466426	3759547
天津	50007	22102	18729	31278	1149	56009	25775	30566	25443	204120	93761	94392	109728
河北	0	0	0	0	0	0	0	0	0	0	0	0	0
山西	0	0	0	0	0	0	0	0	0	0	0	0	0
内蒙古	0	0	0	0	0	0	0	0	0	0	0	0	0
辽宁	101202	46915	52577	48625	4951	149081	71434	78809	70272	426181	187118	224046	202135
吉林	90820	55871	41356	49464	753	79297	44773	41747	37550	203168	120663	105787	97381
黑龙江	35492	13060	11152	24340	604	21438	8143	11100	10338	55650	20554	23491	32159
上海	46175	26430	16597	29578	4510	53572	29408	24288	29284	141834	76294	59719	82115
江苏	40698	21425	17681	23017	2184	36048	16951	23661	12387	107629	53109	62099	45530
浙江	11393	7541	8691	2702	3085	950	581	950	0	20438	12439	16826	3612
安徽	29	9	29	0	0	16	1	16	0	128	21	128	0
福建	37755	22393	16870	20885	581	40154	24924	24564	15590	107322	62789	54171	53151
江西	0	0	0	0	0	0	0	0	0	0	0	0	0
山东	80260	35659	27928	52332	2397	69285	27811	34545	34740	206086	89575	93478	112608
河南	41176	21521	16668	24508	1698	30332	8119	30332	0	126932	63825	65831	61101
湖北	72918	33384	23221	49697	1605	74881	30597	28134	46747	268542	111345	98057	170485
湖南	29151	16069	14241	14910	237	8890	5233	4635	4255	56827	29180	27748	29079
广东	37349	24695	15496	21853	1430	48761	30770	20840	27921	129206	80477	56729	72477
广西	0	0	0	0	0	0	0	0	0	0	0	0	0
海南	0	0	0	0	0	0	0	0	0	0	0	0	0
重庆	103653	45172	39564	64089	1399	62103	28341	33455	28648	200033	85756	101622	98411
四川	226056	87719	74354	151702	3165	191929	78511	88294	103635	539880	213641	214547	325333
贵州	0	0	0	0	0	0	0	0	0	0	0	0	0
云南	21025	11382	277	20748	21	29131	11203	3058	26073	132851	59198	5241	127610
西藏	0	0	0	0	0	0	0	0	0	0	0	0	0
陕西	129736	56458	48405	81331	4941	123851	53025	54436	69415	336109	149146	133657	202452
甘肃	30249	16042	10358	19891	177	26618	12919	13566	13052	89436	46061	37615	51821
青海	0	0	0	0	0	0	0	0	0	0	0	0	0
宁夏	0	0	0	0	0	0	0	0	0	0	0	0	0
新疆	0	0	0	0	0	0	0	0	0	0	0	0	0

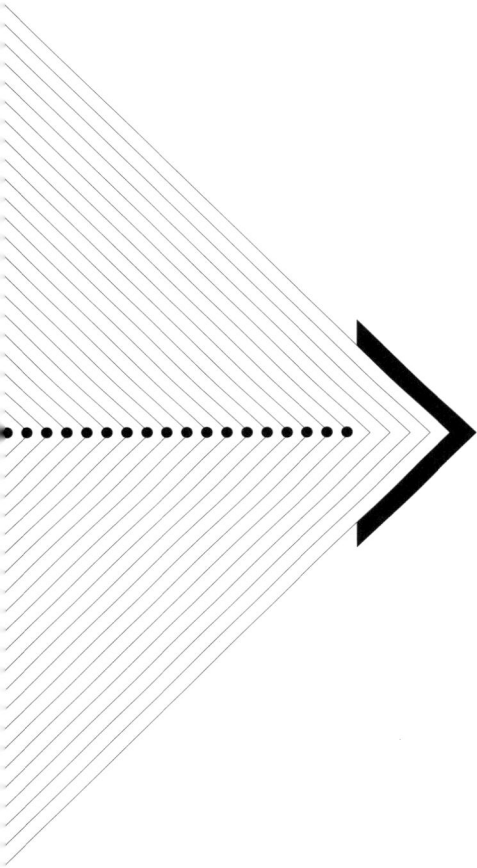

二、高等教育

高等教育学校（机构）情况

单位：所

类别 \ 项目	计	中央部委			地方部门				民办
		合计	教育部	其他部门	合计	教育部门	其他部门	地方企业	
1.研究生培养机构	22	5	2	3	17	16	1		
普通高校	18	2	2		16	16			
科研机构	4	3		3	1		1		
2.普通高校	125	3	2	1	91	59	30	2	31
本科院校	51	2	2		29	27	2		20
其中：独立学院	15								15
专科院校	74	1		1	62	32	28	2	11
其中：高等职业学校	66	1		1	54	26	26	2	11
3.成人高等学校	12				12	3	9		
4.民办的其他高等教育机构	27								27

分市州高等教育学校（机构）情况

单位：所

市州名称 \ 项目	培养研究生机构		普通高校			成人高等学校	民办的非学历高等教育机构
	普通高校	科研机构	本科院校	专科院校 计	其中：高职院校		
合计	18	4	51	74	66	12	27
长沙市	8	3	23	34	33	4	27
株洲市	1	1	2	8	6	2	
湘潭市	3		6	7	7	2	
衡阳市	2		6	4	4	2	
邵阳市	1		1	2	1		
岳阳市	1		2	3	3		
常德市			3	3	2		
张家界市			1	1	1		
益阳市			1	3	2	1	
郴州市			1	2	1		
永州市			1	2	2		
怀化市			2	1	1		
娄底市	1		1	2	2	1	
自治州	1		1	2	1		

学校（机构）基本情况（总计）

单位：所，人

项目	数量	项目	数量	项目	数量
"985 工程" 院校	2	国家重点（培育）学科	4	中国工程院院士（人事关系在本校）	18
"211 工程" 院校	3	省、部级重点学科（一级）	233	"千人计划" 入选者	
设立研究生院	2	省、部级重点学科（二级）	90	"青年千人计划" 入选者	
网络学院	2	国家实验室	6	"长江学者奖励计划" 讲座教授	11
建立校园网	127	国家重点实验室	8	"长江学者奖励计划" 特聘教授	46
接入互联网	132	国家工程实验室	24	"国家杰出青年科学基金" 获得者	66
拨号		国家工程研究中心	8	专任教师中有海（境）外经历累计一年以上的	5811
ADSL	2	国家工程技术研究中心	13		
光纤	128	省、部级设置的研究（院、所、中心）、实验室	1158	安全保卫人员	8115
无线	2			有预防艾滋病教育和性教育相关课程和活动的校数	129
其他		定期公开出版的专业刊物数	131		
接入互联网出口平均带宽	7655.49	直属院（系）数	1173	校园足球场	209
专科（高职）专业	2486	普通本专科在校生中住宿生	1322550	11 人制足球场	163
本科专业	2388	普通本专科毕业生平均一次就业率	82.85	7 人制足球场	24
硕士学位授权一级学科点	348	授予同等学力申请硕士学位人数	196	5 人制足球场	22
硕士学位授权二级学科点（不含一级学科覆盖点）	64	授予同等学力申请博士学位人数	6	博物馆	12
博士学位授权一级学科点	137	上学年参加国家学生体质健康标准测试的人数	1111589	美术馆	8
博士学位授权二级学科点（不含一级学科覆盖点）	18	优秀	40058	音乐厅和剧场	38
博士后科研流动站	120	良好	192826	学校附属医院	98
国家重点学科（一级）	8	及格	776768	——建筑面积	10333832
国家重点学科（二级）	28	不及格	101937	——床位数	126198
		中国科学院院士（人事关系在本校）	5	——临床教师	13566

学校（机构）基本情况（普通高校）

单位：所，人

项目	数量	项目	数量	项目	数量
"985 工程" 院校	2	国家重点（培育）学科	4	中国工程院院士（人事关系在本校）	18
"211 工程" 院校	3	省、部级重点学科（一级）	233	"千人计划" 入选者	
设立研究生院	2	省、部级重点学科（二级）	90	"青年千人计划" 入选者	
网络学院	2	国家实验室	4	"长江学者奖励计划" 讲座教授	11
建立校园网	118	国家重点实验室	6	"长江学者奖励计划" 特聘教授	46
接入互联网	122	国家工程实验室	23	"国家杰出青年科学基金" 获得者	66
拨号		国家工程研究中心	8	专任教师中有海（境）外经历累计一年以上的	5796
ADSL	1	国家工程技术研究中心	11		
光纤	120	省、部级设置的研究（院、所、中心）、实验室	1142	安全保卫人员	7847
无线	1			有预防艾滋病教育和性教育相关课程和活动的校数	120
其他		定期公开出版的专业刊物数	124		
接入互联网出口平均带宽	8410.42	直属院（系）数	1163	校园足球场	205
专科（高职）专业	2347	普通本专科在校生中住宿生	1322550	11 人制足球场	159
本科专业	2388	普通本专科毕业生平均一次就业率	82.85	7 人制足球场	24
硕士学位授权一级学科点	340	授予同等学力申请硕士学位人数	196	5 人制足球场	22
硕士学位授权二级学科点（不含一级学科覆盖点）	54	授予同等学力申请博士学位人数	6	博物馆	12
博士学位授权一级学科点	136	上学年参加国家学生体质健康标准测试的人数	1109703	美术馆	8
博士学位授权二级学科点（不含一级学科覆盖点）	17	优秀	39842	音乐厅和剧场	38
博士后科研流动站	119	良好	192062	学校附属医院	98
国家重点学科（一级）	8	及格	775934	——建筑面积	10333832
国家重点学科（二级）	28	不及格	101865	——床位数	126198
		中国科学院院士（人事关系在本校）	5	——临床教师	13566

学校（机构）基本情况（成人高校）

单位：所，人

项目	数量	项目	数量	项目	数量
"985工程"院校		国家重点(培育)学科		中国工程院院士(人事关系在本校)	
"211工程"院校		省、部级重点学科(一级)		"千人计划"入选者	
设立研究生院		省、部级重点学科(二级)		"青年千人计划"入选者	
网络学院		国家实验室		"长江学者奖励计划"讲座教授	
建立校园网	9	国家重点实验室		"长江学者奖励计划"特聘教授	
接入互联网	10	国家工程实验室		"国家杰出青年科学基金"获得者	
拨号		国家工程研究中心		专任教师中有海(境)外经历累计一年以上的	15
ADSL	1	国家工程技术研究中心			
光纤	8	省、部级设置的研究(院、所、中心)、实验室		安全保卫人员	101
无线	1	定期公开出版的专业刊物数	1	有预防艾滋病教育和性教育相关课程和活动的校数	6
其他		直属院(系)数	9	校园足球场	4
接入互联网出口平均带宽	396.46	普通本专科在校生中住宿生		11人制足球场	4
专科(高职)专业	139	普通本专科毕业生平均一次就业率		7人制足球场	
本科专业		授予同等学力申请硕士学位人数		5人制足球场	
硕士学位授权一级学科点		授予同等学力申请博士学位人数		博物馆	
硕士学位授权二级学科点(不含一级学科覆盖点)		上学年参加国家学生体质健康标准测试的人数	1886	美术馆	
博士学位授权一级学科点		优秀	216	音乐厅和剧场	
博士学位授权二级学科点(不含一级学科覆盖点)		良好	764	学校附属医院	
博士后科研流动站		及格	834	——建筑面积	
国家重点学科(一级)		不及格	72	——床位数	
国家重点学科(二级)		中国科学院院士(人事关系在本校)		——临床教师	

学校（机构）基本情况（科研机构）

单位：所，人

项目	数量	项目	数量	项目	数量
"985工程"院校		国家重点(培育)学科		中国工程院院士(人事关系在本校)	
"211工程"院校		省、部级重点学科(一级)		"千人计划"入选者	
设立研究生院		省、部级重点学科(二级)		"青年千人计划"入选者	
网络学院		国家实验室	2	"长江学者奖励计划"讲座教授	
建立校园网		国家重点实验室	2	"长江学者奖励计划"特聘教授	
接入互联网		国家工程实验室	1	"国家杰出青年科学基金"获得者	
拨号		国家工程研究中心		专任教师中有海(境)外经历累计一年以上的	167
ADSL		国家工程技术研究中心	2		
光纤		省、部级设置的研究(院、所、中心)、实验室	16	安全保卫人员	
无线		定期公开出版的专业刊物数	6	有预防艾滋病教育和性教育相关课程和活动的校数	3
其他		直属院(系)数	1	校园足球场	
接入互联网出口平均带宽		普通本专科在校生中住宿生		11人制足球场	
专科(高职)专业		普通本专科毕业生平均一次就业率		7人制足球场	
本科专业		授予同等学力申请硕士学位人数		5人制足球场	
硕士学位授权一级学科点	8	授予同等学力申请博士学位人数		博物馆	
硕士学位授权二级学科点(不含一级学科覆盖点)	10	上学年参加国家学生体质健康标准测试的人数		美术馆	
博士学位授权一级学科点	1	优秀		音乐厅和剧场	
博士学位授权二级学科点(不含一级学科覆盖点)	1	良好		学校附属医院	
博士后科研流动站	1	及格		——建筑面积	
国家重点学科(一级)		不及格		——床位数	
国家重点学科(二级)		中国科学院院士(人事关系在本校)		——临床教师	

高等教育学生情况（总计）

单位：人

类别 \ 项目	毕（结）业生数	授予学位数	招生数 计	其中: 应届生	春季招生	预科生转入	在校学生数	预计毕业生数
普通本科、专科生	361908	163476	456160	411716		2461	1407108	381609
专科	195253		260136	244302		168	658724	202435
本科	166655	163476	196024	167414		2293	748384	179174
成人本科、专科生	134003	1722	242598				467853	203841
专科	76303		123863				237188	110934
本科	57700	1722	118735				230665	92907
网络本科、专科生	29151	237	8890		8890		56827	
专科	14910		4255		4255		29079	
本科	14241	237	4635		4635		27748	
研究生	21418	21126	29841	19080			93511	37311
硕士	19628	19391	26714	17659			78684	29470
博士	1790	1735	3127	1421			14827	7841
在职人员攻读硕士学位		3865					13329	
自考助学班	2734						15595	
普通预科生							2337	
研究生课程进修班								
进修及培训	799200							
留学生	1769	413	3597		670		6707	

高等教育学生情况（普通高校）

单位：人

类别 \ 项目	毕（结）业生数	授予学位数	招生数 计	其中: 应届生	春季招生	预科生转入	在校学生数	预计毕业生数
普通本科、专科生	361908	163476	456160	411716		2461	1407108	381609
专科	195253		260136	244302		168	658724	202435
本科	166655	163476	196024	167414		2293	748384	179174
成人本科、专科生	130531	1722	233459				450520	196667
专科	72831		114724				219855	103760
本科	57700	1722	118735				230665	92907
网络本科、专科生	29151	237	8890		8890		56827	
专科	14910		4255		4255		29079	
本科	14241	237	4635		4635		27748	
研究生	21357	21065	29729	19031			93214	37219
硕士	19567	19330	26602	17610			78390	29378
博士	1790	1735	3127	1421			14824	7841
在职人员攻读硕士学位		3865					13329	
自考助学班	2734						15595	
普通预科生							2337	
研究生课程进修班								
进修及培训	417173							
留学生	1769	413	3597		670		6707	

高等教育学生情况（成人高校）

单位：人

项目 数目 类别	毕（结）业生数	授予学位数	招生数				在校学生数	预计毕业生数
			计	其中：				
				应届生	春季招生	预科生转入		
普通本科、专科生								
专科								
本科								
成人本科、专科生	3472		9139				17333	7174
专科	3472		9139				17333	7174
本科								
自考助学班								
进修及培训	382027							

高等教育学生情况（科研机构）

单位：人

项目 数目 类别	毕（结）业生数	授予学位数	招生数				在校学生数	预计毕业生数
			计	其中：				
				应届生	春季招生	预科生转入		
研究生	61	61	112	49			297	92
硕士	61	61	112	49			294	92
博士							3	
留学生								

普通专科分形式、分举办者学生数

单位：人

项目	毕业生数	招生数	在校生数	预计毕业生数
总计	195253	260136	658724	202435
其中：女	99836	129372	330954	96952
按形式分：高中起点	155667	199463	532308	159846
对口招收中职生	11515	34989	71740	14433
五年制高职转入	28071	25684	54676	28156
按举办者分：1.中央部门	2872	3580	9730	2903
教育部				
其他部门	2872	3580	9730	2903
2.地方	160588	220460	552515	168754
教育部门	89119	121151	303706	94330
其他部门	69042	95631	239568	71710
地方企业	2427	3678	9241	2714
3.民办	31793	36096	96479	30778
普通高校	195253	260136	658724	202435
其中：女	99836	129372	330954	96952
按形式分：高中起点	155667	199463	532308	159846
对口招收中职生	11515	34989	71740	14433
五年制高职转入	28071	25684	54676	28156
按举办者分：1.中央部门	2872	3580	9730	2903
教育部				
其他部门	2872	3580	9730	2903
2.地方	160588	220460	552515	168754
教育部门	89119	121151	303706	94330
其他部门	69042	95631	239568	71710
地方企业	2427	3678	9241	2714
3.民办	31793	36096	96479	30778
成人高校				
其中：女				
按形式分：高中起点				
对口招收中职生				
五年制高职转入				
按举办者分：1.中央部门				
教育部				
其他部门				
2.地方				
教育部门				
其他部门				
地方企业				
3.民办				

普通专科分学科学生数

单位：人

项目	毕业生数	招生数	在校生数	预计毕业生数
总计	195253	260136	658724	202435
其中：女	99836	129372	330954	96952
按学科分：农林牧渔大类	2564	4957	10693	2457
资源环境与安全大类	2635	3586	9243	2542
能源动力与材料大类	1753	2796	6476	1695
土木建筑大类	13357	16904	42852	13095
水利大类	701	890	2245	714
装备与制造大类	23797	34553	85391	25602
生物与化工大类	1504	2219	5170	1559
轻工纺织大类	667	523	1654	623
食品药品与粮食大类	1841	2839	7071	1952
交通运输大类	17412	20790	57384	18173
电子信息大类	22940	35496	87716	25177
医药与卫生大类	32904	41552	102799	33501
财经与商贸大类	36762	39079	108861	36315
旅游大类	4349	6021	15987	4931
文化艺术大类	8712	14097	34727	9792
新闻传播大类	2017	2605	6688	2083
教育与体育大类	17577	24869	57982	18182
公安与司法大类	1555	1320	3811	1255
公共管理与服务大类	2206	5040	11974	2787
总计中：师范生	9742	13444	30039	9765
普通高校	195253	260136	658724	202435
其中：女	99836	129372	330954	96952
按学科分：农林牧渔大类	2564	4957	10693	2457
资源环境与安全大类	2635	3586	9243	2542
能源动力与材料大类	1753	2796	6476	1695
土木建筑大类	13357	16904	42852	13095
水利大类	701	890	2245	714
装备与制造大类	23797	34553	85391	25602
生物与化工大类	1504	2219	5170	1559
轻工纺织大类	667	523	1654	623
食品药品与粮食大类	1841	2839	7071	1952

续表

项目	毕业生数	招生数	在校生数	预计毕业生数
交通运输大类	17412	20790	57384	18173
电子信息大类	22940	35496	87716	25177
医药与卫生大类	32904	41552	102799	33501
财经与商贸大类	36762	39079	108861	36315
旅游大类	4349	6021	15987	4931
文化艺术大类	8712	14097	34727	9792
新闻传播大类	2017	2605	6688	2083
教育与体育大类	17577	24869	57982	18182
公安与司法大类	1555	1320	3811	1255
公共管理与服务大类	2206	5040	11974	2787
总计中：师范生	9742	13444	30039	9765
成人高校				
其中：女				
按学科分：农林牧渔大类				
资源环境与安全大类				
能源动力与材料大类				
土木建筑大类				
水利大类				
装备与制造大类				
生物与化工大类				
轻工纺织大类				
食品药品与粮食大类				
交通运输大类				
电子信息大类				
医药与卫生大类				
财经与商贸大类				
旅游大类				
文化艺术大类				
新闻传播大类				
教育与体育大类				
公安与司法大类				
公共管理与服务大类				
总计中：师范生				

普通高校本科分形式、分学科、分举办者学生数

单位：人

项目	毕业生数	招生数	在校生数	预计毕业生数
总计	166655	196024	748384	179174
其中：女	94823	105507	413167	99346
按形式分：高中起点	159229	185248	724379	170902
专科起点	5217	7227	13796	6114
对口招收中职生	2209	3549	10209	2158
按学科分：哲学	96	121	382	107
经济学	8597	9756	38712	9743
法学	5601	6395	24203	5734
教育学	6220	7441	28432	7080
文学	17209	21070	78703	18738
其中：外语	9266	11488	43036	10409
历史学	492	752	2398	520
理学	10608	14548	52462	11586
工学	54102	66508	247672	58873
农学	2180	2705	9885	2398
医学	13887	17505	73406	15026
管理学	30815	29674	118983	32065
艺术学	16848	19549	73146	17304
按举办者：1.中央部门	12659	13331	54495	13421
教育部	12659	13331	54495	13421
其他部门				
2.地方	120143	139352	534156	129258
教育部门	118146	135168	519520	126632
其他部门	1997	4184	14636	2626
地方企业				
3.民办	33853	43341	159733	36495
总计中：师范生	17452	24287	85902	19041
普通高校	166655	196024	748384	179174
其中：女	94823	105507	413167	99346
按形式分：高中起点	159229	185248	724379	170902
专科起点	5217	7227	13796	6114
第二学士学位	2209	3549	10209	2158
按学科分：哲学	96	121	382	107
经济学	8597	9756	38712	9743
法学	5601	6395	24203	5734
教育学	6220	7441	28432	7080
文学	17209	21070	78703	18738
其中：外语	9266	11488	43036	10409
历史学	492	752	2398	520
理学	10608	14548	52462	11586
工学	54102	66508	247672	58873
农学	2180	2705	9885	2398
医学	13887	17505	73406	15026
管理学	30815	29674	118983	32065
艺术学	16848	19549	73146	17304
按举办者：1.中央部门	12659	13331	54495	13421
教育部	12659	13331	54495	13421
其他部门				
2.地方	120143	139352	534156	129258
教育部门	118146	135168	519520	126632
其他部门	1997	4184	14636	2626
地方企业				
3.民办	33853	43341	159733	36495
总计中：师范生	17452	24287	85902	19041

普通本科、专科学生数（普通高等学校分类型、性质类别）

类别	学校数（所）		毕业生数		
	计	其中：中央	合计	专科	本科
总计	125	3	361908	195253	166655
一、普通高等学校	125	3	361908	195253	166655
按类型分：本科院校	51	2	185855	19200	166655
独立学院（不计校数）	15		21513		21513
专科院校	74	1	176053	176053	
其中：高等职业学校	66	1	167186	167186	
其他机构（不计校数）					
按性质类别分：综合大学	48	2	160657	79240	81417
理工院校	34	1	92361	57310	35051
农业院校	3		10549	3953	6596
林业院校	1		6119	549	5570
医药院校	9		23788	15356	8432
师范院校	10		18523	6545	11978
语文院校	3		11705	9273	2432
财经院校	10		25042	11426	13616
政法院校	2		3350	1787	1563
体育院校	1		1101	1101	
艺术院校	2		3723	3723	
民族院校	2		4990	4990	
按举办者分：1.中央部门	3	3	15531	2872	12659
教育部	2	2	12659		12659
其他部门	1	1	2872	2872	
2.地方	91		280731	160588	120143
教育部门	59		207265	89119	118146
其他部门	30		71039	69042	1997
地方企业	2		2427	2427	
3.民办	31		65646	31793	33853
二、成人高等学校					

单位：人

招生数			在校生数			预计毕业生数		
合计	专科	本科	合计	专科	本科	合计	专科	本科
456160	260136	196024	1407108	658724	748384	381609	202435	179174
456160	260136	196024	1407108	658724	748384	381609	202435	179174
207776	11752	196024	783762	35378	748384	194142	14968	179174
22775		22775	88886		88886	21679		21679
248384	248384		623346	623346		187467	187467	
234103	234103		589848	589848		177428	177428	
201664	105752	95912	631627	265613	366014	169526	81635	87891
113842	74705	39137	347819	195850	151969	97470	59575	37895
12974	5147	7827	41809	13189	28620	10902	3930	6972
6444	459	5985	25402	1584	23818	6490	556	5934
31609	20307	11302	97216	50535	46681	25304	16036	9268
22760	8771	13989	72776	18826	53950	19203	6418	12785
13492	11062	2430	38713	30091	8622	11601	9553	2048
34305	16557	17748	104544	42162	62382	27421	12493	14928
3482	1788	1694	11161	4833	6328	2969	1516	1453
1519	1519		4027	4027		1280	1280	
6293	6293		13948	13948		3653	3653	
7776	7776		18066	18066		5790	5790	
16911	3580	13331	64225	9730	54495	16324	2903	13421
13331		13331	54495		54495	13421		13421
3580	3580		9730	9730		2903	2903	
359812	220460	139352	1086671	552515	534156	298012	168754	129258
256319	121151	135168	823226	303706	519520	220962	94330	126632
99815	95631	4184	254204	239568	14636	74336	71710	2626
3678	3678		9241	9241		2714	2714	
79437	36096	43341	256212	96479	159733	67273	30778	36495

成人本科、专科分举办者、成人高校分类型学生数

单位：人

项目 数目 类别	学校数（所） 计	其中：中央	毕业生数 合计	专科	本科	招生数 合计	专科	本科	在校生数 合计	专科	本科	预计毕业生数 合计	专科	本科
总计	97	3	134003	76303	57700	242598	123863	118735	467853	237188	230665	203841	110934	92907
按举办者分： 一、普通高等学校	85	3	130531	72831	57700	233459	114724	118735	450520	219855	230665	196667	103760	92907
1.中央部门	3	3	6843	2334	4509	9747	2796	6951	18625	4921	13704	8408	2125	6283
教育部	2	2	6672	2163	4509	9747	2796	6951	18486	4782	13704	8269	1986	6283
其他部门	1	1	171	171					139	139		139	139	
2.地方	70		105780	57042	48738	200843	91643	109200	384576	176338	208238	166395	83943	82452
教育部门	44		97653	50689	46964	176873	73904	102969	342758	144557	198201	149238	69909	79329
其他部门	25		8087	6313	1774	23940	17709	6231	41757	31720	10037	17126	14003	3123
地方企业	1		40	40		30	30		61	61		31	31	
3.民办	12		17908	13455	4453	22869	20285	2584	47319	38596	8723	21864	17692	4172
二、成人高等学校	12		3472	3472		9139	9139		17333	17333		7174	7174	
1.中央部门														
教育部														
其他部门														
2.地方	12		3472	3472		9139	9139		17333	17333		7174	7174	
教育部门	3		735	735		1317	1317		2738	2738		1361	1361	
其他部门	9		2737	2737		7822	7822		14595	14595		5813	5813	
地方企业														
3.民办														
成人高校： 职工高等学校	8		2462	2462		5109	5109		9880	9880		4769	4769	
农民高等学校														
管理干部学院														
教育学院	3		424	424		3877	3877		6986	6986		2151	2151	
独立函授学院														
广播电视大学	1		586	586		153	153		467	467		254	254	
其他机构（不计校数）	1													

网络专科分学科学生数

单位：人

项目	毕业生数	招生数	在校生数
总计	14910	4255	29079
其中：女	6925	1808	12395
按学科分：农林牧渔大类			
资源环境与安全大类	55		49
能源动力与材料大类			
土木建筑大类	2058	746	4526
水利大类			
装备制造大类	982	496	2570
生物与化工大类			
轻工纺织大类			
食品药品与粮食大类			
交通运输大类	1319	145	1589
电子信息大类	761		1058
医药与卫生大类	2028	262	2086
财经与商贸大类	4661	1809	11316
旅游大类			
文化艺术大类			
新闻传播大类			
教育与体育大类	366		463
公安与司法大类	576		512
公共管理与服务大类	2104	797	4910
总计中：师范生			

网络本科分学科学生数

单位：人

类别	毕业生数	招生数	在校生数
总计	14241	4635	27748
其中：女	9144	3425	16785
按学科分：哲学			
经济学			
法学	505	85	989
教育学			
文学	287	77	615
其中：外语			
历史学			
理学			
工学	4076	944	8612
农学			
医学	6794	2968	12180
管理学	2579	561	5352
艺术学			
总计中：师范生			

分部门、分计划研究生数（总计）

单位：人

类别	学校(机构)数(所)	毕业生数 合计	硕士	博士	招生数 合计	硕士	博士	在校生数 合计	硕士	博士	预计毕业生数 合计	硕士	博士
总计	22	21418	19628	1790	29841	26714	3127	93511	78684	14827	37311	29470	7841
全日制	*	21404	19618	1786	26049	22958	3091	81604	66852	14752	33090	25266	7824
其中：非定向	*	20113	18585	1528	25381	22638	2743	76877	64421	12456	29930	23485	6445
定向	*	1291	1033	258	668	320	348	4727	2431	2296	3160	1781	1379
非全日制	*	14	10	4	3792	3756	36	11907	11832	75	4221	4204	17
其中：非定向	*	14	10	4	3513	3510	3	10952	10928	24	3847	3830	17
定向	*				279	246	33	955	904	51	374	374	
一、中央部门办	5	9812	8538	1274	12997	10820	2177	45046	34242	10804	20005	14287	5718
全日制	*	9812	8538	1274	10837	8685	2152	37884	27120	10764	17474	11756	5718
非全日制	*				2160	2135	25	7162	7122	40	2531	2531	
1.教育部	2	9789	8515	1274	12968	10791	2177	44959	34158	10801	19979	14261	5718
全日制	*	9789	8515	1274	10808	8656	2152	37797	27036	10761	17448	11730	5718
非全日制	*				2160	2135	25	7162	7122	40	2531	2531	
2.其他部门	3	23	23		29	29		87	84	3	26	26	
全日制	*	23	23		29	29		87	84	3	26	26	
非全日制	*												
二、地方公办	17	11606	11090	516	16844	15894	950	48465	44442	4023	17306	15183	2123
全日制	*	11592	11080	512	15212	14273	939	43720	39732	3988	15616	13510	2106
非全日制	*	14	10	4	1632	1621	11	4745	4710	35	1690	1673	17
1.教育部门	16	11568	11052	516	16761	15811	950	48255	44232	4023	17240	15117	2123
全日制	*	11554	11042	512	15129	14190	939	43510	39522	3988	15550	13444	2106
非全日制	*	14	10	4	1632	1621	11	4745	4710	35	1690	1673	17
2.其他部门	1	38	38		83	83		210	210		66	66	
全日制	*	38	38		83	83		210	210		66	66	
非全日制	*												
3.地方企业													
全日制	*												
非全日制	*												
三、民办													
全日制	*												
非全日制	*												

分部门、分计划研究生数（普通高校）

单位：人

类别	学校(机构)数(所)	毕业生数			招生数			在校生数			预计毕业生数		
		合计	硕士	博士	合计	硕士	博士	合计	硕士	博士	合计	硕士	博士
总计	18	21357	19567	1790	29729	26602	3127	93214	78390	14824	37219	29378	7841
全日制	*	21343	19557	1786	25937	22846	3091	81307	66558	14749	32998	25174	7824
其中：非定向	*	20053	18525	1528	25275	22532	2743	76590	64137	12453	29839	23394	6445
定向	*	1290	1032	258	662	314	348	4717	2421	2296	3159	1780	1379
非全日制	*	14	10	4	3792	3756	36	11907	11832	75	4221	4204	17
其中：非定向	*	14	10	4	3513	3510	3	10952	10928	24	3847	3830	17
定向	*				279	246	33	955	904	51	374	374	
一、中央部门办	2	9789	8515	1274	12968	10791	2177	44959	34158	10801	19979	14261	5718
全日制	*	9789	8515	1274	10808	8656	2152	37797	27036	10761	17448	11730	5718
非全日制	*				2160	2135	25	7162	7122	40	2531	2531	
1.教育部	2	9789	8515	1274	12968	10791	2177	44959	34158	10801	19979	14261	5718
全日制	*	9789	8515	1274	10808	8656	2152	37797	27036	10761	17448	11730	5718
非全日制	*				2160	2135	25	7162	7122	40	2531	2531	
2.其他部门	3												
全日制	*												
非全日制	*												
二、地方公办	16	11568	11052	516	16761	15811	950	48255	44232	4023	17240	15117	2123
全日制	*	11554	11042	512	15129	14190	939	43510	39522	3988	15550	13444	2106
非全日制	*	14	10	4	1632	1621	11	4745	4710	35	1690	1673	17
1.教育部门	16	11568	11052	516	16761	15811	950	48255	44232	4023	17240	15117	2123
全日制	*	11554	11042	512	15129	14190	939	43510	39522	3988	15550	13444	2106
非全日制	*	14	10	4	1632	1621	11	4745	4710	35	1690	1673	17
2.其他部门	1												
全日制	*												
非全日制	*												
3.地方企业													
全日制	*												
非全日制	*												
三、民办													
全日制	*												
非全日制	*												

分部门、分计划研究生数（科研机构）

单位：人

类别	学校（机构）数（所）	毕业生数			招生数			在校生数			预计毕业生数		
		合计	硕士	博士	合计	硕士	博士	合计	硕士	博士	合计	硕士	博士
总计	18	21357	19567	1790	29729	26602	3127	93214	78390	14824	37219	29378	7841
全日制	*	21343	19557	1786	25937	22846	3091	81307	66558	14749	32998	25174	7824
其中：非定向	*	20053	18525	1528	25275	22532	2743	76590	64137	12453	29839	23394	6445
定向	*	1290	1032	258	662	314	348	4717	2421	2296	3159	1780	1379
非全日制	*	14	10	4	3792	3756	36	11907	11832	75	4221	4204	17
其中：非定向	*	14	10	4	3513	3510	3	10952	10928	24	3847	3830	17
定向	*				279	246	33	955	904	51	374	374	
一、中央部门办	2	9789	8515	1274	12968	10791	2177	44959	34158	10801	19979	14261	5718
全日制	*	9789	8515	1274	10808	8656	2152	37797	27036	10761	17448	11730	5718
非全日制	*				2160	2135	25	7162	7122	40	2531	2531	
1.教育部	2	9789	8515	1274	12968	10791	2177	44959	34158	10801	19979	14261	5718
全日制	*	9789	8515	1274	10808	8656	2152	37797	27036	10761	17448	11730	5718
非全日制	*				2160	2135	25	7162	7122	40	2531	2531	
2.其他部门	*												
全日制	*												
非全日制	*												
二、地方公办	16	11568	11052	516	16761	15811	950	48255	44232	4023	17240	15117	2123
全日制	*	11554	11042	512	15129	14190	939	43510	39522	3988	15550	13444	2106
非全日制	*	14	10	4	1632	1621	11	4745	4710	35	1690	1673	17
1.教育部门	16	11568	11052	516	16761	15811	950	48255	44232	4023	17240	15117	2123
全日制	*	11554	11042	512	15129	14190	939	43510	39522	3988	15550	13444	2106
非全日制	*	14	10	4	1632	1621	11	4745	4710	35	1690	1673	17
2.其他部门	*												
全日制	*												
非全日制	*												
3.地方企业													
全日制	*												
非全日制	*												
三、民办													
全日制	*												
非全日制	*												

分学科研究生数（总计）

单位：人

类别 \ 项目	毕业生数			招生数			在校生数			预计毕业生数		
	合计	硕士	博士	合计	硕士	博士	合计	硕士	博士	合计	硕士	博士
总计	21418	19628	1790	29841	26714	3127	93511	78684	14827	37311	29470	7841
其中：女	11607	10933	674	16388	15085	1303	49028	43127	5901	18159	15297	2862
按学科分：哲学	179	160	19	235	195	40	907	618	289	424	230	194
经济学	1046	999	47	1434	1357	77	3834	3452	382	1512	1292	220
法学	1147	1078	69	1710	1549	161	5332	4525	807	2120	1631	489
教育学	1316	1291	25	2122	2065	57	5717	5470	247	2321	2174	147
文学	1159	1132	27	1323	1251	72	3973	3613	360	1568	1344	224
历史学	175	156	19	176	157	19	594	467	127	265	185	80
理学	1917	1614	303	2390	1899	491	7659	5578	2081	2867	1859	1008
工学	7044	6387	657	10298	8973	1325	31425	25484	5941	12545	9315	3230
农学	983	892	91	1490	1359	131	4127	3501	626	1523	1247	276
医学	2949	2519	430	3640	3049	591	12438	9458	2980	4561	3228	1333
管理学	2765	2682	83	4095	3961	134	14710	13843	867	6665	6089	576
艺术学	738	718	20	928	899	29	2795	2675	120	940	876	64
总计中：学术型学位	11345	9741	1604	13613	10965	2648	45523	32482	13041	18560	11196	7364
专业学位	10073	9887	186	16228	15749	479	47988	46202	1786	18751	18274	477

分学科研究生数（普通高校）

单位：人

类别 \ 项目	毕业生数			招生数			在校生数			预计毕业生数		
	合计	硕士	博士	合计	硕士	博士	合计	硕士	博士	合计	硕士	博士
总计	21357	19567	1790	29729	26602	3127	93214	78390	14824	37219	29378	7841
其中：女	11583	10909	674	16334	15031	1303	48897	42996	5901	18120	15258	2862
按学科分：哲学	176	157	19	230	190	40	894	605	289	419	225	194
经济学	1044	997	47	1431	1354	77	3827	3445	382	1510	1290	220
法学	1134	1065	69	1660	1499	161	5211	4404	807	2083	1594	489
教育学	1316	1291	25	2122	2065	57	5717	5470	247	2321	2174	147
文学	1159	1132	27	1323	1251	72	3973	3613	360	1568	1344	224
历史学	175	156	19	176	157	19	594	467	127	265	185	80
理学	1917	1614	303	2390	1899	491	7659	5578	2081	2867	1859	1008
工学	7021	6364	657	10269	8944	1325	31338	25400	5938	12519	9289	3230
农学	983	892	91	1490	1359	131	4127	3501	626	1523	1247	276
医学	2949	2519	430	3640	3049	591	12438	9458	2980	4561	3228	1333
管理学	2745	2662	83	4070	3936	134	14641	13774	867	6643	6067	576
艺术学	738	718	20	928	899	29	2795	2675	120	940	876	64
总计中：学术型学位	11296	9692	1604	13556	10908	2648	45352	32314	13038	18506	11142	7364
专业学位	10061	9875	186	16173	15694	479	47862	46076	1786	18713	18236	477

分学科研究生数（科研机构）

单位：人

类别 \ 项目	毕业生数 合计	硕士	博士	招生数 合计	硕士	博士	在校生数 合计	硕士	博士	预计毕业生数 合计	硕士	博士
总计	61	61		112	112		297	294	3	92	92	
其中：女	24	24		54	54		131	131		39	39	
按学科分：哲学	3	3		5	5		13	13		5	5	
经济学	2	2		3	3		7	7		2	2	
法学	13	13		50	50		121	121		37	37	
教育学												
文学												
历史学												
理学												
工学	23	23		29	29		87	84	3	26	26	
农学												
医学												
管理学	20	20		25	25		69	69		22	22	
艺术学												
总计中：学术型学位	49	49		57	57		171	168	3	54	54	
专业学位	12	12		55	55		126	126		38	38	

在校生年龄情况（总计）

单位：人

类别	合计	17岁及以下	18岁	19岁	20岁	21岁	22岁	23岁	24岁	25岁	26岁	27岁	28岁	29岁	30岁	31岁及以上
总计	2025299	102027	339467	405832	337771	222974	113235	72667	58489	45503	36161	31953	28228	31579	30120	169293
其中：女	1096360	59889	181107	214445	178334	117181	59870	40574	33634	27797	21758	19851	16727	18750	18001	88442
普通专科生	658724	47475	179360	206441	147048	58241	14317	3731	1117	348	170	75	62	59	55	225
其中：女	330954	25557	91939	105362	73271	26570	6042	1477	414	103	49	24	21	18	23	84
普通本科生	748384	44833	141825	174439	166174	139188	58556	17246	4520	1084	313	98	43	24	8	33
其中：女	413167	28094	80182	96899	92454	75775	29548	7827	1821	394	119	29	10	5		10
成人专科生	237188	8009	15747	20540	18722	13831	12048	11232	9942	9003	9170	9312	9438	11325	11110	67759
其中：女	134526	5170	7830	10281	9768	7694	7432	6781	5677	5356	5552	5889	5604	6891	6684	37917
成人本科生	230665	1710	2458	3781	4401	6605	13800	19764	21273	19706	16034	15066	12511	13536	13004	67016
其中：女	139505	1068	1129	1722	2161	3995	8158	12617	13804	13934	10737	10246	7936	8444	8271	35283
网络专科生	29079		76	620	1069	1253	1371	1298	1322	1275	1269	1295	1386	1756	1791	13298
其中：女	12395		27	173	442	567	637	553	578	504	519	546	597	825	841	5586
网络本科生	27748			1	46	399	1169	2421	3262	2972	2415	1905	1537	1746	1523	8352
其中：女	16785			1	38	363	919	1627	2056	1906	1505	1162	950	1035	894	4329
硕士生	78684	1		10	302	3427	11844	16658	16428	10163	5495	2894	2006	1859	1588	6009
其中：女	43127			7	195	2199	7076	9558	8991	5166	2709	1450	1125	1035	873	2743
博士生	14827				9	30	130	317	625	952	1295	1308	1245	1274	1041	6601
其中：女	5901				5	18	58	134	293	434	568	505	484	497	415	2490

招生、在校生来源情况（总计）

单位：人

类别	招生数			在校生								
	合计	普通专科生	普通本科生	合计	普通专科生	普通本科生	成人专科生	成人本科生	网络专科生	网络本科生	硕士研究生	博士研究生
总计	456160	260136	196024	2025299	658724	748384	237188	230665	29079	27748	78684	14827
北京市	325	2	323	1989	3	1430	54	276			142	84
天津市	1054	12	1042	4615	14	4241	7	3	124	25	171	30
河北省	4654	736	3918	21770	1855	15471	90	76	1229	1201	1525	323
山西省	2943	586	2357	21947	1701	10620	1616	4455	331	1145	1777	302
内蒙古	2108	546	1562	11923	1730	6253	24	22	1337	1980	453	124
辽宁省	1956	443	1513	8504	1267	5972	98	34	372	119	491	151
吉林省	1686	394	1292	6748	876	5178	36	24	121	52	366	95
黑龙江	1682	292	1390	7451	799	5663	321	64		6	492	106
上海市	443	6	437	1937	13	1827	5	2			70	20
江苏省	3303	208	3095	19356	475	12182	115	52	2911	2061	1356	204
浙江省	3352	698	2654	17571	1857	10733	1064	1501	668	477	1140	131
安徽省	3432	892	2540	18871	2534	10872	575	749	506	447	2793	395
福建省	3322	591	2731	15287	1515	10989	246	1525			874	138
江西省	4783	1570	3213	26021	4221	13508	1584	1981	587	362	3255	523
山东省	3857	745	3112	24186	2007	12244	186	64	5019	1595	2424	647
河南省	4860	1424	3436	34933	4064	15155	651	693	4449	2980	5705	1236
湖北省	3305	679	2626	20420	2212	11154	1129	695	841	464	3308	617
湖南省	371527	236920	134607	1515111	588048	491828	199873	174603	5841	4096	42791	8031
广东省	5743	2094	3649	42661	6728	14483	8160	9910	749	344	2074	213
广 西	3897	1223	2674	24747	3454	12090	2789	3919	343	888	1024	240
海南省	2713	565	2148	16973	1659	8807	2195	3726	213	59	268	46
重庆市	2260	435	1825	22853	1447	7244	2390	1330	1185	8352	813	92
四川省	3837	1532	2305	19558	5354	10214	639	173	897	410	1591	280
贵州省	4291	2655	1636	37805	10048	8771	4954	12773	86	102	925	146
云南省	3099	1278	1821	28094	3805	7928	5419	8782	1124	436	507	93
西 藏	1877	1678	199	5519	4422	915	126	45			9	2
陕西省	2386	311	2075	10836	1009	8468	173	104	1	1	883	197
甘肃省	2857	816	2041	13319	2461	8993	147	668	39	62	778	171
青海省	1042	270	772	4764	892	3236	86	447			82	21
宁 夏	1037	166	871	4314	494	3433	4	4	106	84	157	32
新 疆	2302	367	1935	14325	1743	7799	2422	1957			320	84
港澳台	227	2	225	891	17	683	10	8			120	53

学生变动情况

单位：人

项目 类别	上学年初报表在校生数	增加学生数					减少学生数									本学年初报表在校生数
		合计	招生	复学	转入	其他	合计	毕业	结业	休学	退学	开除	死亡	转出	其他	
总计	1851946	751171	737489	10871	1054	1757	577818	546480	9871	10315	8410	101	98	78	2465	2025299
普通本科、专科生	1326828	464018	456160	5722	852	1284	383738	361908	7103	7316	6156	97	93	61	1004	1407108
普通专科生	603065	264331	260136	2586	796	813	208672	195253	4035	3797	4750	56	30	32	719	658724
普通本科生	723763	199687	196024	3136	56	471	175066	166655	3068	3519	1406	41	63	29	285	748384
成人本科、专科生	360252	247975	242598	4776	199	402	140374	134003	943	2755	1328	3		17	1325	467853
成人专科生	191058	126587	123863	2463	191	70	80457	76303	777	1637	787	3		8	942	237188
成人本科生	169194	121388	118735	2313	8	332	59917	57700	166	1118	541			9	383	230665
网络本科、专科生	78996	8951	8890	61			31120	29151	1825		144					56827
网络专科生	40770	4255	4255				15946	14910	940		96					29079
网络本科生	38226	4696	4635	61			15174	14241	885		48					27748
研究生	85870	30227	29841	312	3	71	22586	21418		244	782	1	5		136	93511
硕士生	72290	26970	26714	185		71	20576	19628		221	607	1	4		115	78684
博士生	13580	3257	3127	127	3		2010	1790		23	175		1		21	14827

学生休退学的主要原因（总计）

单位：人

类别	合计	患病	停学实践（求职）	贫困	学习成绩不好	出国	其他
总计	18725	2653	3631	195	4373	864	7009
普通本科、专科生	13472	2441	1277	186	3827	441	5300
普通专科生	8547	1139	879	110	2890	47	3482
普通本科生	4925	1302	398	76	937	394	1818
成人本科、专科生	4083	139	2155	9	459	4	1317
成人专科生	2424	81	1076	7	421	2	837
成人本科生	1659	58	1079	2	38	2	480
网络本科、专科生	144						144
网络专科生	96						96
网络本科生	48						48
研究生	1026	73	199		87	419	248
硕士生	828	55	155		65	369	184
博士生	198	18	44		22	50	64

在校生中其他情况（总计）

单位：人

类别	共产党员	共青团员	民主党派	华侨	港澳台	少数民族	残疾人
总计	85829	1432736	688	8	890	222473	1080
普通本科、专科生	37814	1252493		8	694	159667	1044
普通专科生	5266	565707			18	84835	688
普通本科生	32548	686786		8	676	74832	356
成人本科、专科生	17147	115312	407		23	52981	19
成人专科生	5975	61893	207		13	22920	16
成人本科生	11172	53419	200		10	30061	3
网络本科、专科生	3485	11870	11			3502	
网络专科生	1373	3049	4			1551	
网络本科生	2112	8821	7			1951	
研究生	27383	53061	270		173	6323	17
硕士研究生	21078	49170	92		120	5415	13
博士研究生	6305	3891	178		53	908	4

在职人员攻读硕士学位分学科学生数

单位：人

类别	授予学位数	招生数	在校生数			
			合计	一年级	二年级	三年级及以上
总计	3865		13329		152	13177
其中：女	1729		4446			4446
按学科分：哲学						
经济学			1			1
法学	146		698			698
教育学	254		665		152	513
文学	2		17			17
历史学						
理学						
工学	2433		9456			9456
农学	638		588			588
医学	53		234			234
管理学	317		1640			1640
艺术学	22		30			30
其中：学术型学位	76		45			45
哲学						
经济学			1			1
法学	2		5			5
教育学	36		9			9
文学	1		3			3
历史学						
理学						
工学	2		1			1
农学						
医学						
管理学	34		11			11
艺术学	1		15			15
其中：专业学位	3789		13284		152	13132
哲学						
经济学						
法学	144		693			693
教育学	218		656		152	504
文学	1		14			14
历史学						
理学						
工学	2431		9455			9455
农学	638		588			588
医学	53		234			234
管理学	283		1629			1629
艺术学	21		15			15

其他学生情况

单位：人、人次

类别	集中培训（班数）	培训时间（学时）				结业生数									注册学生数	
		计	集中培训	远程培训	跟岗实践	计				其中：女					计	其中：女
						计	集中培训	远程培训	跟岗实践	计	集中培训	远程培训	跟岗实践			
自考助学班	*	*	*	*	*	2734	*	*	*	1675	*	*	*		15595	10416
普通预科生	*	*	*	*	*	*	*	*	*	*	*	*	*		2337	1339
研究生课程进修班	*	*	*	*	*	*	*	*	*	*	*	*	*		*	*
进修及培训	4683	59473047	24881051	34195422	396574	799200	382157	414022	3021	345183	143701	199085	2397		*	*
其中：资格证书培训	*	4049049	4027729	4860	16460	69531	69283	95	153	23860	23751	58	51		*	*
岗位证书培训	*	2752816	2736216	2000	14600	52756	52361	50	345	17009	16712	45	252		*	*
一年以上	*	654058	654058			573	573			195	195				259	112
党政管理培训	535	17985387	2040201	15943458	1728	264557	40305	224144	108	113427	12342	101056	29		*	*
企业经营管理培训	621	6974437	1838517	5133200	2720	106198	42033	64165		45014	10336	34678			*	*
专业技术培训	1163	18100215	11078068	6681919	340228	135264	97225	35519	2520	57208	39503	15470	2235		*	*
其中：幼儿园教师	57	608006	511326	4000	92680	9405	7750		1655	9244	7603		1641		*	*
中小学教师	174	8129687	5380479	2728120	21088	37321	21086	15650	585	20596	11792	8394	410		*	*
中职学校教师	80	3333593	144914	3173939	14740	11142	3994	6873	275	5928	1886	3860	182		*	*
高等教育学校教师	65	269122	264262	3900	960	10373	10238	130	5	5172	5170		2		*	*
职业技能培训	994	5691452	5640850	64	50538	85818	85700		118	30637	30611		26		*	*
其中：农村劳动者	176	1386228	1379675	64	6489	18074	18024		50	4443	4429		14		*	*
进城务工人员	29	243899	235394		8505	3548	3548			1179	1179				*	*
其他培训	1370	10721556	4283415	6436781	1360	207363	116894	90194	275	98897	50909	47881	107		*	*
其中：学生	926	9879923	3491712	6386851	1360	164662	79186	85201	275	84406	37757	46542	107		*	*
老年人	100	94582	44652	49930		8482	3489	4993		3718	2379	1339			*	*

外国留学生情况

单位：人、人次

类别	毕（结）业生数	授予学位数	招生数		在校生数					
			计	其中：春季招生	合计	第一年	第二年	第三年	第四年	第五年及以上
总计	1769	413	3597	670	6707	3091	1995	754	452	415
其中：女	774	131	1312	268	2312	1123	654	283	143	109
按学历分小计	484	413	1999	183	5074	1665	1805	751	438	415
专科	21		139	35	148	137	11			
本科	150	146	992	143	2828	754	1098	357	297	322
硕士研究生	267	238	653	3	1482	603	531	268	59	21
博士研究生	46	29	215	2	616	171	165	126	82	72
培训	1285		1598	487	1633	1426	190	3	14	
按大洲分：亚洲	1047	256	2252	275	4238	1861	1335	485	300	257
非洲	503	143	1005	313	1983	913	560	225	133	152
欧洲	191	5	268	76	372	254	73	33	10	2
北美洲	13	3	34	2	48	29	10	5	4	
南美洲	13	6	28	4	45	25	12	4	2	2
大洋洲	2		10		21	9	5	2	3	2
按经费来源分：国际组织资助										
中国政府资助	716	251	1144	89	2063	908	570	329	155	101
本国政府资助	56		26		125	26	58	39	2	
学校间交换	53		37	25	34	31	3			
自费	944	162	2390	556	4485	2126	1364	386	295	314

教职工情况

单位：人

类别	教职工数												科研机构人员	校办企业职工	其他附设机构人员
	合计	校本部教职工													
		计	专任教师						行政人员	教辅人员	工勤人员				
			计	正高级	副高级	中级	初级	未定职级							
总计	109637	106133	77293	8577	22526	30588	7675	7927	14293	9615	4932	1143	1140	1221
其中：女	53928	52709	38671	2292	10231	16894	4719	4535	6950	5798	1290	364	246	609
普通高校	108434	104933	76527	8559	22233	30291	7580	7864	14058	9476	4872	1143	1140	1218
其中：女	53352	52133	38285	2282	10094	16741	4662	4506	6849	5725	1274	364	246	609
按类型分：本科院校	68830	65697	47110	7416	14792	18383	3071	3448	9165	6496	2926	1105	855	1173
其中：独立学院	4604	4604	3704	440	1188	1589	218	269	490	328	82			
专科院校	39604	39236	29417	1143	7441	11908	4509	4416	4893	2980	1946	38	285	45
其中：高等职业学校	37053	36685	27367	1073	6879	11217	4241	3957	4585	2897	1836	38	285	45
其他机构														
按性质类别分：综合大学	53110	50783	36732	5039	10923	13994	3127	3649	6935	4655	2461	640	633	1054
理工院校	24185	23595	17441	1378	4976	7402	1672	2013	3035	2091	1028	64	437	89
农业院校	3490	3402	2149	328	667	897	149	108	467	402	384	41	10	37
林业院校	2354	2354	1479	234	515	637	37	56	414	359	102			
医药院校	7340	7260	5852	592	1729	2152	953	426	776	441	191	56		24
师范院校	5848	5495	4136	330	1162	1595	386	663	732	481	146	339		14
语文院校	2268	2268	1640	172	354	697	162	255	371	178	79			
财经院校	6120	6060	4412	362	1244	1894	568	344	752	585	311		60	
政法院校	795	795	568	53	193	240	67	15	136	62	29			
体育院校	234	234	131	4	26	54	29	18	70	5	28			
艺术院校	1175	1172	860	56	221	313	137	133	193	101	18	3		
民族院校	1515	1515	1127	11	223	416	293	184	177	116	95			
按举办者分：1.中央部门	10861	9463	5848	1773	2408	1556	62	49	1872	966	777	547	314	537
教育部	10114	8726	5340	1745	2216	1307	30	42	1777	867	742	547	314	527
其他部门	747	737	508	28	192	249	32	7	95	99	35			10
2.地方	80759	78719	57999	5828	16811	24013	5897	5450	10419	7169	3132	562	799	679
教育部门	65069	63169	46580	5397	13675	19050	3985	4473	8184	5949	2456	545	694	661
其他部门	15067	14927	11040	426	3035	4772	1884	923	2135	1143	609	17	105	18
地方企业	623	623	379	5	101	191	28	54	100	77	67			
3.民办	16814	16751	12680	958	3014	4722	1621	2365	1767	1341	963	34	27	2
成人高校	1203	1200	766	18	293	297	95	63	235	139	60			3
其中：女	576	576	386	10	137	153	57	29	101	73	16			
按类型分：职工高等学校	841	838	571	3	211	218	76	63	143	81	43			3
农民高等学校														
管理干部学院														
教育学院	166	166	119	1	41	60	17		23	11	13			
独立函授学院														
广播电视大学	196	196	76	14	41	19	2		69	47	4			
其他机构														
按举办者分：1.中央部门														
教育部														
其他部门														
2.地方	1203	1200	766	18	293	297	95	63	235	139	60			3
教育部门	259	259	122	15	52	49	6		81	48	8			
其他部门	944	941	644	3	241	248	89	63	154	91	52			3
地方企业														
3.民办														

教职工情况中另有其他人员

单位: 人

类别	聘请校外教师（人次）	离退休人员	附属中小学幼儿园教职工	集体所有制人员
普通高校小计	27068	39020	1697	25
其中: 女	10187	19292	1266	15
正高级	4337	2872	9	
副高级	7516	9065	133	
中 级	8255			
初 级	1811			
未定职级	5149			
成人高校小计	121	549		
其中: 女	67	248		
正高级	11	7		
副高级	49	62		
中 级	46			
初 级	6			
未定职级	9			
民办的其他高等教育机构小计	103			
其中: 女	56			
正高级	5			
副高级	29			
中 级	37			
初 级	18			
未定职级	14			

专任教师、聘请校外教师岗位分类情况

单位：人

类别	专任教师中按授课内容分				聘请校外教师按授课内容分				专任教师中不任课人数				
	合计	公共课基础课	专业课 计	其中:双师型	合计	公共课基础课	专业课 计	其中:双师型	合计	进修	科研	病休	其他
总计	74453	17207	57246	22363	27189	4473	22716	5778	2840	822	710	117	1191
其中：女	37491	9777	27714	10961	10254	2081	8173	2163	1180	419	171	75	515
正高级	8128	1261	6867	2974	4348	613	3735	843	449	78	200	8	163
副高级	21819	4759	17060	8949	7565	1149	6416	2387	707	215	242	35	215
中 级	29594	7347	22247	10440	8301	1249	7052	2548	994	330	212	53	399
初 级	7426	1951	5475		1817	365	1452		249	131	4	15	99
未定职级	7486	1889	5597		5158	1097	4061		441	68	52	6	315
普通高校小计	73739	17048	56691	22110	27068	4443	22625	5731	2788	822	710	117	1139
其中：女	37131	9706	27425	10813	10187	2068	8119	2132	1154	419	171	75	489
正高级	8110	1259	6851	2973	4337	613	3724	835	449	78	200	8	163
副高级	21552	4731	16821	8805	7516	1139	6377	2358	681	215	242	35	189
中 级	29318	7280	22038	10332	8255	1235	7020	2538	973	330	212	53	378
初 级	7336	1906	5430		1811	365	1446		244	131	4	15	94
未定职级	7423	1872	5551		5149	1091	4058		441	68	52	6	315
成人高校小计	714	159	555	253	121	30	91	47	52				52
其中：女	360	71	289	148	67	13	54	31	26				26
正高级	18	2	16	1	11		11	8					
副高级	267	28	239	144	49	10	39	29	26				26
中 级	276	67	209	108	46	14	32	10	21				21
初 级	90	45	45		6		6		5				5
未定职级	63	17	46		9	6	3						

专任教师年龄情况

单位：人

类别	合计	29岁及以下	30~34岁	35~39岁	40~44岁	45~49岁	50~54岁	55~59岁	60~64岁	65岁及以上
总计	77293	8645	13242	16817	12295	10475	8691	6112	721	295
其中：女	38671	5745	7653	9461	5997	4511	3448	1649	151	56
博士学位	16829	598	3071	3689	3353	2690	1912	1246	237	33
硕士学位	37266	5076	7208	9382	6354	4719	2933	1413	141	40
按专业技术职务分：										
正高级	8577	14	88	356	989	1701	2454	2367	458	150
副高级	22526	71	707	3935	4721	5283	4580	2872	232	125
中级	30588	1209	7349	10638	6026	3119	1460	739	28	20
初级	7675	2970	2786	1204	326	219	112	58		
未定职级	7927	4381	2312	684	233	153	85	76	3	
按学历（学位）分：										
博士研究生	16807	601	3075	3687	3354	2682	1906	1235	234	33
博士学位	16756	598	3069	3679	3340	2676	1898	1231	232	33
硕士学位	47	3	5	8	13	6	8	3	1	
硕士研究生	26996	4990	6706	6549	3987	2571	1268	781	111	33
博士学位	52		2	9	12	13	6	6	4	
硕士学位	26709	4968	6668	6481	3958	2524	1239	734	104	33
本科	32703	2942	3387	6508	4883	5091	5363	3959	353	217
博士学位	21			1	1	1	8	9	1	
硕士学位	10482	105	534	2891	2376	2181	1680	673	35	7
专科及以下	787	112	74	73	71	131	154	137	23	12
博士学位										
硕士学位	28		1	2	7	8	6	3	1	
普通高校	76527	8554	13136	16697	12163	10345	8575	6041	721	295
其中：女	38285	5695	7588	9397	5924	4449	3393	1632	151	56
博士学位	16825	598	3071	3687	3353	2689	1912	1245	237	33
硕士学位	37139	5054	7192	9359	6325	4703	2921	1404	141	40
按专业技术职务分：										
正高级	8559	14	88	356	987	1699	2451	2356	458	150
副高级	22233	71	705	3916	4653	5197	4501	2833	232	125
中级	30291	1198	7271	10561	5975	3086	1431	721	28	20
初级	7580	2930	2770	1183	317	216	108	56		
未定职级	7864	4341	2302	681	231	147	84	75	3	

续表

类别	合计	29岁及以下	30~34岁	35~39岁	40~44岁	45~49岁	50~54岁	55~59岁	60~64岁	65岁及以上
按学历（学位）分：										
博士研究生	16805	601	3075	3685	3354	2682	1906	1235	234	33
博士学位	16754	598	3069	3677	3340	2676	1898	1231	232	33
硕士学位	47	3	5	8	13	6	8	3	1	
硕士研究生	26899	4970	6691	6531	3968	2559	1262	774	111	33
博士学位	50		2	9	12	12	6	5	4	
硕士学位	26618	4948	6653	6464	3940	2515	1233	728	104	33
本科	32088	2876	3304	6411	4773	4982	5263	3909	353	217
博士学位	21			1		1	1	8	9	1
硕士学位	10446	103	533	2885	2365	2174	1674	670	35	7
专科及以下	735	107	66	70	68	122	144	123	23	12
博士学位										
硕士学位	28		1	2	7	8	6	3	1	
成人高校	766	91	106	120	132	130	116	71		
其中：女	386	50	65	64	73	62	55	17		
博士学位	4			2		1		1		
硕士学位	127	22	16	23	29	16	12	9		
按专业技术职务分：										
正高级	18					2	2	3	11	
副高级	293			2	19	68	86	79	39	
中　级	297	11	78	77	51	33	29	18		
初　级	95	40	16	21	9	3	4	2		
未定职级	63	40	10	3	2	6	1	1		
按学历（学位）分：										
博士研究生	2			2						
博士学位	2			2						
硕士学位										
硕士研究生	97	20	15	18	19	12	6	7		
博士学位	2					1		1		
硕士学位	91	20	15	17	18	9	6	6		
本科	615	66	83	97	110	109	100	50		
博士学位										
硕士学位	36	2	1	6	11	7	6	3		
专科及以下	52	5	8	3	3	9	10	14		
博士学位										
硕士学位										

分学科专任教师数

单位：人

类别	合计	正高级	副高级	中级	初级	未定职级
总计	77293	8577	22526	30588	7675	7927
其中：女	38671	2292	10231	16894	4719	4535
哲学	1966	279	593	697	155	242
经济学	4118	419	1171	1682	438	408
法学	3032	378	865	1304	215	270
教育学	7016	493	1778	2864	987	894
其中：体育	3027	202	829	1279	375	342
文学	9580	670	2591	4461	968	890
其中：外语	5094	253	1377	2626	466	372
历史学	674	105	199	237	55	78
理学	7349	1143	2468	2543	531	664
工学	21919	2723	6821	8557	1668	2150
其中：计算机	4783	342	1580	2132	389	340
农学	1799	310	509	654	136	190
其中：林学	444	66	123	172	41	42
医学	7490	1080	2460	2471	905	574
管理学	6913	667	1924	2811	803	708
艺术学	5437	310	1147	2307	814	859
普通高校	76527	8559	22233	30291	7580	7864
其中：女	38285	2282	10094	16741	4662	4506
哲学	1949	279	584	689	155	242
经济学	4061	416	1150	1660	430	405
法学	3010	376	859	1293	214	268
教育学	6935	492	1750	2830	973	890
其中：体育	3006	202	824	1269	370	341
文学	9462	670	2550	4409	951	882
其中：外语	5047	253	1364	2608	455	367
历史学	664	104	194	233	55	78
理学	7260	1142	2432	2511	523	652
工学	21644	2719	6708	8461	1632	2124
其中：计算机	4718	342	1554	2104	380	338
农学	1791	309	505	652	135	190
其中：林学	444	66	123	172	41	42
医学	7486	1078	2460	2469	905	574
管理学	6840	664	1896	2779	797	704
艺术学	5425	310	1145	2305	810	855
成人高校	766	18	293	297	95	63
其中：女	386	10	137	153	57	29
哲学	17		9	8		
经济学	57	3	21	22	8	3
法学	22	2	6	11	1	2
教育学	81	1	28	34	14	4
其中：体育	21		5	10	5	1
文学	118		41	52	17	8
其中：外语	47		13	18	11	5
历史学	10	1	5	4		
理学	89	1	36	32	8	12
工学	275	4	113	96	36	26
其中：计算机	65		26	28	9	2
农学	8	1	4	2	1	
其中：林学						
医学	4	2		2		
管理学	73	3	28	32	6	4
艺术学	12		2	2	4	4

专任教师、聘请校外教师学历（位）情况

单位：人

项目 / 类别	合计 计	其中:获学位 博士	其中:获学位 硕士	博士研究生 计	其中:获学位 博士	其中:获学位 硕士	硕士研究生 计	其中:获学位 博士	其中:获学位 硕士	本科 计	其中:获学位 博士	其中:获学位 硕士	专科及以下 计	其中:获学位 博士	其中:获学位 硕士
总计															
1.专任教师	77293	16829	37266	16807	16756	47	26996	52	26709	32703	21	10482	787		28
其中：女	38671	4951	22330	4954	4934	18	16444	12	16351	16923	5	5946	350		15
正高级	8577	4935	2083	4908	4895	10	960	23	914	2701	17	1156	8		3
副高级	22526	5723	9500	5717	5700	17	4795	20	4690	11958	3	4784	56		9
中级	30588	4923	17367	4931	4915	16	13338	7	13246	11993	1	4090	326		15
初级	7675	92	3935	93	92	1	3613		3591	3795		342	174		1
未定职级	7927	1156	4381	1158	1154	3	4290	2	4268	2256		110	223		
2.聘请校外教师	27189	4148	10110	4114	4088	23	9002	52	8640	13231	8	1441	842		6
其中：女	10254	900	4241	889	884	5	3781	15	3641	5326	1	594	258		1
外籍教师	750	468	131	466	466		123	1	122	161	1	9			
其他高校教师	6637	1847	2709	1817	1814	3	2370	26	2297	2397	7	407	53		2
正高级	4348	2063	1098	2050	2040	9	899	19	856	1363	4	232	36		1
副高级	7565	1103	2642	1093	1083	8	2234	19	2137	4129	1	497	109		
中级	8301	543	3610	539	536	3	3146	5	3054	4257	2	550	359		3
初级	1817	13	639	12	12		603	1	569	1140		70	62		
未定职级	5158	426	2121	420	417	3	2120	8	2024	2342	1	92	276		2
普通高校															
1.专任教师	76527	16825	37139	16805	16754	47	26899	50	26618	32088	21	10446	735		28
其中：女	38285	4949	22254	4952	4932	18	16388	12	16297	16612	5	5924	333		15
正高级	8559	4934	2074	4908	4895	10	956	22	911	2687	17	1150	8		3
副高级	22233	5721	9445	5716	5699	17	4756	19	4656	11707	3	4763	54		9
中级	30291	4922	17325	4930	4914	16	13303	7	13211	11756	1	4083	302		15
初级	7580	92	3923	93	92	1	3603		3581	3719		340	165		1
未定职级	7864	1156	4372	1158	1154	3	4281	2	4259	2219		110	206		
2.聘请校外教师	27068	4147	10044	4114	4088	23	8966	51	8605	13151	8	1410	837		6
其中：女	10187	900	4208	889	884	5	3761	15	3621	5281	1	581	256		1
外籍教师	750	468	131	466	466		123	1	122	161	1	9			
其他高校教师	6617	1846	2696	1817	1814	3	2356	25	2284	2391	7	407	53		2
正高级	4337	2063	1087	2050	2040	9	888	19	845	1363	4	232	36		1
副高级	7516	1102	2605	1093	1083	8	2209	18	2113	4105	1	484	109		
中级	8255	543	3592	539	536	3	3146	5	3054	4214	2	532	356		3
初级	1811	13	639	12	12		603	1	569	1135		70	61		
未定职级	5149	426	2121	420	417	3	2120	8	2024	2334	1	92	275		2
成人高校															
1.专任教师	766	4	127	2	2		97	2	91	615		36	52		
其中：女	386	2	76	2	2		56		54	311		22	17		
正高级	18	1	9				4	1	3	14		6			
副高级	293	2	55	1	1		39	1	34	251		21	2		
中级	297	1	42	1	1		35		35	237		7	24		
初级	95		12				10		10	76		2	9		
未定职级	63		9				9		9	37			17		
2.聘请校外教师	121	1	66				36	1	35	80		31	5		
其中：女	67		33				20		20	45		13	2		
外籍教师															
其他高校教师	20	1	13				14	1	13	6					
正高级	11						11		11						
副高级	49	1	37				25	1	24	24		13			
中级	46		18							43		18	3		
初级	6									5			1		
未定职级	9									8			1		

上学年专任教师接受培训情况

单位：人次

类别	接受培训专任教师(人)	合计 接受培训专任教师(人次)	合计 培训时间(学时)	国内 集中培训 接受培训专任教师(人次)	国内 集中培训 培训时间(学时)	国内 远程培训 接受培训专任教师(人次)	国内 远程培训 培训时间(学时)	国内 跟岗实践 接受培训专任教师(人次)	国内 跟岗实践 培训时间(学时)	国(境)外 集中培训 接受培训专任教师(人次)	国(境)外 集中培训 培训时间(学时)	国(境)外 远程培训 接受培训专任教师(人次)	国(境)外 远程培训 培训时间(学时)	国(境)外 跟岗实践 接受培训专任教师(人次)	国(境)外 跟岗实践 培训时间(学时)
总计	37269	75817	6936821	54282	4770847	15080	465447	4886	891403	1071	335684	7	3030	491	470410
其中：女	19554	38192	3363643	27378	2346706	8038	204671	2079	455313	499	165057	2	60	196	191836
正高级	2321	5122	604128	3979	431194	742	15885	113	20894	166	32505			122	103650
副高级	9925	20609	1773077	15264	1114691	3662	107798	1083	227220	443	169402	3	90	154	153876
中级	15515	31202	3600848	21717	2734614	6982	216497	1948	357040	378	118371	4	2940	173	171386
初级	4830	10213	517913	6836	184972	2310	72079	970	209607	57	12207			40	39048
未定职级	4678	8671	440855	6486	305376	1384	53188	772	76642	27	3199			2	2450

专任教师变动情况

单位：人

类别	上学年初报表专任教师数	增加教师数 合计	增加 录用毕业生 计	增加 录用毕业生 其中:研究生 计	增加 录用毕业生 其中:研究生 其中:本校毕业	增加 调入 计	增加 调入 其中:外校	增加 校内变动	增加 其他	减少教师数 合计	减少 自然减员	减少 调出	减少 校内变动	减少 辞职	减少 其他	本学年初报表专任教师数
总计	73441	7830	3418	2952	191	1436	765	1182	1794	3978	852	422	1221	1092	391	77293
其中：女	36733	3817	1797	1534	79	705	362	632	683	1879	399	156	607	553	164	38671
一、普通高校	72689	7785	3412	2951	191	1418	755	1167	1788	3947	840	417	1211	1089	390	76527
其中：女	36371	3781	1792	1533	79	693	355	617	679	1867	391	154	607	551	164	38285
二、成人高校	752	45	6	1		18	10	15	6	31	12	5	10	3	1	766
其中：女	362	36	5	1		12	7	15	4	12	8	2		2		386

研究生指导教师情况

单位：人

类别	合计	29岁及以下	30~34岁	35~39岁	40~44岁	45~49岁	50~54岁	55~59岁	60~64岁	65岁及以上
总计	14337	172	1247	2349	2564	2743	2595	2127	400	140
其中：女	4038	46	341	736	869	873	673	423	60	17
专业技术职务：正高级	6284	4	71	281	705	1261	1794	1662	373	133
副高级	5764	46	391	1333	1517	1334	754	359	26	4
中级	2289	122	785	735	342	148	47	106	1	3
指导关系：博士导师	337		8	24	48	59	70	74	30	24
其中：女	51		2	6	10	17	7	6	2	1
硕士导师	11125	165	1115	2002	2123	2180	1926	1402	179	33
其中：女	3501	45	327	682	773	747	550	334	39	4
博士、硕士导师	2875	7	124	323	393	504	599	651	191	83
其中：女	486	1	12	48	86	109	116	83	19	12
普通高校	14121	172	1238	2315	2535	2714	2546	2068	395	138
其中：女	3998	46	337	727	861	867	667	417	59	17
专业技术职务：正高级	6127	4	70	274	689	1236	1747	1608	368	131
副高级	5710	46	385	1309	1504	1330	752	354	26	4
中级	2284	122	783	732	342	148	47	106	1	3
指导关系：博士导师	337		8	24	48	59	70	74	30	24
其中：女	51		2	6	10	17	7	6	2	1
硕士导师	10910	165	1106	1968	2094	2151	1878	1343	174	31
其中：女	3461	45	323	673	765	741	544	328	38	4
博士、硕士导师	2874	7	124	323	393	504	598	651	191	83
其中：女	486	1	12	48	86	109	116	83	19	12
科研机构	216		9	34	29	29	49	59	5	2
其中：女	40		4	9	8	6	6	6	1	
专业技术职务：正高级	157		1	7	16	25	47	54	5	2
副高级	54		6	24	13	4	2	5		
中级	5		2	3						
指导关系：博士导师										
其中：女										
硕士导师	215		9	34	29	29	48	59	5	2
其中：女	40		4	9	8	6	6	6	1	
博士、硕士导师	1						1			
其中：女										

专职辅导员分年龄、学历情况

单位：人

类别	合计	按年龄分				按学历分			
		20~29岁	30~39岁	40~49岁	50岁及以上	博士研究生	硕士研究生	本科	专科及以下
总计	7350	2767	3168	980	435	130	3787	3185	248
其中：女	4384	1814	1963	445	162	47	2467	1765	105
按类型分：本专科生辅导员	7030	2668	3068	896	398	75	3571	3138	246
研究生辅导员	320	99	100	84	37	55	216	47	2
按举办者分：一、中央部门	450	242	114	68	26	54	212	183	1
二、地方	5494	1937	2466	752	339	75	3079	2183	157
1.教育部门	4160	1464	1836	578	282	69	2501	1471	119
2.其他部门	1290	453	614	170	53	6	551	695	38
3.地方企业	44	20	16	4	4		27	17	
三、民办	1406	588	588	160	70	1	496	819	90

心理咨询工作人员情况

单位：人

类别	合计	其中：持有资格证书	按工作年限分				按专业技术职务分					按学历分			
			4年及以下	5~10年	11~20年	21年及以上	正高级	副高级	中级	初级	未定职级	博士研究生	硕士研究生	本科	专科及以下
总计	839	758	265	316	177	81	18	113	416	162	130	24	534	272	9
其中：女	641	602	219	238	129	55	9	74	330	125	103	17	435	182	7
一、中央部门	23	23	8	5	9	1		3	12	8		4	15	4	
二、地方	655	597	180	257	140	78	17	98	339	115	86	19	425	206	5
1.教育部门	442	398	138	144	96	64	15	67	225	74	61	16	289	134	3
2.其他部门	186	172	37	97	41	11	2	28	97	36	23	3	113	68	2
3.地方企业	27	27	5	16	3	3		3	17	5	2		23	4	
三、民办	161	138	77	54	28	2	1	12	65	39	44	1	94	62	4

校舍情况

单位：平方米

项目 / 数目 / 类别	学校产权校舍建筑面积				正在施工校舍建筑面积	非学校产权校舍建筑面积		
	计	其中				合计	独立使用	共同使用
		危房	当年新增	被外单位借用				
总计	37790957.4	90566.13	1118232.8		1817134.37	5902176.79	4750757.55	1151419.24
一、教学科研及辅助用房	16902230.31	23306.93	468376.55		1178485.96	2983814.66	2074467.97	909346.69
教室	5015777.68		54230.65		209958.55	810328.18	686043.94	124284.24
图书馆	2094143.51	143.91	62170.98		73861.52	218931.41	154724.4	64207.01
实验室、实习场所	7290342.27	23163.02	196963.11		745443.46	1324533.55	728822.24	595711.31
专用科研用房	987922.23		79876.21		49516.23	216087.48	200947.48	15140
体育馆	1229654.06		61941.64		99402.2	381367.5	273103.47	108264.03
会堂	284390.56		13193.96		304	32566.54	30826.44	1740.1
二、行政办公用房	1949994.53	9207.69	24746.68		170637.62	258034.1	200910.84	57123.26
三、生活用房	14615828.46	45718.45	468992.75		442625.79	2496758.12	2351796.94	144961.18
学生宿舍（公寓）	11517563.87	13628.96	397616.72		346659.04	1827099.47	1744362.61	82736.86
学生食堂	1417563.06		18618.55		50520.91	212007.44	171777.36	40230.08
教工宿舍（公寓）	775135.57	25134.15	40774.27			140095.24	132537.24	7558
教工食堂	116903.51		7661.16		1510	5425.43	1290.4	4135.03
生活福利及附属用房	788662.45	6955.34	4322.05		43935.84	312130.54	301829.33	10301.21
四、教工住宅	3719126.51	9167.33	21644		3059			
五、其他用房	603777.59	3165.73	134472.82		22326	163569.91	123581.8	39988.11
普通高校	37332066.08	89605.13	1118232.8		1746034.37	5775753.79	4702234.55	1073519.24
一、教学科研及辅助用房	16669870.41	23306.93	468376.55		1178485.96	2881292.66	2048345.97	832946.69
教室	4891358.18		54230.65		209958.55	799324.18	675039.94	124284.24
图书馆	2080033.51	143.91	62170.98		73861.52	216159.41	152552.4	63607.01
实验室、实习场所	7212409.87	23163.02	196963.11		745443.46	1241409.55	720698.24	520711.31
专用科研用房	987862.23		79876.21		49516.23	216087.48	200947.48	15140
体育馆	1219160.06		61941.64		99402.2	379367.5	271103.47	108264.03
会堂	279046.56		13193.96		304	28944.54	28004.44	940.1
二、行政办公用房	1903990.67	9207.69	24746.68		99537.62	254997.1	197873.84	57123.26
三、生活用房	14459563.9	45591.45	468992.75		442625.79	2475894.12	2332432.94	143461.18
学生宿舍（公寓）	11407274.19	13628.96	397616.72		346659.04	1810806.47	1728069.61	82736.86
学生食堂	1388820.18		18618.55		50520.91	209385.44	170655.36	38730.08
教工宿舍（公寓）	765095.57	25007.15	40774.27			140095.24	132537.24	7558
教工食堂	114194.51		7661.16		1510	5425.43	1290.4	4135.03
生活福利及附属用房	784179.45	6955.34	4322.05		43935.84	310181.54	299880.33	10301.21
四、教工住宅	3701101.51	9167.33	21644		3059			
五、其他用房	597539.59	2331.73	134472.82		22326	163569.91	123581.8	39988.11
成人高校	458891.32	961			71100	126423	48523	77900
一、教学科研及辅助用房	232359.9					102522	26122	76400
教室	124419.5					11004	11004	
图书馆	14110					2772	2172	600
实验室、实习场所	77932.4					83124	8124	75000
专用科研用房	60							
体育馆	10494					2000	2000	
会堂	5344					3622	2822	800
二、行政办公用房	46003.86				71100	3037	3037	
三、生活用房	156264.56	127				20864	19364	1500
学生宿舍（公寓）	110289.68					16293	16293	
学生食堂	28742.88					2622	1122	1500
教工宿舍（公寓）	10040	127						
教工食堂	2709							
生活福利及附属用房	4483					1949	1949	
四、教工住宅	18025							
五、其他用房	6238	834						

资产情况

项目 \ 类别	占地面积（平方米） 计	其中: 绿化用地	运动场地	图书（万册） 计	其中:当年新增	计算机数（台） 计	其中:教学用计算机 计	其中:平板电脑	教室（间） 计	其中:网络多媒体教室	固定资产总值（万元） 计	其中:教学、科研仪器设备资产值 计	当年新增	其中:信息化设备资产值 计	其中:软件
学校产权	78002562.34	26565357.86	5832075.46	11905.48	549.73	513909	378450	8551	35992	21095	8627219.29	1782503.54	209296.84	585064.27	106008.55
非学校产权中独立使用	9858435.37	1602717.03	310427.27	506.88	3.86	7290	6349	21	5448	2091	820274.69	45057.3	2616.53		
一、普通高校学校产权	77444670.34	26353515.99	5759634.46	11799.58	548.32	504480	373033	8222	35145	20444	8573568.29	1764391.97	207023.4	578866.71	105414.78
非学校产权中独立使用	9762039.37	1569017.03	308427.27	489.9	3.86	6563	5656	21	5344	2029	815648.45	43088.04	2522.62		
二、成人高校学校产权	557892	211841.87	72441	105.9	1.41	9429	5417	329	847	651	53651	18111.57	2273.44	6197.56	593.77
非学校产权中独立使用	96396	33700	2000	16.98		727	693		104	62	4626.24	1969.26	93.91		

信息化建设情况

项目 \ 类别	网络信息点数（个） 计	其中:无线接入	上网课程数（门）	电子邮件系统用户数（个）	管理信息系统数据总量（GB）	数字资源量 电子图书（册）	电子期刊（册）	学位论文（册）	音视频（小时）	信息化培训人次（人次）	信息化工作人员数（人）
总计	1203545	240418	8056	658033	2787900	141082922	29697441	333998306	3212939.78	60118	1949
普通高校	1192888	239236	7396	657630	2776075	140497505	29573640	330365845	3160617.78	58253	1853
成人高校	10657	1182	660	403	11825	585417	123801	3632461	52322	1865	96

民办的其他高等教育机构学生、教师情况

单位：人

类别	自考助学班 结业生数	注册学生数	进修及培训学生 结业生数	注册学生数	教职工	专任教师	聘请校外教师
总计			10		179	54	103
其中：女			1792		107	33	56

民办的其他高等教育机构办学条件情况

类别	占地面积（平方米）	图书（万册）	计算机（台） 计	其中:教学用计算机 计	其中:平板电脑	教室（间） 计	其中:网络多媒体教室	固定资产总值（万元） 计	其中:教学、科研仪器设备资产值	校舍建筑面积（平方米） 计	其中 教学科研及辅助用房	行政办公用房
学校产权		18.86	1053	984	330			1119.2	825.2			
非学校产权	87142	10				81	29			62630	26278	5365
独立使用	23700	10				61	29			37780	10668	4765
共同使用	63442					20				24850	15610	600

高等教育学校（机构）基本情况

项目　数目　类别	研究生						普通本专科					
	毕业生数		招生数		在校生数		毕业生数		招生数		在校生数	
	计	其中:博士	计	其中:博士	计	其中:博士	计	其中:本科	计	其中:本科	计	其中:本科
湖南省	21418	1790	29841	3127	93511	14827	361908	166655	456160	196024	1407108	748384
长沙市	16405	1652	22840	2833	73409	13779	172684	77132	210500	90362	665860	347539
湖南大学	4354	379	5771	758	19622	3670	4662	4662	5010	5010	20443	20443
中南大学	5435	895	7197	1419	25337	7131	7997	7997	8321	8321	34052	34052
长沙理工大学	1281	25	1920	73	5698	360	5944	5944	6551	6551	26273	26273
湖南农业大学	1207	138	1712	161	4732	722	5270	5139	6343	6343	23043	22764
中南林业科技大学	749	31	1203	82	3687	418	6119	5570	6444	5985	25402	23818
湖南中医药大学	609	48	933	100	2746	320	3265	3265	3475	3475	15100	15100
湖南师范大学	2622	136	3499	240	10427	1158	4912	4912	5924	5924	23165	23165
湖南工商大学	99		505		902		3918	3708	4874	4756	17143	16569
长沙医学院							5387	3882	5813	4460	23314	19487
长沙民政职业技术学院							6018		6367		18635	
湖南工业职业技术学院							4071		5345		15065	
湖南信息职业技术学院							3089		4257		10913	
长沙学院							3282	3282	3878	3878	14661	14661
湖南财政经济学院							2411	2411	3946	3946	14039	14039
湖南警察学院							1563	1563	1694	1694	6328	6328
湖南女子学院							2571	2432	2544	2430	8898	8622
湖南税务高等专科学校												
湖南第一师范学院							3925	3924	3799	3799	16146	16145
长沙航空职业技术学院							2872		3580		9730	
湖南大众传媒职业技术学院							2675		4029		11442	
湖南涉外经济学院							7166	6024	8469	7376	28945	25511
湖南科技职业学院							4014		4859		13774	
湖南生物机电职业技术学院							3822		5147		12910	
湖南交通职业技术学院							4162		4849		13903	
湖南商务职业技术学院							3037		4021		10368	
湖南体育职业学院							1101		1519		4027	
湖南工程职业技术学院							3185		3807		10574	
保险职业学院							1195		973		3122	
湖南外贸职业学院							2131		3898		9808	
湖南网络工程职业学院							2457		2566		7494	
湖南司法警官职业学院							1787		1788		4833	
长沙商贸旅游职业技术学院							2682		3297		8713	
湖南工商大学北津学院							1473	1473	1670	1670	6263	6263
湖南师范大学树达学院							1640	1640	1481	1481	6179	6179
湖南农业大学东方科技学院							1457	1457	1484	1484	5856	5856
中南林业科技大学涉外学院							2724	2724	2863	2863	11057	11057
湖南中医药大学湘杏学院							851	851	877	877	3786	3786
湖南邮电职业技术学院							1432		1629		4790	
长沙环境保护职业技术学院							2790		3763		9784	
湖南艺术职业学院							1546		2861		5541	
湖南机电职业技术学院							3918		4359		12145	

单位：人

成人本专科						教职工数								
毕业生数		招生数		在校生数		合计	校本部教职工					科研机构人员	校办企业职工	其他附设机构人员
计	其中：本科	计	其中：本科	计	其中：本科		计	专任教师	行政人员	教辅人员	工勤人员			
134003	57700	242598	118735	467853	230665	109816	106312	77347	14341	9671	4953	1143	1140	1221
81958	33032	125454	63812	244684	125099	55653	53112	37233	7828	5367	2684	744	818	979
2605	1610	8689	5893	13358	9383	4114	3443	2140	743	412	148	270	232	169
4067	2899	1058	1058	5128	4321	6000	5283	3200	1034	455	594	277	82	358
5878	2847	13415	9004	22572	15274	3066	2632	1951	321	277	83	58	329	47
9560	3914	13582	6975	29615	14832	2511	2426	1437	365	336	288	38	10	37
3927	2045	6533	3566	12593	6917	2354	2354	1479	414	359	102			
14078	8904	13804	13804	32736	30648	2040	1960	1488	241	197	34	56		24
9124	3686	21334	14754	35170	24310	3666	3338	2121	548	542	127	15		313
4869	1136	11875	4145	20271	6742	1464	1404	1030	142	138	94		60	
8373	4253	2554	1051	11630	6403	1946	1946	1758	81	63	44			
						919	919	719	119	57	24			
90		3		19		828	828	630	122	35	41			
		187		247		570	570	456	54	55	5			
3541	869	3672	1875	7442	3611	1118	1118	885	148	75	10			
374	25	466	11	803	28	767	767	556	161	34	16			
16	14	6	6	23	23	494	494	354	92	32	16			
						635	635	418	165	51	1			
234	47	22	22	73	73	1168	1168	950	152	61	5			
171				139		747	737	508	95	99	35			10
						599	599	396	94	93	16			
1114	84	3838	353	5193	501	1385	1385	915	204	165	101			
364		433		817		695	695	602	58	23	12			
427		463		1078		804	801	552	89	64	96	3		
835		2755		4879		911	855	531	234	66	24	6	34	16
763		1235		3219		588	588	453	55	28	52			
						234	234	131	70	5	28			
22		546		918		699	634	490	77	65	2		65	
1337	688	187		701		228	228	119	70	36	3			
146		324		660		501	501	370	46	61	24			
						462	462	338	61	57	6			
8		7		14		301	301	214	44	30	13			
25				22		523	523	468	23	25	7			
						379	379	290	27	58	4			
						418	418	305	87	25	1			
						175	175	160	13	2				
						587	587	480	60	13	34			
						221	221	180	21	9	11			
17		4		4		273	273	186	60	21	6			
2		22		29		635	635	445	117	60	13			
6		11		22		590	587	422	116	43	6	3		
535		1254		2725		667	667	534	56	46	31			

续表

| 类别 | 研究生 | | | | | | 普通本专科 | | | | | |
| | 毕业生数 | | 招生数 | | 在校生数 | | 毕业生数 | | 招生数 | | 在校生数 | |
	计	其中：博士	计	其中：博士	计	其中：博士	计	其中：本科	计	其中：本科	计	其中：本科
长沙职业技术学院							2744		3433		8925	
长沙南方职业学院							2714		3642		9644	
长沙理工大学城南学院							1655	1655	1728	1728	6971	6971
长沙师范学院							4966	1605	5189	3048	15242	10694
湖南信息学院							3747	1012	4875	3263	14873	9756
长沙电力职业技术学院							660		982		2520	
湖南水利水电职业技术学院							2199		2880		7490	
湖南现代物流职业技术学院							2530		3075		8418	
湖南安全技术职业学院							1865		2761		6965	
湖南外国语职业学院							3116		4581		11180	
湖南都市职业学院							3513		4154		10856	
湖南电子科技职业学院							3247		3853		10140	
湖南三一工业职业技术学院							725		2382		5613	
长沙卫生职业学院							1633		2652		6511	
湖南食品药品职业学院							1820		2782		6705	
湖南劳动人事职业学院							1029		3157		6143	
长沙工业职工大学												
长沙教育学院												
湖南省广播电视大学												
湖南金融技术职工大学												
长沙矿山研究院	5		7		17							
长沙矿冶研究院	6		10		31							
湖南商贸经济管理专修学院												
长沙市优才互联网专修学院												
长沙竞男女子专修学院												
湖南经济管理专修学院												
长沙明照日本语专修学院												
长沙市沃亚德航空专修学院												
湖南公共关系进修学院												
湖南政法专修学院												
湖南欧柏泰克互联网专修学院												
中共湖南省委党校	38		83		210							
株洲市	511	3	642	10	1875	34	26953	8543	35999	7982	101896	33941
株洲师范高等专科学校												
湖南工业大学	499	3	630	10	1836	31	7330	7091	6480	6406	28774	28345
湖南冶金职业技术学院												
湖南铁道职业技术学院							3171		4277		11242	
湖南工业大学科技学院							1452	1452	1576	1576	5596	5596
湖南化工职业技术学院							3569		6131		13879	
湖南中医药高等专科学校							3087		3858		9978	
湖南汽车工程职业学院							2966		5224		12151	

| 成人本专科 | | | | | | 教职工数 | | | | | | | | |
| 毕业生数 | | 招生数 | | 在校生数 | | 合计 | 校本部教职工 | | | | | 科研机构人员 | 校办企业职工 | 其他附设机构人员 |
计	其中:本科	计	其中:本科	计	其中:本科		计	专任教师	行政人员	教辅人员	工勤人员			
264		526		907		570	570	460	39	55	16			
		138		292		662	662	458	92	42	70			
				439		439	439	386	26	27				
23	11	5098	753	10317	1491	846	843	516	117	200	10	3		
		4990	542	4990	542	922	922	682	77	101	62			
						314	314	118	70	68	58			
29		101		176		365	365	299	50	7	9			
309		1231		2444		372	366	264	55	41	6	5	1	
504		1		4		362	355	261	48	30	16		5	2
97		352		484		714	714	503	87	70	54			
1426		736		4777		932	932	596	116	103	117			
5352		1368		2765		758	748	548	94	91	15	10		
						551	551	432	31	60	28			
						391	391	289	60	27	15			
1		85		130		442	442	362	40	27	13			
						285	285	211	24	40	10			
859		2396		4831		71	68	57	6	2	3			3
586		153		467		196	196	76	69	47	4			
						20	20	12	4	2	2			
						28	28	7	19		2			
						14	14	5	5	2	2			
						36	36	14	6	12	4			
						50	50	6	8	30	6			
						31	31	10	6	10	5			
2950	911	9018	3553	14580	5736	6743	6577	4846	773	623	335		166	
2566	911	7972	3553	12102	5736	2867	2867	1938	399	387	143			
15		561		579		770	604	455	78	31	40		166	
						81	81	16	27	32	6			
		20		25		542	542	441	35	34	32			
37		2		542		534	534	439	45	26	24			
						667	667	563	31	36	37			

续表

类别	研究生 毕业生数 计	其中:博士	招生数 计	其中:博士	在校生数 计	其中:博士	普通本专科 毕业生数 计	其中:本科	招生数 计	其中:本科	在校生数 计	其中:本科
湖南铁路科技职业技术学院							3080		4666		11622	
湖南有色金属职业技术学院							2298		3787		8654	
株洲市职工大学												
中国航空动力机械研究所	12		12		39	3						
湖南航空工业职工工学院												
湘潭市	2855	110	3938	220	11335	752	36361	19813	42430	21629	140579	85394
湘潭大学	1955	99	2581	170	7592	599	5741	5741	5913	5913	24823	24810
湖南科技大学	853	11	1284	50	3534	153	6607	6607	7301	7301	28456	28456
湖南工程学院	47		73		209		3928	3813	4539	4539	16806	16552
湘潭大学兴湘学院							1341	1341	1372	1372	5514	5514
湖南科技大学潇湘学院							1365	1365	1417	1417	5657	5657
湖南工程学院应用技术学院							946	946	1087	1087	4405	4405
湘潭医卫职业技术学院							3247		5349		12420	
湖南城建职业技术学院							3085		4342		11275	
湖南理工职业技术学院							1914		2298		6425	
湖南软件职业学院							4100		2906		9352	
湖南电气职业技术学院							1767		2696		6721	
湖南国防工业职业技术学院							1489		1842		4666	
湖南吉利汽车职业技术学院							831		1368		4059	
湖南兵器工业职工大学江麓分校												
湘潭教育学院												
湖南纺织职工大学												
衡阳市	1123	20	1478	53	4423	229	31934	17324	41210	22030	128770	81939
衡阳师范学院			40		40		3814	3814	4649	4649	16950	16950
南华大学	1123	20	1438	53	4383	229	6277	6277	7126	7126	29305	29305
湖南工学院							4326	4326	5200	5200	18716	18716
南华大学船山学院							1244	1244	1230	1230	5039	5039
衡阳师范学院南岳学院							995	995	1012	1012	3982	3982
湖南环境生物职业技术学院							4220		6877		15158	
湖南财经工业职业技术学院							2963		4456		10993	
湖南交通工程学院							3410	668	3833	2813	11620	7947
湖南高速铁路职业技术学院							3353		5018		12117	
湖南工商职业学院							1332		1809		4890	
中钢集团衡阳重机职工大学												
衡阳工业职工大学												
邵阳市	29		71		203		8149	4461	11613	6310	36590	23648
邵阳学院	29		71		203		6386	4461	7026	6310	26718	23648
邵阳职业技术学院							1763		2787		6330	
湘中幼儿师范高等专科学校									1800		3542	
岳阳市	130		329		656		14994	5874	18532	5359	53253	22503
湖南理工学院	130		329		656		4472	4472	3769	3769	16719	16719

成人本专科						教职工数						科研机构人员	校办企业职工	其他附设机构人员
毕业生数		招生数		在校生数		合计	校本部教职工							
计	其中:本科	计	其中:本科	计	其中:本科		计	专任教师	行政人员	教辅人员	工勤人员			
70		223		265		565	565	457	62	33	13			
						394	394	294	50	19	31			
149		39		190		215	215	176	25	10	4			
113		201		877		108	108	67	21	15	5			
8131	2922	21889	10149	37754	17597	10535	10364	7692	1483	751	438		14	157
2774	1366	9631	5111	16195	8872	2320	2214	1502	425	223	64			106
1884	959	5932	4430	10188	6805	2595	2560	1859	414	197	90			35
1124	597	1250	608	3162	1920	1224	1208	1006	95	67	40			16
						275	275	228	15	26	6			
						223	223	206	10	7				
						299	299	281	12		6			
3		153		186		648	648	509	88	26	25			
1631		3670		5591		633	633	457	115	28	33			
2		53		78		384	370	286	38	33	13		14	
						751	751	528	76	49	98			
40		30		61		309	309	261	30	9	9			
10		6		22		290	290	195	66	23	6			
						306	306	215	43	16	32			
149		1164		2271		63	63	46	12	1	4			
514						215	215	113	44	40	18			
15141	8794	26189	10807	51597	25001	9252	8770	6821	895	762	292	356	112	14
2094	632	1907	914	3877	1899	1611	1261	944	133	128	56	336		14
6843	6843	7502	7502	18053	18053	2337	2214	1874	164	123	53	20	103	
3881	1203	6116	1753	11844	3787	1191	1191	886	148	134	23			
						303	303	239	35	29				
						270	270	234	25	11				
		647		885		907	907	739	81	69	18			
42		121		187		670	670	515	62	78	15			
1414	116	5268	638	10507	1262	891	882	634	136	61	51		9	
35				82		581	581	391	55	90	45			
5		2155		2180		337	337	258	30	27	22			
220		226		422		61	61	40	13	3	5			
607		2247		3560		93	93	67	13	9	4			
2569	747	3267	1771	5922	3300	2741	2708	2100	276	177	155			33
2555	747	3255	1771	5882	3300	1848	1815	1392	196	141	86			33
14		12		40		418	418	324	45	23	26			
						475	475	384	35	13	43			
2345	551	4860	2017	8113	3139	3528	3511	2598	380	322	211			17
1785	551	3976	2017	6240	3139	1369	1369	1022	158	94	95			

续表

项目 数目 类别	研究生						普通本专科					
	毕业生数		招生数		在校生数		毕业生数		招生数		在校生数	
	计	其中：博士	计	其中：博士	计	其中：博士	计	其中：本科	计	其中：本科	计	其中：本科
湖南理工学院南湖学院							1402	1402	1590	1590	5784	5784
岳阳职业技术学院							4811		5840		14344	
湖南石油化工职业技术学院							904		2416		4971	
湖南民族职业学院							3405		4917		11435	
常德市							14389	6085	19232	8489	57271	31217
湖南文理学院							4042	4042	4476	4476	17600	17600
湖南文理学院芙蓉学院							1289	1289	1359	1359	5471	5471
常德职业技术学院							3731		5268		12472	
湖南应用技术学院							2336	754	3711	2654	10858	8146
湖南高尔夫旅游职业学院							1412		2132		5431	
湖南幼儿师范高等专科学校							1579		2286		5439	
张家界市							4335	1679	5844	2029	16204	7326
吉首大学张家界学院							1679	1679	2029	2029	7326	7326
张家界航空工业职业技术学院							2656		3815		8878	
益阳市							11105	4298	15818	5208	44329	18645
湖南城市学院							4298	4298	5208	5208	18645	18645
益阳职业技术学院							2033		3385		8034	
湖南工艺美术职业学院							2177		3432		8407	
益阳医学高等专科学校							2597		3793		9243	
益阳教育学院												
郴州市							8673	4840	9727	5364	30634	19430
湘南学院							5000	4840	5530	5364	19923	19430
郴州职业技术学院							2069		2225		5987	
湘南幼儿师范高等专科学校							1604		1972		4724	
永州市							8338	3513	11329	3950	32673	15149
湖南科技学院							3513	3513	3950	3950	15149	15149
永州职业技术学院							4448		6718		15955	
湖南九嶷职业技术学院							377		661		1569	
怀化市							8174	4394	10957	7291	33811	25438
怀化师范高等专科学校									572		572	
怀化学院							3960	3960	4801	4801	17130	17130
湖南医药学院							1901	434	3010	2490	10159	8308
怀化职业技术学院							2313		2574		5950	
娄底市	35		49		143		8196	3729	13148	4327	35931	16486
湖南人文科技学院	35		49		143		3858	3729	4368	4327	16782	16486
娄底职业技术学院							3618		6307		14167	
潇湘职业学院							720		2473		4982	
涟源钢铁总厂职工大学												
湘西州	330	5	494	11	1467	33	7623	4970	9821	5694	29307	19729
吉首大学	330	5	494	11	1467	33	6038	4970	6962	5694	22676	19729
湘西民族职业技术学院							1585		2859		6631	

成人本专科						教职工数								
毕业生数·计	毕业生数·其中本科	招生数·计	招生数·其中本科	在校生数·计	在校生数·其中本科	合计	校本部·计	专任教师	行政人员	教辅人员	工勤人员	科研机构人员	校办企业职工	其他附设机构人员
						152	152	74	21	42	15			
79		92		143		856	839	661	79	61	38			17
						247	247	170	40	31	6			
481		792		1730		904	904	671	82	94	57			
2036	993	8610	3369	19796	7391	4294	4250	3105	598	343	204	24	18	2
1952	993	6676	3369	17106	7376	1458	1458	1067	186	171	34			
						357	357	256	81	15	5			
		915		1169		745	745	593	115	21	16			
64		29		86	15	798	754	532	58	62	102	24	18	2
20		990		1435		530	530	409	42	47	32			
						406	406	248	116	27	15			
						979	979	826	61	64	28			
						425	425	369	30	26				
						554	554	457	31	38	28			
2618	950	7793	2362	16163	4724	3069	3057	2483	328	177	69		12	
2065	950	3600	2362	6874	4724	1381	1369	1108	159	78	24		12	
257		1249		4236		518	518	440	36	30	12			
						585	585	438	77	58	12			
21		231		338		482	482	424	45	1	12			
275		2713		4715		103	103	73	11	10	9			
4969	2577	9283	6125	17757	10933	2318	2318	1828	222	210	58			
4957	2577	9272	6125	17721	10933	1558	1558	1189	147	188	34			
12		11		36		384	384	329	31	8	16			
						376	376	310	44	14	8			
1250	459	2203	978	3964	1935	2711	2711	1911	397	307	96			
1069	459	1549	978	2960	1935	1244	1244	905	110	208	21			
181		654		1004		1171	1171	820	225	66	60			
						296	296	186	62	33	15			
2909	1286	12567	6490	21221	10583	2625	2614	1951	363	198	102	11		
						278	278	245	23	2	8			
969	214	592	265	1266	569	1246	1246	947	143	110	46			
1907	1072	11930	6225	19864	10014	636	636	403	155	65	13			
33		45		91		465	454	356	42	21	35	11		
96	44	761		3402	112	2865	2865	2191	314	198	162			
44	44			112	112	1264	1264	1012	116	83	53			
9		310		310		1092	1092	806	129	90	67			
43		451		2980		431	431	322	48	23	38			
						78	78	51	21	2	4			
7031	4434	10704	7302	22900	15115	2503	2476	1762	423	172	119	8		19
7031	4434	10704	7302	22900	15115	1892	1865	1306	328	150	81	8		19
						611	611	456	95	22	38			

成人本科分形式、分学科学生数

单位：人

项目	毕业生数	招生数	在校生数	预计毕业生数
总计	57700	118735	230665	92907
其中：女	36226	70273	139505	51363
按形式分：函授	34981	93265	170777	63904
高中起点	1988	12081	27841	2154
专科起点	32993	81184	142936	61750
业余	22718	25470	59888	29003
高中起点	1171	1485	8187	1287
专科起点	21547	23985	51701	27716
脱产	1			
高中起点				
专科起点	1			
按学科分：哲学				
经济学	1848	3061	5923	2239
法学	1112	2704	5060	2216
教育学	2231	8040	13904	5092
文学	1846	5105	9535	3923
其中：外语	512	1130	2120	817
历史学	46	118	202	84
理学	573	2736	3852	1100
工学	11882	28775	54476	19089
农学	1067	1523	2962	1315
医学	26411	39125	84950	40501
管理学	10313	26385	47886	16905
艺术学	371	1163	1915	443
总计中：师范生	1064	3193	6357	2604

高等学校基本办学条件情况

学校名称	占地面积（平方米）	一般图书（万册）计	当年新增	拥有教学用计算机（台）	教室（间）计	其中：多媒体教室	固定资产（万元）	教学仪器设备（万元）计	当年新增	学校产权校舍建筑面积（平方米）	教学行政用房（平方米）	学生宿舍（平方米）
湖南省	78002562	11905	550	378450	35992	21095	8627219	1782504	209297	37790957	18852225	11517564
长沙市	33982876	5974	312	187552	14423	9550	4426897	996944	126122	17097417	8517748	4977975
湖南大学	1377419	360	12	10019	218	217	291507	147450	20535	335500	168735	10291
中南大学	3168990	522	23	18547	686	553	672272	245814	33411	2166384	831896	540455
长沙理工大学	1986788	352	79	11193	803	402	350452	59395	6011	1194829	547231	311767
湖南农业大学	2350593	212	3	8393	398	270	216966	52632	6435	819521	398139	180932
中南林业科技大学	876445	224	6	9395	670	278	184730	45360	3686	705092	462048	214938
湖南中医药大学	927963	142	12	2270	233	230	91827	23298	3279	568465	250173	165271
湖南师范大学	1683768	454	9	11644	684	650	90483	52953	6317	1181015	506883	296465
湖南工商大学	916446	199	5	6070	406	295	113714	18038	3118	408859	168803	144992
长沙医学院	609341	244	8	3104	503	369	129033	18855	3127	391917	219124	104499
长沙民政职业技术学院	682060	108	6	4564	469	256	111127	14216	1381	401126	205406	139565
湖南工业职业技术学院	566395	88	3	3285	278	278	70601	18005	2540	305108	161280	130420
湖南信息职业技术学院	587003	59	0	5234	273	118	28055	9094	826	235510	150760	64872
长沙学院	1312646	139	2	4204	551	124	135731	19880	1754	376426	178963	121570
湖南财政经济学院	506905	126	2	3724	253	175	116923	6626	1273	339894	154145	154861
湖南警察学院	465058	88	3	1951	235	184	73393	7442	1669	227580	106390	64671
湖南女子学院	225563	109	4	1784	108	84	71210	5812	751	182855	73124	73725
湖南税务高等专科学校												
湖南第一师范学院	897333	188	8	4379	292	214	128912	11750	1382	421805	174483	143833
长沙航空职业技术学院	514924	74	3	2423	235	235	69985	18778	1857	301438	167489	69086
湖南大众传媒职业技术学院	511878	79	8	4307	213	151	52301	9731	810	228709	116079	95802
湖南涉外经济学院	692049	172	2	5483	94	69	57527	11642	375	124905	16412	99329
湖南科技职业学院	602056	74	1	7450	198	68	55087	9930	601	234798	136698	69034
湖南生物机电职业技术学院	1404013	80	2	3337	327	297	34804	17493	1158	307354	204616	77831
湖南交通职业技术学院	452138	97	3	3324	274	139	133913	13746	1546	394400	233448	113673
湖南商务职业技术学院	278366	59	3	2717	179	114	48287	4997	458	178165	82537	72027
湖南体育职业学院	311398	18	2	475	78	52	8609	1247	224	106400	61184	24338
湖南工程职业技术学院	492362	65	2	2100	279	100	43680	6319	2124	265734	153900	72558
保险职业学院	105461	28	1	559	112	84	14679	1461	101	79588	31719	28353
湖南外贸职业学院	470470	56	1	2863	161	94	53394	5076	256	178441	73709	68842
湖南网络工程职业学院	98725	35	1	2594	122	114	27035	6302	1785	96187	56918	28874
湖南司法警官职业学院	121848	29	1	710	54	54	20273	2756	270	81927	44857	29850
长沙商贸旅游职业技术学院	345334	70	4	1957	185	104	38590	9865	917	149637	144269	
湖南工商大学北津学院												
湖南师范大学树达学院		83	1	807			21669	4399	98			
湖南农业大学东方科技学院		81	3	1540			13069	3415	114			
中南林业科技大学涉外学院	1753127	111	20	1380	382	94	89472	6131	462	249592	146480	94215
湖南中医药大学湘杏学院		50	1	535			6840	5188	467			

续表

学校名称	占地面积（平方米）	一般图书（万册）		拥有教学用计算机（台）	教室（间）		固定资产（万元）	教学仪器设备（万元）		学校产权校舍建筑面积（平方米）	教学行政用房（平方米）	学生宿舍（平方米）
		计	当年新增		计	其中：多媒体教室		计	当年新增			
湖南邮电职业技术学院	294060	31	1	2010	155	72	16707	5533	540	143763	84698	33164
长沙环境保护职业技术学院	199254	62	2	2087	282	88	27581	6418	638	178810	99690	56538
湖南艺术职业学院	258756	28	1	1140	302	182	8117	4327	236	268716	130995	70958
湖南机电职业技术学院	407400	70	1	2506	227	130	57296	8739	969	275459	161811	88948
长沙职业技术学院	419279	82	4	2185	305	305	78157	5928	1049	297490	166725	89705
长沙南方职业学院	119806	53	2	1297	305	90	20390	3985	413	47989	47989	
长沙理工大学城南学院												
长沙师范学院	768900	86	6	3350	335	250	134774	9226	1521	369671	207765	130405
湖南信息学院	597067	123	7	3029	473	357	91384	7480	715	302424	185383	94912
长沙电力职业技术学院	306050	28	0	698	77	57	14616	3059	278	126960	63490	37329
湖南水利水电职业技术学院	124109	43	3	1761	112	105	26412	3647	799	102250	47457	44531
湖南现代物流职业技术学院	179820	47	0	1848	246	78	21484	3656	639	182072	101454	57789
湖南安全技术职业学院	288104	19	1	1601	122	122	12422	3972	630	132422	76513	42418
湖南外国语职业学院	611789	80	18	1160	220	194	12850	4007	2349	503460	195414	125768
湖南都市职业学院	117429	72	5	1415	245	225	25606	4502	471	119331	75044	37526
湖南电子科技职业学院	529814	105	5	1520	457	395	63500	7858	800	140969	94878	41650
湖南三一工业职业技术学院	246597	52	8	760	118	109	51126	4752	436	119096	31012	64132
长沙卫生职业学院	601713	39	5	668	85	85	17744	3733	342	181475	112489	43049
湖南食品药品职业学院	244151	27	0	802	113	7	9369	3081	92	127747	69565	39199
湖南劳动人事职业学院	242993	16	2	665	109	109	43203	1385	291	124501	68122	42723
长沙工业职工大学	32196	5	1	135	60	10	975	255	10	17466	12440	1416
长沙教育学院												
湖南省广播电视大学	98725	35	1	2594	122	114	27035	6302	1785	96187	56918	28874
湖南金融技术职工大学												
长沙矿山研究院												
长沙矿冶研究院												
中共湖南省委党校												
株洲市	5994509	719	46	23049	2947	1649	600212	101434	11178	2722742	1534687	841223
株洲师范高等专科学校												
湖南工业大学	2569108	267	16	7498	870	480	208795	34251	4564	883559	511532	290382
湖南冶金职业技术学院												
湖南铁道职业技术学院	682861	76	3	3009	210	109	28570	14658	1882	230973	134644	65252
湖南工业大学科技学院	33350	64	0	550			8757	4166				
湖南化工职业技术学院	679186	71	3	2380	382	145	67396	9300	857	344229	198103	98075
湖南中医药高等专科学校	475333	44	1	890	392	226	33986	4402	521	229458	147068	59271
湖南汽车工程职业学院	703337	73	11	3441	336	204	93546	13707	1446	357855	171290	135051
湖南铁路科技职业技术学院	407335	68	3	3242	340	107	111776	11790	1152	392803	207362	113417
湖南有色金属职业技术学院	313057	43	7	1158	240	235	35702	4391	350	140189	78169	43251
株洲市职工大学	84774	4		565	120	86	8100	3700	400	97642	59991	28990

续表

学校名称	占地面积（平方米）	一般图书（万册）		拥有教学用计算机（台）	教室（间）		固定资产（万元）	教学仪器设备（万元）		学校产权校舍建筑面积（平方米）	教学行政用房（平方米）	学生宿舍（平方米）
		计	当年新增		计	其中：多媒体教室		计	当年新增			
中国航空动力机械研究所												
湖南航空工业职工工学院	46168	9	0	316	57	57	3584	1068	5	46034	26528	7534
湘潭市	7120378	1250	51	47278	3845	2039	864514	197880	20286	3859539	1792385	1277486
湘潭大学	1939643	312	8	10229	675	140	231329	61222	8052	928926	368500	342021
湖南科技大学	2071334	281	10	14450	550	273	212698	61483	3588	1103645	461415	350857
湖南工程学院	1079339	153	2	7498	497	213	84178	20723	1716	539634	222044	190519
湘潭大学兴湘学院	180828	68	2	890	21	14	14328	5606	510	10148	1911	7150
湖南科技大学潇湘学院		71	0	1374	162	50	13492	5026	239	186837	112275	63576
湖南工程学院应用技术学院							136	107	5			
湘潭医卫职业技术学院	226634	50	3	1174	282	157	40556	6964	1325	172236	96680	62347
湖南城建职业技术学院	404626	70	2	2360	450	370	40442	6639	511	241004	123606	72491
湖南理工职业技术学院	122847	51	1	1190	147	147	26356	5210	1358	113198	57765	43385
湖南软件职业学院	406549	78	19	4807	321	120	144026	7179	1403	191536	126231	41200
湖南电气职业技术学院	130673	34	3	839	130	98	14308	4899	507	98357	55480	24432
湖南国防工业职业技术学院	164161	32	1	1050	110	94	17357	6900	965	114410	78932	32011
湖南吉利汽车职业技术学院	191670	21	1	340	140	23	14909	692	38	39625	17681	21944
湖南兵器工业职工大学江麓分校												
湘潭教育学院	50664	15		177	60	60	1599	430	70	39984	18866	11554
湖南纺织职工大学	151410	15		900	300	280	8800	4800		80000	51000	14000
衡阳市	7427069	1144	44	29534	3897	2163	713407	134897	14186	3658306	1838204	1226410
衡阳师范学院	1443980	198	7	3977	539	209	109266	17116	1605	570124	261446	212626
南华大学	1406547	278	7	8363	708	336	161497	47528	5369	952215	412140	325383
湖南工学院	904353	149	12	4194	408	160	162065	19567	2117	504965	250800	220719
南华大学船山学院	333473	50	1	620	87	42	15310	3310	155	52115	19405	27892
衡阳师范学院南岳学院	321451	70	2	762			13055	2463	243			
湖南环境生物职业技术学院	805736	123	3	2586	705	680	49919	13408	1277	431232	263020	111023
湖南财经工业职业技术学院	683316	70	3	2096	294	154	30826	6708	623	272004	155706	72993
湖南交通工程学院	706169	104	5	3691	659	273	74052	9467	673	409800	198500	94000
湖南高速铁路职业技术学院	616743	61	2	1864	273	244	69104	10025	1737	288782	188765	89412
湖南工商职业学院	143281	26	2	949	145	40	26732	4376	389	114990	47912	58572
中钢集团衡阳重机职工大学												
衡阳工业职工大学	62020	15		432	79	25	1580	927		62080	40510	13790
邵阳市	2379608	220	10	7016	1158	327	243746	31945	1988	1167184	569506	356766
邵阳学院	1582017	157	8	4761	728	199	124016	22726	1785	823062	385685	214273
邵阳职业技术学院	435122	39	2	1555	280		32830	3319	204	149746	73795	65160
湘中幼儿师范高等专科学校	362469	24		700	150	128	86900	5900		194376	110026	77333
岳阳市	3469189	349	8	13711	1426	899	307927	50115	3095	1557203	861046	458429
湖南理工学院	1233537	152	2	6964	452	184	156938	24795	2057	746963	358551	220427
湖南理工学院南湖学院	337335	49	2	820	118	45	12901	3238	94	156579	99034	49133

续表

学校名称	占地面积（平方米）	一般图书（万册）		拥有教学用计算机（台）	教室（间）		固定资产（万元）	教学仪器设备（万元）		学校产权校舍建筑面积（平方米）	教学行政用房（平方米）	学生宿舍（平方米）
		计	当年新增		计	其中：多媒体教室		计	当年新增			
岳阳职业技术学院	980569	85	1	3000	391	391	66477	13158	542	366287	243029	91674
湖南石油化工职业技术学院	216450	21	0	1336	138	65	12538	4228	312	102073	74331	21808
湖南民族职业学院	701298	41	2	1591	327	214	59072	4695	90	185301	86100	75387
常德市	4018097	500	34	15364	1562	1092	271392	56661	5571	1463362	763470	456305
湖南文理学院	1176552	176	16	7036	433	249	108167	29102	3332	451304	179984	171874
湖南文理学院芙蓉学院	269673	51	3	1419	246	85	13238	3099	73	135805	66548	40160
常德职业技术学院	713773	91	3	2370	350	280	42854	13382	1221	365599	226625	78116
湖南应用技术学院	1430715	110	4	2825	305	260	59500	6071	649	317323	176595	104492
湖南高尔夫旅游职业学院	101384	38	6	890			8575	1634	92			
湖南幼儿师范高等专科学校	326000	34	1	824	228	218	39058	3374	204	193331	113718	61663
张家界市	1096102	95	4	3618	624	295	65768	8702	845	373383	174549	141660
吉首大学张家界学院	458351	55	2	1711	394	65	42560	3169	324	160412	71313	75824
张家界航空工业职业技术学院	637751	39	2	1907	230	230	23208	5534	521	212971	103236	65836
益阳市	2054325	348	13	9202	1251	808	255509	36911	2917	1127020	571500	364400
湖南城市学院	941758	190	2	4348	591	265	145800	16451	1015	582165	262174	172925
益阳职业技术学院	386019	48	5	1594	187	135	23007	5446	533	153352	78534	61022
湖南工艺美术职业学院	265919	50	4	2098	312	297	56453	7655	754	208570	133900	55099
益阳医学高等专科学校	428694	52	2	864	112	92	28271	6728	612	163435	84782	71222
益阳教育学院	31935	9		298	49	19	1978	630	3	19498	12110	4132
郴州市	1364195	242	5	5502	921	396	134889	26475	4536	929696	384656	243354
湘南学院	819657	157	2	3333	575	240	66374	18181	3559	669342	234239	160783
郴州职业技术学院	327516	53	1	1406	171	126	37406	5054	646	157624	102570	43178
湘南幼儿师范高等专科学校	217022	33	1	763	175	30	31109	3240	331	102730	47847	39393
永州市	3335570	266	9	9671	896	565	215972	38646	2377	1094969	544929	302471
湖南科技学院	739644	112	3	6356	196	195	86225	15418	873	542675	212307	152770
永州职业技术学院	2395926	145	6	2271	505	296	119002	21031	1504	446245	263472	120903
湖南九嶷职业技术学院	200000	9	1	1044	195	74	10745	2197		106049	69150	28798
怀化市	2590219	296	6	8561	1212	545	182713	31637	2799	972030	477935	305994
怀化学院	771826	149	4	4770	674	165	106836	18886	1406	484644	190596	151264
怀化师范高等专科学校	258236	32		708	153	102	5688	1542		108239	61853	37575
湖南医药学院	804568	77	2	1944	243	207	42094	7532	1070	231848	158905	60150
怀化职业技术学院	755589	38	1	1139	142	71	28094	3678	323	147299	66581	57005
娄底市	1264093	250	4	7609	784	379	179132	26746	2881	907287	387105	314750
湖南人文科技学院	524793	134	3	3817	292	130	100156	16239	1560	420567	172567	154635
娄底职业技术学院	605900	86	1	2592	374	136	67989	8290	1156	371946	163203	125439
潇湘职业学院	133400	30		1200	118	113	10986	2217	165	114774	51335	34676
涟源钢铁总厂职工大学												
湘西州	1906332	254	6	10783	1046	388	165141	43510	10517	860818	434506	250342
吉首大学	1290357	207	3	9419	693	195	147193	39015	10108	591999	299157	180107
湘西民族职业技术学院	615975	47	3	1364	353	193	17948	4495	409	268820	135349	70234

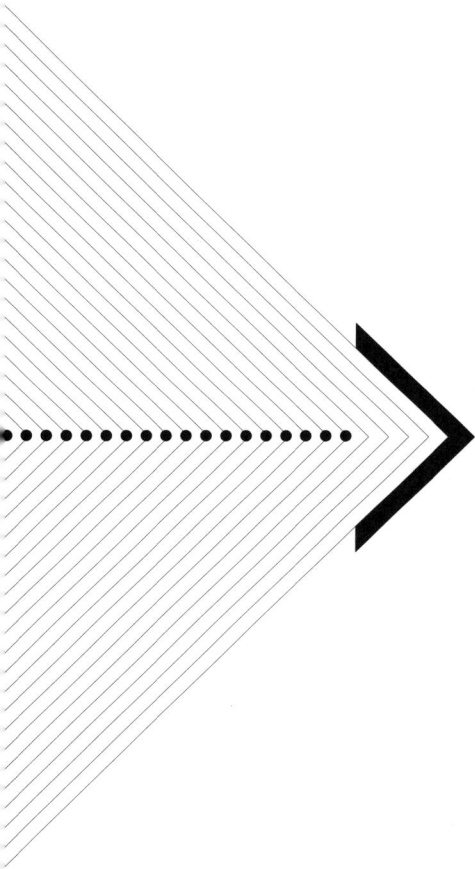

三、中等职业教育

中等职业学校机构数

单位：所

类别 数目 项目	合计	公办				民办
		计	教育部门	其他部门	地方企业	
中等职业学校	487	272	216	51	5	215
其中：调整后中等职业学校						
中等技术学校	29	25	7	15	3	4
中等师范学校	7	7	7			
成人中等专业学校	83	68	63	5		15
职业高中学校	368	172	139	31	2	196
其他机构（不计校数）	7	7	7			
附设中职班	73	60	36	23	1	13
长沙市	57	28	13	14	1	29
株洲市	22	12	7	5		10
湘潭市	23	13	8	2	3	10
衡阳市	48	28	20	8		20
邵阳市	69	30	24	6		39
岳阳市	34	17	14	3		17
常德市	42	22	19	3		20
张家界市	9	5	5			4
益阳市	22	13	11	2		9
郴州市	25	23	23			2
永州市	42	26	25		1	16
怀化市	43	24	22	2		19
娄底市	23	13	9	4		10
自治州	28	18	16	2		10

中等职业学校分市州基本情况

单位：人

类别 数目 项目	学校（所）	学生数			教职工数						聘请校外教师
		毕业生	招生	在校学生	计	其中：专任教师					
						计	其中				
							正高级	副高级	中级		
总计	487	209896	253467	669992	39075	31027	125	5936	11241		2983
长沙市	57	31745	42995	116484	6136	4471	25	717	1413		589
株洲市	22	8451	9521	23392	1963	1538	9	330	586		114
湘潭市	23	6927	7025	19761	1533	1186	3	322	475		181
衡阳市	48	23094	23466	69505	4979	3604	30	568	1144		253
邵阳市	69	23537	30272	78301	4087	3122	8	482	916		203
岳阳市	34	20874	18261	49764	2703	2214	8	418	945		384
常德市	42	14278	18477	46869	3188	2530	8	486	1010		168
张家界市	9	3719	5669	13563	713	638	2	176	274		86
益阳市	22	11008	10063	27773	2022	1674	5	424	709		116
郴州市	25	14181	18327	43994	2160	1791	4	382	583		102
永州市	42	18519	24025	67797	3979	3451	7	612	1327		165
怀化市	43	14828	19470	48161	2352	1988	10	420	811		267
娄底市	23	10793	16160	37926	1816	1555	3	392	564		239
自治州	28	7942	9736	26702	1444	1265	3	207	484		116

中等职业学校（机构）基本情况

项目	总计	普通中专学校	成人中专学校	职业高中学校	其他机构	附设中职班
国家级重点中职校（所）	81	13	1	67		
省部级重点中职校（所）	39	9	1	29		
国家示范性中职校（所）	34	6		28		
省部级示范性中职校（所）	77	15	3	59		
专业实习场（所）	4279	874	209	3192	4	
建立校园网（所）	348	28	55	265		
接入互联网（所）	450	34	83	333		
拨号（所）	1			1		
ADSL（所）	1			1		
光纤（所）	442	33	83	326		
无线（所）	4	1		3		
其他（所）	2			2		
接入互联网出口带宽（Mbps）	105641	7070	12332	86239		
应届毕业生就业人数（人）	124049	13097	5442	95960	573	8977
应届毕业生升学人数（人）	74172	4722	1009	38706	211	29524
定期公开出版的专业刊物数（种）	23	5		17	1	
在校生中住宿生（人）	494898	44649	15744	371656	1240	61609
少数民族双语教学班（所）						
上学年参加国家学生体质健康标准测试的人数（人）	536515	59141	21308	454107	1959	
其中：优秀	95692	6503	4434	77459	464	6832
良好	282082	27273	10032	223200	1086	20491
及格	205246	23213	6256	145461	409	29907
不及格	16017	2152	586	7987		5292
安全保卫人员（人）	2468	307	188	1960	13	
有预防艾滋病教育和性教育相关课程和活动校数	410	30	51	324	5	
校园足球场	172	18	13	141		
11人制足球场	92	13	6	73		
7人制足球场	49	3	2	44		
5人制足球场	31	2	5	24		

中等职业学校（机构）各类学生数（总计）

单位：人

项目 / 类别	毕（结）业生数 计	其中：获得职业资格证书	招生数 计	其中：应届毕业 计	其中：初中毕业生	其中：五年制高职中职段	在校生数 合计	一年级	二年级	三年级	四年级及以上	预计毕业生数 计	其中：五年制高职中职段
一、中职学生计	209896	161591	253467	237365	234069	10518	669992	253735	213939	198350	3968	209296	23917
其中：中职全日制学生	196169	152207	234611	229496	227547	10518	634218	234833	209398	188025	1962	200423	23917
中职非全日制学生	13727	9384	18856	7869	6522		35774	18902	4541	10325	2006	8873	
1.普通中专生	58879	37468	50355	48284	47979	10284	158271	50327	54131	52108	1705	58789	22711
2.成人中专生	20654	15852	26237	14794	13260		57343	26283	11046	18008	2006	16737	
其中：全日制学生	6927	6468	7381	6925	6738		21569	7381	6505	7683		7864	
非全日制学生	13727	9384	18856	7869	6522		35774	18902	4541	10325	2006	8873	
3.职业高中学生	130363	108271	176875	174287	172830	234	454378	177125	148762	128234	257	133770	1206
二、培训学生	274902	*	*	*	*	*	*	*	*	*	*	*	*
三、外国留学生	*	*	*	*	*	*	*	*	*	*	*	*	*

中等职业学校（机构）各类学生数（其中：女）

单位：人

类别	毕（结）业生数 计	其中：获得职业资格证书	招生数 计	其中：应届毕业 计	其中：初中毕业生	其中：五年制高职中职段	在校生数 合计	一年级	二年级	三年级	四年级及以上	预计毕业生数 计	其中：五年制高职中职段
一、中职学生计	99870	74692	116481	108857	107705	5104	310421	116559	98394	93188	2280	92696	12266
其中：中职全日制学生	93913	70636	107500	105334	104689	5104	294345	107575	96689	88652	1429	88905	12266
中职非全日制学生	5957	4056	8981	3523	3016		16076	8984	1705	4536	851	3791	
1.普通中专学生	34399	21391	26067	25045	24868	5016	83042	26056	27536	28230	1220	29959	11757
2.成人中专学生	10224	7912	12862	7247	6619		28690	12865	5553	9421	851	8417	
其中：全日制学生	4267	3856	3881	3724	3603		12614	3881	3848	4885		4626	
非全日制学生	5957	4056	8981	3523	3016		16076	8984	1705	4536	851	3791	
3.职业高中学生	55247	45389	77552	76565	76218	88	198689	77638	65305	55537	209	54320	509
二、培训学生	136219	*	*	*	*	*	*	*	*	*	*	*	*
三、外国留学生	*	*	*	*	*	*	*	*	*	*	*	*	*

中等职业学校各类学生数分市州情况

单位：人

类别	毕（结）业生数 计	其中：获得职业资格证书	招生数 计	其中：应届毕业 计	其中：初中毕业生	其中：五年制高职中职段	在校生数 合计	一年级	二年级	三年级	四年级及以上	预计毕业生数 计	其中：五年制高职中职段
总计	209896	161591	253467	237365	234069	10518	669992	253735	213939	198350	3968	209296	23917
长沙市	31745	20458	42995	41805	41371	2821	116484	42970	41052	31851	611	35454	7616
株洲市	8451	6709	9521	8755	8688		23392	9521	6956	6915		7474	1033
湘潭市	6927	4818	7025	6871	6853	40	19761	7032	6712	6017		6539	955
衡阳市	23094	16386	23466	22944	22564	796	69505	23466	22689	23129	221	24172	1960
邵阳市	23537	21303	30272	29151	29097	595	78301	30439	25060	22802		24010	1090
岳阳市	20874	18202	18261	16171	15380	150	49764	18287	15079	15188	1210	12535	838
常德市	14278	10133	18477	16733	16726	897	46869	18478	15905	12486		15025	2005
张家界市	3719	2215	5669	5256	5256	848	13563	5669	3841	4053		4053	825
益阳市	11008	8793	10063	9615	9350	261	27773	10067	8500	9206		10475	804
郴州市	14181	10667	18327	15400	15259	1062	43994	18327	12580	12569	518	12550	1581
永州市	18519	15755	24025	23490	23070	630	67797	24025	21551	22221		22390	1216
怀化市	14828	10882	19470	17985	17378		48161	19470	14497	13143	1051	14759	367
娄底市	10793	8502	16160	13693	13663	894	37926	16160	11152	10336	278	10669	2073
自治州	7942	6768	9736	9496	9414	1524	26702	9824	8365	8434	79	9191	1554

附设中职班情况

单位：人

类别 / 项目数目	校数（所）	班数（个）	毕业生数	招生数	在校生数	专任教师					
						合计	研究生毕业	本科毕业	专科毕业	高中阶段毕业	高中阶段毕业以下
总计	73		39866	24218	90515	4376	1537	2716	122	1	
高中	1			228	456	10		10			
普通高等学校	69		39451	23985	89828	4353	1536	2694	122	1	
成人高等学校	1		415		219	11	1	10			
特殊教育学校	2			5	12	2		2			

中等职业学校分办学类型及举办者的中职学生及教职工情况

单位：人

类别 / 项目数目	总计	其中：女	分办学类型				附设中职班	分举办者				民办
			普通中专学校	成人中专学校	职业高中学校	其他机构		地方部门			地方企业	
								计	教育部门	其他部门		
毕业生数	209896	99870	18064	7020	144162	784	39866	168780	148107	20673		41116
其中：全日制	196169	93913	17598	6709	131212	784	39866	155295	135204	20091		40874
非全日制	13727	5957	466	311	12950			13485	12903	582		242
招生数	253467	116481	22033	6990	199601	625	24218	178467	163471	14014	982	75000
其中：全日制	234611	107500	21473	6873	181422	625	24218	160264	146100	13182	982	74347
非全日制	18856	8981	560	117	18179			18203	17371	832		653
在校学生数	669992	310421	60772	19325	497597	1783	90515	481618	437226	43303	1089	188374
其中：全日制	634218	294345	59277	19116	463527	1783	90515	447078	403816	42173	1089	187140
非全日制	35774	16076	1495	209	34070			34540	33410	1130		1234
教职工数	39075	19721	3958	3770	31075	272	*	28865	24833	3833	199	10210
其中：专任教师	31027	16631	3047	2884	24848	248	*	24096	21464	2486	146	6931
正高级	125	41	11	14	99	1	*	55	35	20		70
副高级	5936	2550	958	634	4269	75	*	5658	5098	527	33	278
中级	11241	5718	1039	1257	8824	121	*	9562	8674	835	53	1679
初级	7154	4250	713	583	5812	46	*	5964	5186	730	48	1190
无职称	6571	4072	326	396	5844	5	*	2857	2471	374	12	3714
聘请校外教师	2983	1611	457	166	2349	11	*	2490	1994	472	24	493

中等职业学校学生分科类情况（总计）

单位：人

类别 \ 项目 \ 数目	毕业生数		招生数			在校生数	预计毕业生数
	计	其中：获得职业资格证书	计	其中：应届毕业生			
				计	其中：初中毕业		
总计	209896	161591	253467	237365	234069	669992	209296
其中：女	99870	74692	116481	108857	107705	310421	92696
农林牧渔类	7466	6443	8298	7160	6895	24383	7446
资源环境类	254	6	106	106	106	234	108
能源与新能源类	319	161	267	264	264	913	315
土木水利类	4449	2695	4272	4110	4110	13640	4743
加工制造类	33745	27361	38218	36400	36024	103238	32615
石油化工类	457	457	350	229	229	956	389
轻纺食品类	1474	1176	1128	1118	1118	3062	1070
交通运输类	17961	14337	22495	21901	21342	57438	17611
信息技术类	45355	37385	62335	57491	56716	157025	47024
医药卫生类	14224	7290	10144	8921	8626	32906	11924
休闲保健类	874	697	1292	1274	1263	3237	894
财经商贸类	27549	20776	36353	33148	32690	89817	26937
旅游服务类	14308	11027	18216	17479	17339	46116	13312
文化艺术类	14885	10500	20218	19344	19056	54517	15568
体育与健身	1770	1599	2917	2675	2675	7326	1833
教育类	17435	14400	19534	19132	19120	54330	20395
司法服务类			60	60	60	148	42
公共管理与服务类	6304	4903	6201	5891	5822	17291	5515
其他	1067	378	1063	662	614	3415	1555

中等职业学校学生分科类情况（普通中专学生）

单位：人

类别 \ 项目 \ 数目	毕业生数		招生数			在校生数	预计毕业生数
	计	其中：获得职业资格证书	计	其中：应届毕业生			
				计	其中：初中毕业		
总计	58879	37468	50355	48284	47979	158271	58789
其中：女	34399	21391	26067	25045	24868	83042	29959
农林牧渔类	1152	943	375	373	373	2374	1209
资源环境类	254	6				82	82
能源与新能源类	166	8	41	41	41	298	169
土木水利类	2586	1637	1835	1760	1760	7228	2705
加工制造类	7088	4625	6640	6526	6526	20447	7109
石油化工类	436	436	150	150	150	596	265
轻纺食品类	463	359	142	135	135	312	111
交通运输类	4300	3153	4930	4840	4758	13703	4417
信息技术类	5089	3379	5516	5374	5371	17025	6403
医药卫生类	10408	3771	3883	3132	2967	16067	7141
休闲保健类	4	4	42	40	32	42	
财经商贸类	6490	4483	5973	5684	5684	17944	6126
旅游服务类	1765	1031	1929	1893	1893	6015	1916
文化艺术类	3354	1859	2513	2294	2247	7972	2492
体育与健身	639	563	1112	876	876	2556	571
教育类	13725	10920	14554	14446	14446	41970	16808
司法服务类							
公共管理与服务类	435	93	436	436	436	1468	397
其他	525	198	284	284	284	2172	868

中等职业学校学生分科类情况（成人中专全日制学生）

单位：人

数目 \ 类别 \ 项目	毕业生数		招生数			在校生数	预计毕业生数
	计	其中：获得职业资格证书	计	其中：应届毕业生			
				计	其中：初中毕业		
总计	6927	6468	7381	6925	6738	21569	7864
其中：女	4267	3856	3881	3724	3603	12614	4626
农林牧渔类	116	95	98	98	98	214	74
资源环境类							
能源与新能源类							
土木水利类							
加工制造类	673	673	647	524	524	1659	624
石油化工类							
轻纺食品类							
交通运输类	574	574	933	932	932	2075	497
信息技术类	1575	1334	1661	1595	1584	4734	1713
医药卫生类	1845	1794	1542	1346	1246	5509	2309
休闲保健类	31	31					
财经商贸类	871	871	804	797	795	2583	896
旅游服务类	254	254	342	335	320	886	341
文化艺术类	427	284	737	721	668	2128	832
体育与健身	284	281	269	269	269	864	260
教育类	59	59	145	105	99	420	165
司法服务类							
公共管理与服务类	218	218	203	203	203	497	153
其他							

中等职业学校学生分科类情况（成人中专非全日制学生）

单位：人

数目 \ 类别 \ 项目	毕业生数		招生数			在校生数	预计毕业生数
	计	其中：获得职业资格证书	计	其中：应届毕业生			
				计	其中：初中毕业		
总计	13727	9384	18856	7869	6522	35774	8873
其中：女	5957	4056	8981	3523	3016	16076	3791
农林牧渔类	2285	2137	2091	962	726	7368	2363
资源环境类							
能源与新能源类							
土木水利类						41	41
加工制造类	2757	1603	3917	2535	2309	9337	2631
石油化工类			118			118	
轻纺食品类	209	41					
交通运输类	999	361	593	282		977	259
信息技术类	2920	2115	5349	1554	1381	8798	1788
医药卫生类							
休闲保健类	98	98					
财经商贸类	1956	1499	3755	1181	832	4989	596
旅游服务类	635	407	1091	601	601	1777	395
文化艺术类	661	251	881	520	520	1032	105
体育与健身							
教育类	154	154	263	115	113	507	175
司法服务类							
公共管理与服务类	700	668	310	31		342	32
其他	353	50	488	88	40	488	488

中等职业学校学生分科类情况（职业高中学生）

单位：人

类别 \ 项目	毕业生数 计	毕业生数 其中：获得职业资格证书	招生数 计	招生数 其中：应届毕业生 计	招生数 其中：应届毕业生 其中：初中毕业	在校生数	预计毕业生数
总计	130363	108271	176875	174287	172830	454378	133770
其中：女	55247	45389	77552	76565	76218	198689	54320
农林牧渔类	3913	3268	5734	5727	5698	14427	3800
资源环境类			106	106	106	152	26
能源与新能源类	153	153	226	223	223	615	146
土木水利类	1863	1058	2437	2350	2350	6371	1997
加工制造类	23227	20460	27014	26815	26665	71795	22251
石油化工类	21	21	82	79	79	242	124
轻纺食品类	802	776	986	983	983	2750	959
交通运输类	12088	10249	16039	15847	15652	40683	12438
信息技术类	35771	30557	49809	48968	48380	126468	37120
医药卫生类	1971	1725	4719	4443	4413	11330	2474
休闲保健类	741	564	1250	1234	1231	3195	894
财经商贸类	18232	13923	25821	25486	25379	64301	19319
旅游服务类	11654	9335	14854	14650	14525	37438	10660
文化艺术类	10443	8106	16087	15809	15621	43385	12139
体育与健身	847	755	1536	1530	1530	3906	1002
教育类	3497	3267	4572	4466	4462	11433	3247
司法服务类			60	60	60	148	42
公共管理与服务类	4951	3924	5252	5221	5183	14984	4933
其他	189	130	291	290	290	755	199

中等职业学校学生招生中其他情况

单位：人

类别	城镇下岗职工	进城务工人员	农民	退役士兵
总计	120	1199	933	73
其中：女	46	428	307	3
普通中专学生	30	87	128	10
成人中专全日制学生	3	6		2
成人中专非全日制学生	35	1091	703	61
职业高中学生	52	15	102	

中等职业学校学生在校生中其他情况

单位：人

类别	共产党员	共青团员	华侨	港澳台	少数民族	残疾人	五年制高职中职段学生 合计	一年级	二年级	三年级
总计	273	257500		25	66185	1243	55214	10520	20777	23917
其中：女	112	132526		10	30851	449	27015	5104	9645	12266
普通中专学生	116	68257		3	17412	123	53000	10286	20003	22711
成人中专全日制学生	46	9776			1562	9				
成人中专非全日制学生	109	7066			1806					
职业高中学生	2	172401		22	45405	1111	2214	234	774	1206

中等职业学校在校生分年龄情况（总计）

单位：人

类别	合计	14岁及以下	15岁	16岁	17岁	18岁	19岁	20岁	21岁	22岁及以上
总计	669992	11294	183163	201046	170247	65961	13646	4666	4868	15101
其中：中职全日制学生	634218	11156	179238	197515	166923	62890	10856	2082	1706	1852
中职非全日制学生	35774	138	3925	3531	3324	3071	2790	2584	3162	13249
1.普通中专学生	158271	5295	39024	47579	42434	17221	3855	794	591	1478
2.成人中专学生	57343	1229	9014	9564	9256	5564	3318	2717	3214	13467
其中：全日制学生	21569	1091	5089	6033	5932	2493	528	133	52	218
非全日制学生	35774	138	3925	3531	3324	3071	2790	2584	3162	13249
3.职业高中学生	454378	4770	135125	143903	118557	43176	6473	1155	1063	156

中等职业学校在校生分年龄情况（其中：女）

单位：人

类别	合计	14岁及以下	15岁	16岁	17岁	18岁	19岁	20岁	21岁	22岁及以上
总计	310421	6662	88897	92159	76898	27704	5842	1951	2462	7846
其中：中职全日制学生	294345	6596	87242	90823	75733	26506	4607	857	763	1218
中职非全日制学生	16076	66	1655	1336	1165	1198	1235	1094	1699	6628
1.普通中专学生	83042	3330	21652	24620	21538	8341	1833	377	336	1015
2.成人中专学生	28690	601	4500	4840	4822	2718	1537	1169	1727	6776
其中：全日制学生	12614	535	2845	3504	3657	1520	302	75	28	148
非全日制学生	16076	66	1655	1336	1165	1198	1235	1094	1699	6628
3.职业高中学生	198689	2731	62745	62699	50538	16645	2472	405	399	55

中等职业教育招生、在校生来源情况

单位：人

省市区名称	招生数					在校生数				
	合计	普通中专	成人中专全日制	成人中专非全日制	职业高中	合计	普通中专	成人中专全日制	成人中专非全日制	职业高中
总计	253467	50355	7381	18856	176875	669992	158271	21569	35774	454378
北京市	4		2	1	1	19	1	16	1	1
天津市	1				1	3	1	1		1
河北省	62	16	2	8	36	182	66	18	8	90
山西省	29	7		4	18	90	45		4	41
内蒙古	5	3			2	21	8	1		12
辽宁省	13	7	1		5	50	26	3		21
吉林省	13	4	1	1	7	36	18	2		16
黑龙江	25	5		4	16	53	16	2	4	31
上海市	5	1			4	12	2	1	1	8
江苏省	43	9	2	2	30	140	39	4	2	95
浙江省	117	50	4	1	62	281	115	6	3	157
安徽省	144	20	2	7	115	306	67	7	7	225
福建省	89	23	4	1	61	253	73	12	1	167
江西省	561	94	17	15	435	1277	231	64	15	967
山东省	137	4	2	7	124	335	35	2	10	288
河南省	230	65	5	9	151	615	205	29	14	367
湖北省	672	118	26	28	500	2742	333	69	38	2302
湖南省	249636	49526	7212	18638	174260	657844	155656	21056	35518	445614
广东省	401	54	11	21	315	2566	322	25	23	2196
广 西	217	31	29	9	148	474	107	45	10	312
海南省	17	2		2	13	50	13		2	35
重庆市	113	20	11	8	74	330	83	26	11	210
四川省	266	54	9	17	186	631	161	30	23	417
贵州省	310	59	36	20	195	850	171	136	24	519
云南省	119	9	2	51	57	249	42	6	51	150
西 藏	143	142			1	310	309		1	
陕西省	37	19	1	1	16	95	51	3	2	39
甘肃省	20	5			15	50	23	1		26
青海省	1	1				32	31			1
宁 夏	2				2	6	1			5
新 疆	28	5	2		21	65	17	4	1	43
港澳台	7	2			5	25	3			22

中等职业学校学生变动情况（总计）

单位：人

数目 类别 \ 项目	上学年初报表在校生数	增加学生数					减少学生数									本学年初报表在校生数
		计	招生	复学	转入	其他	计	毕业	结业	休学	退学	开除	死亡	转出	其他	
总计	658221	275616	253467	289	21860		263845	209896	1511	1497	20032	152	14	30743		669992
普通中专学生	174774	58448	50355	109	7984		74951	58879	493	504	4750	28	7	10290		158271
成人中专学生	55591	27701	26237	36	1428		25949	20654	8	21	685			4581		57343
其中：全日制学生	24953	7939	7381	35	523		11323	6927		21	603			3772		21569
非全日制学生	30638	19762	18856	1	905		14626	13727	8		82			809		35774
职业高中学生	427856	189467	176875	144	12448		162945	130363	1010	972	14597	124	7	15872		454378

中等职业学校学生变动情况（其中：女）

单位：人

数目 类别 \ 项目	上学年初报表在校生数	增加学生数					减少学生数									本学年初报表在校生数
		计	招生	复学	转入	其他	计	毕业	结业	休学	退学	开除	死亡	转出	其他	
总计	307164	128521	116481	78	11962		125264	99870	461	521	7833	41	4	16534		310421
普通中专学生	95527	31569	26067	41	5461		44054	34399	165	172	1762	5	2	7549		83042
成人中专学生	27305	13366	12862	2	502		11981	10224	3	1	321			1432		28690
其中：全日制学生	14278	4035	3881	1	153		5699	4267		1	269			1162		12614
非全日制学生	13027	9331	8981	1	349		6282	5957	3		52			270		16076
职业高中学生	184332	83586	77552	35	5999		69229	55247	293	348	5750	36	2	7553		198689

中等职业学校学生休退学的主要原因

单位：人

类别	合计	患病	贫困	学习成绩不好	出国	其他
总计	21529	775	55	6808	11	13880
普通中专学生	5254	251	8	2103	11	2881
成人中专学生	706	15	3	14		674
其中：全日制学生	624	13	3	12		596
非全日制学生	82	2		2		78
职业高中学生	15569	509	44	4691		10325

中等职业学校学生死亡的主要原因

单位：人

类别 \ 项目	合计	事故灾难类								社会安全类			自然灾害类								自杀	猝死	传染病	其他
		溺水	交通	拥挤踩踏	房屋倒塌	坠楼坠崖	中毒	爆炸	火灾	打架斗殴	校园伤害	刑事案件	山体滑坡	泥石流	洪水	地震	暴雨	冰雹	雪灾	龙卷风				
总计	14	3	3			2				1											4			1
校园内	3					1															2			
校园外	11	3	3			1				1											2			1
普通中专学生	7	2	2			1															2			
校园内	2					1															1			
校园外	5	2	2																		1			
成人中专全日制学生																								
校园内																								
校园外																								
成人中专非全日制学生																								
校园内																								
校园外																								
职业高中	7	1	1			1				1											2			1
校园内	1																				1			
校园外	6	1	1			1				1											1			1

中等职业教育培训学生情况（总计）

单位：人次

类别 \ 项目	集中培训（班数）	培训时间（学时）				结业生数							
		计	集中培训	远程培训	跟岗实践	计				其中：女			
						计	集中培训	远程培训	跟岗实践	计	集中培训	远程培训	跟岗实践
总计	20815	22951104	20818280	865560	1267264	274902	206053	31001	37848	136219	101317	18967	15935
其中：少数民族	*	137759	106189	28209	3361	5444	3964	1249	231	2617	2004	504	109
资格证书培训	*	1029897	804068	12228	213601	81418	59896	1383	20139	22786	19021	506	3259
岗位证书培训	*	1900692	1541444	203008	156240	55718	43726	4103	7889	27581	18989	2477	6115
党政管理培训	83	18533	18503	30		2377	2377			900	900		
企业经营管理培训	1177	117163	67710	14658	34795	4497	2266	538	1693	1965	1033	210	722
专业技术培训	8762	2089472	1045806	811577	232089	117567	67205	27998	22364	66429	42797	17616	6016
其中：幼儿园教师	233	659583	408396	89531	161656	18371	11883	1741	4747	16565	10709	1476	4380
中小学教师	1742	1192615	540531	643861	8223	68166	43395	24280	491	42092	26738	14970	384
中职学校教师	102	162580	50147	77344	35089	5630	2933	1536	1161	3566	1833	796	937
高等教育学校教师	2	30	30										
职业技能培训	6890	7989997	7123286	18895	847816	101179	93518	897	6764	35739	30808	360	4571
其中：农村劳动者	1518	1945774	1753150	4768	187856	32032	29692		2340	14383	12889		1494
进城务工人员	278	282158	242601	7200	32357	6567	5199	240	1128	3716	3075	8	633
其他培训	3903	12735939	12562975	20400	152564	49282	40687	1568	7027	31186	25779	781	4626
其中：学生	3506	636914	464170	20260	152484	31666	23242	1487	6937	15815	10617	679	4519
老年人	35	9646200	9646200			12680	12680			12002	12002		

中等职业教育培训学生情况（普通中专学校）

单位：人次

类别／项目	集中培训（班数）	培训时间（学时）				结业生数							
						计				其中：女			
		计	集中培训	远程培训	跟岗实践	计	集中培训	远程培训	跟岗实践	计	集中培训	远程培训	跟岗实践
总计	929	2022744	1892124	6920	123700	62292	61497	307	488	13849	13339	32	478
其中：少数民族	*	41398	41398			421	421			229	229		
资格证书培训	*	492112	491992	120		35170	35170			5026	5026		
岗位证书培训	*	1165604	1159584	6020		22086	21856	230		6406	6374	32	
党政管理培训	6	8880	8880			220	220			85	85		
企业经营管理培训	8	18800	18800			390	390			145	145		
专业技术培训	66	431378	324018		107360	3673	3185		488	2955	2477		478
其中：幼儿园教师	38	340885	233525		107360	2666	2178		488	2588	2110		478
中小学教师	6	79000	79000			399	399			303	303		
中职学校教师	2	510	510			85	85			38	38		
高等教育学校教师													
职业技能培训	782	1461896	1439536	6320	16040	54949	54719	230		9786	9754	32	
其中：农村劳动者	210	1176555	1160275	240	16040	13610	13610			5378	5378		
进城务工人员	1	3150	3150			63	63			1	1		
其他培训	67	101790	100890	600	300	3060	2983	77		878	878		
其中：学生	65	101598	100698	600	300	2868	2791	77		742	742		
老年人													

中等职业教育培训学生情况（成人中专学校）

单位：人次

类别／项目	集中培训（班数）	培训时间（学时）				结业生数							
						计				其中：女			
		计	集中培训	远程培训	跟岗实践	计	集中培训	远程培训	跟岗实践	计	集中培训	远程培训	跟岗实践
总计	2187	1499745	587859	831600	80286	79012	48395	27614	3003	51055	30998	17629	2428
其中：少数民族	*	67630	36798	28197	2635	3290	1954	1237	99	1659	1108	504	47
资格证书培训	*	13248	13248			237	237			166	166		
岗位证书培训	*	396203	130993	190650	74560	11810	6248	2980	2582	8700	4580	2032	2088
党政管理培训	20	636	636			569	569			144	144		
企业经营管理培训	148	6793	4583	2210		84	84			33	33		
专业技术培训	1969	1444620	554772	809890	79958	75611	46244	26364	3003	49297	29890	16979	2428
其中：幼儿园教师	85	189878	62968	89510	37400	6805	3714	1720	1371	5632	3058	1455	1119
中小学教师	1660	1094339	443291	642840	8208	63708	39958	23259	491	40240	25318	14538	384
中职学校教师	60	154682	43272	77140	34270	4139	1613	1385	1141	2838	1177	736	925
高等教育学校教师	2	30	30										
职业技能培训	19	22906	22898		8	792	792			498	498		
其中：农村劳动者	6	1240	1240			124	124			54	54		
进城务工人员	6	1310	1302		8	130	130			42	42		
其他培训	31	24790	4970	19500	320	1956	706	1250		1083	433	650	
其中：学生	15	20320	500	19500	320	1509	259	1250		758	108	650	
老年人													

中等职业教育培训学生情况（职业高中学校）

单位：人次

| 类别 | 集中培训(班数) | 培训时间（学时） | | | | 结业生数 | | | | | | | | |
| | | 计 | 集中培训 | 远程培训 | 跟岗实践 | 计 | | | | 其中：女 | | | |
						计	集中培训	远程培训	跟岗实践	计	集中培训	远程培训	跟岗实践
总计	17472	19349442	18260210	26399	1062833	120618	84267	2439	33912	64980	50979	1128	12873
其中：少数民族	*	27386	26684		702	1570	1462		108	670	608		62
资格证书培训	*	492894	268140	11598	213156	43595	23028	873	19694	16795	13298	394	3103
岗位证书培训	*	314862	226844	6338	81680	17311	11111	893	5307	10357	5917	413	4027
党政管理培训	35	7753	7723	30		324	324			121	121		
企业经营管理培训	1009	90890	43847	12248	34795	3358	1327	338	1693	1438	560	156	722
专业技术培训	6610	190456	144884	1246	44326	31658	12037	1193	18428	10213	6746	513	2954
其中：幼儿园教师	70	123120	106203	21	16896	6240	3331	21	2888	5925	3121	21	2783
中小学教师	29	7204	6168	1021	15	2120	1099	1021		870	438	432	
中职学校教师	20	3388	2365	204	819	606	435	151	20	290	218	60	12
高等教育学校教师													
职业技能培训	6069	6467398	5623055	12575	831768	42652	35221	667	6764	24702	19803	328	4571
其中：农村劳动者	1295	766418	590074	4528	171816	16737	14397		2340	8602	7108		1494
进城务工人员	271	277698	238149	7200	32349	6374	5006	240	1128	3673	3032	8	633
其他培训	3749	12592945	12440701	300	151944	42626	35358	241	7027	28506	23749	131	4626
其中：学生	3385	499417	347393	160	151864	26473	19376	160	6937	13934	9386	29	4519
老年人	35	9646200	9646200			12680	12680			12002	12002		

中等职业教育培训学生情况（其他机构）

单位：人次

| 类别 | 集中培训(班数) | 培训时间（学时） | | | | 结业生数 | | | | | | | | |
| | | 计 | 集中培训 | 远程培训 | 跟岗实践 | 计 | | | | 其中：女 | | | |
						计	集中培训	远程培训	跟岗实践	计	集中培训	远程培训	跟岗实践
总计	111	14240	14240			4365	4365			2300	2300		
其中：少数民族	*												
资格证书培训	*	350	350			350	350			190	190		
岗位证书培训	*	13580	13580			3740	3740			1920	1920		
党政管理培训													
企业经营管理培训	12	480	480			465	465			295	295		
专业技术培训	99	13760	13760			3900	3900			2005	2005		
其中：幼儿园教师	24	4000	4000			960	960			820	820		
中小学教师	45	5400	5400			1800	1800			600	600		
中职学校教师	20	4000	4000			800	800			400	400		
高等教育学校教师													
职业技能培训													
其中：农村劳动者													
进城务工人员													
其他培训													
其中：学生													
老年人													

中等职业教育培训学生情况（附设中职班）

单位：人次

项目 / 数目 / 类别	集中培训（班数）	培训时间（学时）				结业生数							
						计				其中：女			
		计	集中培训	远程培训	跟岗实践	计	集中培训	远程培训	跟岗实践	计	集中培训	远程培训	跟岗实践
总计	116	64933	63847	641	445	8615	7529	641	445	4035	3701	178	156
其中：少数民族	*	1345	1309	12	24	163	127	12	24	59	59		
资格证书培训	*	31293	30338	510	445	2066	1111	510	445	609	341	112	156
岗位证书培训	*	10443	10443			771	771			198	198		
党政管理培训	22	1264	1264			1264	1264			550	550		
企业经营管理培训		200		200		200		200		54		54	
专业技术培训	18	9258	8372	441	445	2725	1839	441	445	1959	1679	124	156
其中：幼儿园教师	16	1700	1700			1700	1700			1600	1600		
中小学教师	2	6672	6672			139	139			79	79		
中职学校教师													
高等教育学校教师													
职业技能培训	20	37797	37797			2786	2786			753	753		
其中：农村劳动者	7	1561	1561			1561	1561			349	349		
进城务工人员													
其他培训	56	16414	16414			1640	1640			719	719		
其中：学生	41	15579	15579			816	816			381	381		
老年人													

中等职业教育教职工情况（总计）

单位：人

项目 / 数目 / 类别	教职工数								聘请校外教师
	合计	校本部教职工					校办企业职工	其他附设机构人员	
		计	专任教师	行政人员	教辅人员	工勤人员			
总计	39075	39040	31027	3597	2213	2203	6	29	2983
其中：女	19721	19690	16631	1207	1066	786	2	29	1611
正高级	231	231	125	96	7	3			94
副高级	7196	7196	5936	1060	178	22			326
中级	12800	12797	11241	887	598	71	3		658
初级	8122	8116	7154	380	517	65	3	3	509
未定职级	10726	10700	6571	1174	913	2042		26	1396
总计中聘任制　小计	12354	12325	9088	1401	845	991		29	*
其中：女	6678	6649	5162	561	448	478		29	*
正高级	121	121	63	51	5	2			*
副高级	1200	1200	1010	169	18	3			*
中级	3098	3098	2707	291	95	5			*
初级	2136	2133	1818	141	147	27		3	*
未定职级	5799	5773	3490	749	580	954		26	*

中等职业教育教职工情况（普通中专学校）

单位：人

类别＼项目 数目	教职工数						校办企业职工	其他附设机构人员	聘请校外教师
	合计	校本部教职工							
		计	专任教师	行政人员	教辅人员	工勤人员			
总计	3958	3929	3047	495	148	239		29	457
其中：女	2014	1985	1653	200	65	67		29	234
正高级	20	20	11	9					
副高级	1117	1117	958	143	7	9			32
中　级	1238	1238	1039	150	44	5			96
初　级	859	856	713	103	31	9		3	176
未定职级	724	698	326	90	66	216		26	153
总计中聘任制　小计	1189	1160	911	131	78	40		29	＊
其中：女	579	550	467	42	29	12		29	＊
正高级	1	1		1					＊
副高级	281	281	249	28	4				＊
中　级	364	364	311	41	12				＊
初　级	273	270	232	29	9			3	＊
未定职级	270	244	119	32	53	40		26	＊

中等职业教育教职工情况（成人中专学校）

单位：人

类别＼项目 数目	教职工数						校办企业职工	其他附设机构人员	聘请校外教师
	合计	校本部教职工							
		计	专任教师	行政人员	教辅人员	工勤人员			
总计	3770	3770	2884	448	230	208			166
其中：女	1806	1806	1471	156	102	77			55
正高级	17	17	14	3					45
副高级	786	786	634	143	8	1			47
中　级	1468	1468	1257	124	80	7			69
初　级	701	701	583	53	59	6			5
未定职级	798	798	396	125	83	194			
总计中聘任制　小计	958	958	740	107	46	65			＊
其中：女	585	585	468	65	16	36			＊
正高级	7	7	6	1					＊
副高级	111	111	95	16					＊
中　级	220	220	197	16	7				＊
初　级	171	171	155	9	7				＊
未定职级	449	449	287	65	32	65			＊

中等职业教育教职工情况（职业高中学校）

单位：人

类别\数目\项目	合计	教职工数					校办企业职工	其他附设机构人员	聘请校外教师
		校本部教职工							
		计	专任教师	行政人员	教辅人员	工勤人员			
总计	31075	31069	24848	2641	1833	1747	6		2349
其中：女	15771	15769	13385	847	899	638	2		1313
正高级	192	192	99	83	7	3			49
副高级	5206	5206	4269	763	162	12			247
中　级	9971	9968	8824	612	473	59	3		493
初　级	6516	6513	5812	224	427	50	3		317
未定职级	9190	9190	5844	959	764	1623			1243
总计中聘任制　小计	10207	10207	7437	1163	721	886			*
其中：女	5514	5514	4227	454	403	430			*
正高级	113	113	57	49	5	2			*
副高级	808	808	666	125	14	3			*
中　级	2514	2514	2199	234	76	5			*
初　级	1692	1692	1431	103	131	27			*
未定职级	5080	5080	3084	652	495	849			*

中等职业教育教职工情况（其他机构）

单位：人

类别\数目\项目	合计	教职工数					校办企业职工	其他附设机构人员	聘请校外教师
		校本部教职工							
		计	专任教师	行政人员	教辅人员	工勤人员			
总计	272	272	248	13	2	9			11
其中：女	130	130	122	4		4			9
正高级	2	2	1	1					
副高级	87	87	75	11	1				
中　级	123	123	121	1	1				
初　级	46	46	46						11
未定职级	14	14	5			9			
总计中聘任制　小计									
其中：女									
正高级									
副高级									
中　级									
初　级									
未定职级									

中等职业教育专任教师、聘请校外教师岗位分类情况（总计）

单位：人

类别 \ 项目	本学年授课专任教师				本学年授课聘请校外教师				本学年不授课专任教师			
	合计	文化基础课	专业课实习指导课		合计	文化基础课	专业课实习指导课		合计	进修	病休	其他
			计	其中：双师型			计	其中：双师型				
总计	30540	13514	17026	7386	2983	819	2164	766	487	34	63	390
其中：女	16445	7620	8825	3660	1611	531	1080	391	186	11	24	151
正高级	121	44	77	51	94	3	91	26	4			4
副高级	5815	2987	2828	1570	326	67	259	127	121	5	21	95
中级	11054	5280	5774	2975	658	132	526	181	187	17	25	145
初级	7045	2757	4288	1719	509	167	342	148	109	10	15	84
未定职级	6505	2446	4059	1071	1396	450	946	284	66	2	2	62

中等职业教育专任教师、聘请校外教师岗位分类情况（普通中专学校）

单位：人

类别 \ 项目	本学年授课专任教师				本学年授课聘请校外教师				本学年不授课专任教师			
	合计	文化基础课	专业课实习指导课		合计	文化基础课	专业课实习指导课		合计	进修	病休	其他
			计	其中：双师型			计	其中：双师型				
总计	3000	1180	1820	999	457	158	299	122	47	2	7	38
其中：女	1638	671	967	547	234	93	141	59	15	1	2	12
正高级	11	4	7	5								
副高级	942	429	513	337	32	2	30	15	16	2	1	13
中级	1017	389	628	376	96	41	55	27	22		3	19
初级	704	246	458	205	176	62	114	60	9		3	6
未定职级	326	112	214	76	153	53	100	20				

中等职业教育专任教师、聘请校外教师岗位分类情况（成人中专学校）

单位：人

项目\类别	本学年授课专任教师				本学年授课聘请校外教师				本学年不授课专任教师			
	合计	文化基础课	专业课实习指导课		合计	文化基础课	专业课实习指导课		合计	进修	病休	其他
			计	其中：双师型			计	其中：双师型				
总计	2826	1806	1020	366	166	46	120	9	58			58
其中：女	1463	920	543	210	55	33	22	6	8			8
正高级	14	9	5	2	45		45	1				
副高级	633	406	227	85	47	30	17	4	1			1
中 级	1242	892	350	127	69	11	58	4	15			15
初 级	541	321	220	80	5	5			42			42
未定职级	396	178	218	72								

中等职业教育专任教师、聘请校外教师岗位分类情况（职业高中学校）

单位：人

项目\类别	本学年授课专任教师				本学年授课聘请校外教师				本学年不授课专任教师			
	合计	文化基础课	专业课实习指导课		合计	文化基础课	专业课实习指导课		合计	进修	病休	其他
			计	其中：双师型			计	其中：双师型				
总计	24466	10434	14032	5995	2349	615	1734	629	382	32	56	294
其中：女	13222	5981	7241	2890	1313	405	908	322	163	10	22	131
正高级	95	30	65	44	49	3	46	25	4			4
副高级	4165	2124	2041	1140	247	35	212	108	104	3	20	81
中 级	8674	3957	4717	2462	493	80	413	150	150	17	22	111
初 级	5754	2169	3585	1426	317	100	217	82	58	10	12	36
未定职级	5778	2154	3624	923	1243	397	846	264	66	2	2	62

中等职业教育专任教师、聘请校外教师岗位分类情况（其他机构）

单位：人

项目 数目 类别	本学年授课专任教师				本学年授课聘请校外教师				本学年不授课专任教师			
	合计	文化基础课	专业课实习指导课		合计	文化基础课	专业课实习指导课		合计	进修	病休	其他
			计	其中：双师型			计	其中：双师型				
总计	248	94	154	26	11		11	6				
其中：女	122	48	74	13	9		9	4				
正高级	1	1										
副高级	75	28	47	8								
中　级	121	42	79	10								
初　级	46	21	25	8	11		11	6				
未定职级	5	2	3									

中等职业教育专任教师、聘请校外教师学历情况（总计）

单位：人

类别	合计	博士研究生	硕士研究生	本科	专科	高中阶段及以下
1. 专任教师	31027	26	1643	25511	3781	66
其中：女	16631	6	1133	13735	1730	27
实习指导课教师	720		20	482	218	
正高级	125	4	13	99	9	
副高级	5936	2	271	5497	166	
中　级	11241	13	636	9428	1154	10
初　级	7154	2	270	6024	846	12
未定职级	6571	5	453	4463	1606	44
2. 聘请校外教师	2983	34	356	2070	493	30
其中：女	1611	25	209	1162	204	11
实习指导课教师	250		4	182	56	8
外籍教师						
正高级	94	13	29	52		
副高级	326	14	78	228	5	1
中　级	658	7	153	441	56	1
初　级	509		28	397	80	4
未定职级	1396		68	952	352	24

中等职业教育专任教师、聘请校外教师学历情况（普通中专学校）

单位：人

类别	合计	博士研究生	硕士研究生	本科	专科	高中阶段及以下
1.专任教师	3047	3	330	2479	235	
其中：女	1653	1	229	1321	102	
实习指导课教师	105			66	39	
正高级	11		1	10		
副高级	958	1	61	879	17	
中　级	1039	1	109	845	84	
初　级	713	1	56	569	87	
未定职级	326		103	176	47	
2.聘请校外教师	457		39	332	75	11
其中：女	234		23	179	28	4
实习指导课教师	31			23	8	
外籍教师						
正高级						
副高级	32		1	29	2	
中　级	96		22	65	9	
初　级	176		8	132	34	2
未定职级	153		8	106	30	9

中等职业教育专任教师、聘请校外教师学历情况（成人中专学校）

单位：人

类别	合计	博士研究生	硕士研究生	本科	专科	高中阶段及以下
1.专任教师	2884	1	59	2283	524	17
其中：女	1471		23	1146	295	7
实习指导课教师	46			27	19	
正高级	14		2	11	1	
副高级	634		15	575	44	
中　级	1257	1	19	1023	211	3
初　级	583		8	396	174	5
未定职级	396		15	278	94	9
2.聘请校外教师	166		30	136		
其中：女	55		5	50		
实习指导课教师						
外籍教师						
正高级	45		15	30		
副高级	47		11	36		
中　级	69		4	65		
初　级	5			5		
未定职级						

中等职业教育专任教师、聘请校外教师学历情况（职业高中学校）

单位：人

类别	合计	博士研究生	硕士研究生	本科	专科	高中阶段及以下
1.专任教师	24848	22	1247	20523	3007	49
其中：女	13385	5	877	11157	1326	20
实习指导课教师	569		20	389	160	
正高级	99	4	10	77	8	
副高级	4269	1	193	3973	102	
中　级	8824	11	505	7447	854	7
初　级	5812	1	204	5022	578	7
未定职级	5844	5	335	4004	1465	35
2.聘请校外教师	2349	34	287	1591	418	19
其中：女	1313	25	181	924	176	7
实习指导课教师	219		4	159	48	8
外籍教师						
正高级	49	13	14	22		
副高级	247	14	66	163	3	1
中　级	493	7	127	311	47	1
初　级	317		20	249	46	2
未定职级	1243		60	846	322	15

中等职业教育专任教师、聘请校外教师学历情况（其他机构）

单位：人

类别	合计	博士研究生	硕士研究生	本科	专科	高中阶段及以下
1.专任教师	248		7	226	15	
其中：女	122		4	111	7	
实习指导课教师						
正高级	1			1		
副高级	75		2	70	3	
中　级	121		3	113	5	
初　级	46		2	37	7	
未定职级	5			5		
2.聘请校外教师	11			11		
其中：女	9			9		
实习指导课教师						
外籍教师						
正高级						
副高级						
中　级						
初　级	11			11		
未定职级						

中等职业教育专任教师分年龄情况

单位：人

类别	合计	29 岁及以下	30-34 岁	35-39 岁	40-44 岁	45-49 岁	50-54 岁	55-59 岁	60 岁及以上
总计	31027	7802	4597	4078	4500	4473	3667	1719	191
其中：女	16631	5394	2879	2297	2336	2020	1447	238	20
正高级	125		1	6	14	17	38	30	19
副高级	5936		34	319	977	1673	1896	987	50
中级	11241	487	1447	2228	2660	2176	1555	592	96
初级	7154	2915	2006	1052	610	406	118	42	5
未定职级	6571	4400	1109	473	239	201	60	68	21
普通中专学校	3047	600	506	405	423	456	430	220	7
其中：女	1653	413	338	231	217	205	197	52	
正高级	11			1	3	5	2		
副高级	958		6	65	181	250	297	156	3
中级	1039	60	223	254	188	155	111	46	2
初级	713	313	212	72	46	39	17	14	
未定职级	326	227	65	14	7	9		2	2
成人中专学校	2884	429	259	368	469	533	514	292	20
其中：女	1471	325	172	208	282	259	194	30	1
正高级	14			2		3	8		1
副高级	634		3	22	61	159	217	164	8
中级	1257	29	66	193	308	306	253	92	10
初级	583	178	119	124	84	51	22	5	
未定职级	396	222	71	29	14	17	19	23	1
职业高中学校	24848	6755	3809	3262	3566	3428	2674	1190	164
其中：女	13385	4645	2354	1833	1820	1522	1037	155	19
正高级	99		1	6	11	13	30	20	18
副高级	4269		25	229	732	1238	1351	655	39
中级	8824	396	1155	1749	2127	1689	1174	450	84
初级	5812	2412	1656	848	478	313	78	22	5
未定职级	5844	3947	972	430	218	175	41	43	18
其他机构	248	18	23	43	42	56	49	17	
其中：女	122	11	15	25	17	34	19	1	
正高级	1				1				
副高级	75			3	3	26	31	12	
中级	121	2	3	32	37	26	17	4	
初级	46	12	19	8	2	3	1	1	
未定职级	5	4	1						

分市州中等职业教育专任教师学历情况

单位：人

市州名称	合计	博士研究生	硕士研究生	本科	专科	高中阶段及以下
总计	31027	26	1643	25511	3781	66
长沙市	4471	10	514	3400	544	3
株洲市	1538	3	151	1276	108	
湘潭市	1186	1	62	1035	88	
衡阳市	3604	4	206	2879	477	38
邵阳市	3122	3	67	2261	791	
岳阳市	2214		83	1976	155	
常德市	2530	1	128	2168	227	6
张家界市	638		15	581	42	
益阳市	1674	1	34	1486	153	
郴州市	1791	1	45	1586	158	1
永州市	3451	1	169	2910	371	
怀化市	1988	1	40	1674	263	10
娄底市	1555		88	1271	196	
自治州	1265		41	1008	208	8
普通中专学校	3047	3	330	2479	235	
长沙市	304		39	217	48	
株洲市	176		16	160		
湘潭市	489	1	44	416	28	
衡阳市	311		51	249	11	
邵阳市	287	2	6	228	51	
岳阳市	188		16	158	14	
常德市						
张家界市						
益阳市	270		12	239	19	
郴州市						
永州市	530		95	402	33	
怀化市	91		18	70	3	
娄底市	329		32	281	16	
自治州	72		1	59	12	
职业高中学校	24848	22	1247	20523	3007	49
长沙市	3651	10	462	2835	341	3
株洲市	1323	3	134	1089	97	
湘潭市	647		17	570	60	
衡阳市	2878	4	146	2311	394	23
邵阳市	2460	1	49	1731	679	
岳阳市	1930		61	1733	136	
常德市	2256	1	120	1938	192	5
张家界市	578		15	526	37	
益阳市	1302	1	22	1151	128	
郴州市	1614		40	1426	147	1
永州市	2392	1	72	2088	231	
怀化市	1619	1	17	1353	238	10
娄底市	1167		54	934	179	
自治州	1031		38	838	148	7

分市州中等职业教育专任教师专业技术职务情况

单位：人

市州名称	合计	其中：女	正高级	副高级	中级	初级	未评定
总计	31027	16631	125	5936	11241	7154	6571
长沙市	4471	2847	25	717	1413	1031	1285
株洲市	1538	881	9	330	586	393	220
湘潭市	1186	667	3	322	475	245	141
衡阳市	3604	2000	30	568	1144	849	1013
邵阳市	3122	1533	8	482	916	650	1066
岳阳市	2214	1199	8	418	945	482	361
常德市	2530	1382	8	486	1010	610	416
张家界市	638	343	2	176	274	138	48
益阳市	1674	893	5	424	709	402	134
郴州市	1791	832	4	382	583	393	429
永州市	3451	1690	7	612	1327	902	603
怀化市	1988	909	10	420	811	447	300
娄底市	1555	799	3	392	564	275	321
自治州	1265	656	3	207	484	337	234
普通中专学校	3047	1653	11	958	1039	713	326
长沙市	304	173	1	42	75	69	117
株洲市	176	99		87	56	31	2
湘潭市	489	280	1	200	186	94	8
衡阳市	311	202	2	97	102	75	35
邵阳市	287	154	1	79	105	81	21
岳阳市	188	84	3	60	67	48	10
常德市							
张家界市							
益阳市	270	161		99	95	65	11
郴州市							
永州市	530	267		130	166	156	78
怀化市	91	49	2	17	32	28	12
娄底市	329	151	1	126	122	55	25
自治州	72	33		21	33	11	7
职业高中学校	24848	13385	99	4269	8824	5812	5844
长沙市	3651	2320	19	631	1233	768	1000
株洲市	1323	763	7	233	518	354	211
湘潭市	647	360	2	95	270	148	132
衡阳市	2878	1588	27	431	857	666	897
邵阳市	2460	1213	6	308	659	512	975
岳阳市	1930	1084	5	323	823	428	351
常德市	2256	1243	5	413	863	568	407
张家界市	578	312	1	157	258	114	48
益阳市	1302	697	5	277	567	331	122
郴州市	1614	742	4	320	488	374	428
永州市	2392	1157	7	392	862	633	498
怀化市	1619	734	6	324	626	398	265
娄底市	1167	624	2	228	424	219	294
自治州	1031	548	3	137	376	299	216

中等职业教育分科专任教师情况（总计）

单位：人

类别		合计	其中：女	正高级	副高级	中级	初级	未定职级
总计		31027	16631	125	5936	11241	7154	6571
其中：女		16631	*	41	2550	5718	4250	4072
文化基础课		13700	7691	45	3042	5366	2787	2460
专业课	小计	16607	8662	75	2804	5629	4201	3898
	农林牧渔类	599	263	2	166	191	170	70
	资源环境类	28	9		6	11	3	8
	能源与新能源类	16	6	1	2	4	5	4
	土木水利类	292	124		40	125	58	69
	加工制造类	2326	773	13	484	855	551	423
	石油化工类	29	9		7	9	6	7
	轻纺食品类	209	133		42	66	37	64
	交通运输类	1044	357	7	107	312	311	307
	信息技术类	3477	1648	11	551	1277	824	814
	医药卫生类	500	386	8	64	133	124	171
	休闲保健类	117	74	4	13	37	27	36
	财经商贸类	1852	1269	6	306	561	490	489
	旅游服务类	1223	807	4	162	409	379	269
	文化艺术类	1947	1261	8	270	656	561	452
	体育与健身	656	242		76	196	181	203
	教育类	1234	761	4	324	457	215	234
	司法服务类	18	7		3	9	4	2
	公共管理与服务类	617	330	3	109	211	137	157
	其他	423	203	4	72	110	118	119
实习指导课		720	278	5	90	246	166	213

中等职业教育分科专任教师情况（普通中专学校）

单位：人

类别		合计	其中：女	正高级	副高级	中级	初级	未定职级
总计		3047	1653	11	958	1039	713	326
其中：女		1653	*	4	459	567	416	207
文化基础课		1217	682	4	442	408	251	112
专业课	小计	1725	948	6	498	598	430	193
	农林牧渔类	45	21		15	11	19	
	资源环境类							
	能源与新能源类	1				1		
	土木水利类	81	46		13	37	22	9
	加工制造类	278	111	3	90	102	65	18
	石油化工类							
	轻纺食品类	10	10		10			
	交通运输类	61	26		10	9	24	18
	信息技术类	248	113	2	82	103	43	18
	医药卫生类	47	39		7	11	21	8
	休闲保健类	2	2				2	
	财经商贸类	181	115		66	59	43	13
	旅游服务类	67	50		17	25	14	11
	文化艺术类	223	139	1	72	77	62	11
	体育与健身	105	37		30	34	25	16
	教育类	270	190		62	98	54	56
	司法服务类	1	1			1		
	公共管理与服务类	33	14		7	9		10
	其他	72	34		17	21	29	5
实习指导课		105	23	1	18	33	32	21

中等职业教育分科专任教师情况（成人中专学校）

单位：人

类别		合计	其中：女	正高级	副高级	中级	初级	未定职级
总计		2884	1471	14	634	1257	583	396
其中：女		1471	*	3	196	628	353	291
文化基础课		1829	920	9	407	907	328	178
专业课	小计	1009	541	4	216	332	241	216
	农林牧渔类	93	45	1	10	19	56	7
	资源环境类							
	能源与新能源类							
	土木水利类							
	加工制造类	39	9		7	15	17	
	石油化工类							
	轻纺食品类	1	1			1		
	交通运输类	35	10		3	16	12	4
	信息技术类	142	54	1	25	50	42	24
	医药卫生类	54	50	2	4	5	15	28
	休闲保健类							
	财经商贸类	83	70		12	17	23	31
	旅游服务类	40	24		7	12	13	8
	文化艺术类	60	38		8	15	20	17
	体育与健身	74	45		1	6		67
	教育类	330	170		129	159	34	8
	司法服务类							
	公共管理与服务类	22	11		3	9	4	6
	其他	36	14		7	8	5	16
实习指导课		46	10	1	11	18	14	2

中等职业教育分科专任教师情况（职业高中学校）

单位：人

类别		合计	其中：女	正高级	副高级	中级	初级	未定职级
总计		24848	13385	99	4269	8824	5812	5844
其中：女		13385	*	33	1868	4463	3450	3571
文化基础课		10560	6041	31	2165	4009	2187	2168
专业课	小计	13719	7099	65	2043	4620	3505	3486
	农林牧渔类	461	197	1	141	161	95	63
	资源环境类	28	9		6	11	3	8
	能源与新能源类	15	6	1	2	3	5	4
	土木水利类	211	78		27	88	36	60
	加工制造类	2000	649	10	384	733	468	405
	石油化工类	29	4		7	9	6	7
	轻纺食品类	198	122		32	65	37	64
	交通运输类	946	319	7	94	286	274	285
	信息技术类	3071	1468	8	437	1120	735	771
	医药卫生类	399	297	6	53	117	88	135
	休闲保健类	115	72	4	13	37	25	36
	财经商贸类	1588	1084	6	228	485	424	445
	旅游服务类	1100	722	4	137	366	343	250
	文化艺术类	1654	1082	7	188	556	479	424
	体育与健身	473	160		45	152	156	120
	教育类	609	386	4	128	186	121	170
	司法服务类	17	6		3	8	4	2
	公共管理与服务类	490	278	3	70	156	122	139
	其他	315	155	4	48	81	84	98
实习指导课		569	245	3	61	195	120	190

中等职业教育分科专任教师情况（其他机构）

单位：人

类别		合计	其中：女	正高级	副高级	中级	初级	未定职级
	总计	248	122	1	75	121	46	5
	其中：女	122	*	1	27	60	31	3
文化基础课		94	48	1	28	42	21	2
专业课	小计	154	74		47	79	25	3
	农林牧渔类							
	资源环境类							
	能源与新能源类							
	土木水利类							
	加工制造类	9	4		3	5	1	
	石油化工类							
	轻纺食品类							
	交通运输类	2	2			1	1	
	信息技术类	16	13		7	4	4	1
	医药卫生类							
	休闲保健类							
	财经商贸类							
	旅游服务类	16	11		1	6	9	
	文化艺术类	10	2		2	8		
	体育与健身	4				4		
	教育类	25	15		5	14	6	
	司法服务类							
	公共管理与服务类	72	27		29	37	4	2
	其他							
实习指导课								

中等职业教育专任教师变动情况

单位：人

项目 数目 类别	上学年初报表专任教师数	增加教师数								减少教师数						本学年初报表专任教师数
		合计	录用毕业生			调入		校内变动	其他	合计	自然减员	调出	校内变动	辞职	其他	
			计	其中：研究生	其中：本科	计	其中：外校									
总计	29029	5140	1947	186	1280	2869	1155	322	2	3142	357	1431	568	786		31027
其中：女	15096	3253	1332	147	885	1733	677	186	2	1718	181	788	303	446		16631
普通中专学校	3164	479	122	27	66	305	80	52		596	45	144	357	50		3047
其中：女	1699	292	83	21	43	171	51	38		338	18	84	212	24		1653
成人中专学校	2640	440	136	1	46	278	142	26		196	54	97	40	5		2884
其中：女	1252	278	110		37	163	74	5		59	19	26	13	1		1471
职业高中学校	22975	4210	1688	158	1167	2279	931	241	2	2337	254	1190	167	726		24848
其中：女	12033	2673	1138	126	804	1393	551	140	2	1321	144	678	78	421		13385
其他机构	250	11	1		1	7	2	3		13	4		4	5		248
其中：女	112	10	1		1	6	1	3								122

中等职业教育专任教师接受培训情况

单位：人次、人

类别	合计			国内												国（境）外	
	接受培训专任教师（人）	接受培训专任教师（人次）	培训时间（学时）	计		国家级		省级		地市级		县级		校级		接受培训专任教师（人次）	培训时间（学时）
				接受培训专任教师（人次）	培训时间（学时）	接受培训专任教师（人次）	培训时间（学时）	接受培训专任教师（人次）	培训时间（学时）	接受培训专任教师（人次）	培训时间（学时）	接受培训专任教师（人次）	培训时间（学时）	接受培训专任教师（人次）	培训时间（学时）		
总计	26940	79179	1668909	79114	1666414	4586	245929	7321	309154	7805	208223	9967	222960	49435	680148	65	2495
其中：女	13907	39234	796899	39234	796899	1959	115702	2930	123907	3789	99891	4520	97550	26036	359849		
集中培训	*	70037	1338456	70002	1336213	3044	171444	3713	170621	5970	128123	8684	191879	48591	674146	35	2243
远程培训	*	7526	279252	7496	279000	1385	60660	3297	123346	1569	65720	1126	27700	119	1574	30	252
跟岗实践	*	1616	51201	1616	51201	157	13825	311	15187	266	14380	157	3381	725	4428		
普通中专学校	3046	13081	213709	13073	213263	554	26831	914	42416	1920	63688	331	2290	9354	78038	8	446
其中：女	1658	7311	106724	7311	106724	204	13864	364	15790	999	30627	161	1272	5583	45171		
集中培训	*	11268	149283	11260	148837	363	17916	511	22806	1431	30207	331	2290	8624	75618	8	446
远程培训	*	1058	55665	1058	55665	189	6755	401	19606	413	28804			55	500		
跟岗实践	*	755	8761	755	8761	2	2160	2	4	76	4677			675	1920		
成人中专学校	2331	6444	163597	6444	163597	618	31363	973	32883	594	13011	1174	31078	3085	55262		
其中：女	1099	2604	70344	2604	70344	236	12163	422	15452	223	5992	490	12908	1233	23829		
集中培训	*	5448	126126	5448	126126	309	14307	510	17644	521	11491	1036	27552	3072	55132		
远程培训	*	959	36633	959	36633	303	16852	454	14799	73	1520	116	3332	13	130		
跟岗实践	*	37	838	37	838	6	204	9	440			22	194				
职业高中学校	21331	58750	1275155	58693	1273106	3303	185147	5332	230897	5155	129508	8318	186056	36585	541498	57	2049
其中：女	11043	28874	613851	28874	613851	1500	89487	2092	91065	2488	62680	3819	82460	18975	288159		
集中培训	*	52674	1053583	52647	1051786	2331	138651	2650	128541	3950	85911	7193	159701	36523	538982	27	1797
远程培训	*	5288	180474	5258	180222	833	35055	2388	87623	1017	33936	990	23168	30	440	30	252
跟岗实践	*	788	41098	788	41098	139	11441	294	14733	188	9661	135	3187	32	2076		
其他机构	232	904	16448	904	16448	111	2588	102	2958	136	2016	144	3536	411	5350		
其中：女	107	445	5980	445	5980	19	188	52	1600	79	592	50	910	245	2690		
集中培训	*	647	9464	647	9464	41	570	42	1630	68	514	124	2336	372	4414		
远程培训	*	221	6480	221	6480	60	1998	54	1318	66	1460	20	1200	21	504		
跟岗实践	*	36	504	36	504	10	20	6	10	2	42			18	432		

中等职业教育教职工中其他情况

单位：人

类别		共产党员	共青团员	民主党派	华侨	港澳台	少数民族
总计	教职工	11663	3074	375		3	3416
	其中：女	4482	1978	197		3	1695
	专任教师	8808	2412	293		2	2939
	其中：女	3844	1613	162		2	1551
普通中专学校	教职工	1617	209	114			212
	其中：女	703	143	63			104
	专任教师	1219	159	97			175
	其中：女	586	113	55			87
成人中专学校	教职工	1296	101	22			159
	其中：女	367	65	12			60
	专任教师	978	87	16			118
	其中：女	314	57	9			53
职业高中学校	教职工	8645	2746	237		3	3008
	其中：女	3379	1764	121		3	1508
	专任教师	6521	2156	179		2	2612
	其中：女	2916	1437	98		2	1388
其他机构	教职工	105	18	2			37
	其中：女	33	6	1			23
	专任教师	90	10	1			34
	其中：女	28	6				23

中等职业学校校舍情况（总计）

单位：平方米

类别 \ 项目 数目	学校产权校舍建筑面积				正在施工校舍建筑面积	非学校产权校舍建筑面积		
	计	其中				合计	独立使用	共同使用
		危房	当年新增	被外单位借用				
总计	10194564.56		615657.79	1850	420352.41	2536468.64	2097431.11	439037.53
一、教学及辅助用房	4827934.07		344832.09	450	251689.44	1208267.93	940319.64	267948.29
教室	1974106.51		138019.94	450	101600.9	484402.32	410208.6	74193.72
图书馆	323187.44		19686.68		13068.72	184086.86	105682.32	78404.54
实验室、实习场所	2002421.76		110736.47		109005.44	291957.46	248183.43	43774.03
体育馆	338442.81		69476.4		24694.45	186179	135458	50721
会堂	189775.55		6912.6		3319.93	61642.29	40787.29	20855
二、行政办公用房	501771.45		29477.64		17381.81	115546.08	102311.94	13234.14
三、生活用房	4060853.17		223869.27	1400	128022.45	1085730.81	932582.31	153148.5
学生宿舍（公寓）	2559261.05		150319.27	1400	67553.09	712533.4	619824.78	92708.62
学生食堂	644396.96		41368.76		30316.76	166924.83	136636.15	30288.68
教工宿舍（公寓）	476208.48		19913.24		12434.53	126499.94	106168.74	20331.2
教工食堂	82738.8		11665		9499.29	18911.49	13571.49	5340
生活福利及附属用房	298247.88		603		8218.78	60861.15	56381.15	4480
四、教工住宅	478546.33		4760.6			*	*	*
五、其他用房	325459.54		12718.19		23258.71	126923.82	122217.22	4706.6

中等职业学校校舍情况（普通中专学校）

单位：平方米

类别 \ 项目 数目	学校产权校舍建筑面积				正在施工校舍建筑面积	非学校产权校舍建筑面积		
	计	其中				合计	独立使用	共同使用
		危房	当年新增	被外单位借用				
总计	1436168.09		176558.1		187092.12	80986	80986	
一、教学及辅助用房	666318.46		71689.95		110871.69	32529	32529	
教室	276806.32		43354.18		62181.32	11992	11992	
图书馆	35542.1				4068.72	1968	1968	
实验室、实习场所	271560.14		18260.87		27507.27	13693	13693	
体育馆	36692.9		10074.9		14794.45	3976	3976	
会堂	45717				2319.93	900	900	
二、行政办公用房	75896		7344.42		10381.81	4800	4800	
三、生活用房	547005.1		89829.04		55595.15	41105	41105	
学生宿舍（公寓）	343674.19		66381.84		30480.95	21443	21443	
学生食堂	98392.36		11041.46		10316.76	3618	3618	
教工宿舍（公寓）	71598.74		12205.74		5434.53	13812	13812	
教工食堂	8705				9179.29			
生活福利及附属用房	24634.81		200		183.62	2232	2232	
四、教工住宅	78227.6		2600.6			*	*	*
五、其他用房	68720.93		5094.09		10243.47	2552	2552	

中等职业学校校舍情况（成人中专学校）

单位：平方米

项目 数目 类别	学校产权校舍建筑面积				正在施工校舍建筑面积	非学校产权校舍建筑面积		
	计	其中				合计	独立使用	共同使用
		危房	当年新增	被外单位借用				
总计	914144.17		2550		41026	97961.39	83458.92	14502.47
一、教学及辅助用房	413750.77		2271		22106	42001.7	33557.78	8443.92
教室	188619.27		2250		17856	28926.7	22407.78	6518.92
图书馆	46816		21		1000	3165	3020	145
实验室、实习场所	156346				650	4210	3430	780
体育馆	9500				2400	2100	2100	
会堂	12469.5				200	3600	2600	1000
二、行政办公用房	52842.3		147		4000	19936.55	15178	4758.55
三、生活用房	380854.14		110		14920	34723.14	33423.14	1300
学生宿舍（公寓）	235984.6				6800	21883.14	21883.14	
学生食堂	56046.54				3800	5030	4030	1000
教工宿舍（公寓）	35497				4000	3934	3934	
教工食堂	13777		110		320	1440	1140	300
生活福利及附属用房	39549					2436	2436	
四、教工住宅	47500					*	*	*
五、其他用房	19196.96		22			1300	1300	

中等职业学校校舍情况（职业高中学校）

单位：平方米

项目 数目 类别	学校产权校舍建筑面积				正在施工校舍建筑面积	非学校产权校舍建筑面积		
	计	其中				合计	独立使用	共同使用
		危房	当年新增	被外单位借用				
总计	7803183.3		436549.69	1400	192234.29	2351143.25	1926608.19	424535.06
一、教学及辅助用房	3733893.84		270871.14		118711.75	1130867.23	871362.86	259504.37
教室	1499473.92		92415.76		21563.58	442911.62	375236.82	67674.8
图书馆	240469.34		19665.68		8000	178953.86	100694.32	78259.54
实验室、实习场所	1572111.62		92475.6		80848.17	271756.46	228762.43	42994.03
体育馆	292249.91		59401.5		7500	180103	129382	50721
会堂	129589.05		6912.6		800	57142.29	37287.29	19855
二、行政办公用房	366328.15		21986.22		3000	90809.53	82333.94	8475.59
三、生活用房	3122177.93		133930.23	1400	57507.3	1006747.67	854899.17	151848.5
学生宿舍（公寓）	1973582.26		83937.43	1400	30272.14	667746.26	575037.64	92708.62
学生食堂	487958.06		30327.3		16200	156676.83	127388.15	29288.68
教工宿舍（公寓）	368162.74		7707.5		3000	108659.94	88328.74	20331.2
教工食堂	59210.8		11555			17471.49	12431.49	5040
生活福利及附属用房	233264.07		403		8035.16	56193.15	51713.15	4480
四、教工住宅	346398.73		2160			*	*	*
五、其他用房	234384.65		7602.1		13015.24	122718.82	118012.22	4706.6

中等职业学校校舍情况（其他机构）

单位：平方米

类别 \ 项目	学校产权校舍建筑面积				正在施工校舍建筑面积	非学校产权校舍建筑面积		
	计	其中				合计	独立使用	共同使用
		危房	当年新增	被外单位借用				
总计	41069			450		6378	6378	
一、教学及辅助用房	13971			450		2870	2870	
教室	9207			450		572	572	
图书馆	360							
实验室、实习场所	2404					2298	2298	
体育馆								
会堂	2000							
二、行政办公用房	6705							
三、生活用房	10816					3155	3155	
学生宿舍（公寓）	6020					1461	1461	
学生食堂	2000					1600	1600	
教工宿舍（公寓）	950					94	94	
教工食堂	1046							
生活福利及附属用房	800							
四、教工住宅	6420					*	*	*
五、其他用房	3157					353	353	

中等职业学校信息化建设情况

类别 \ 项目	网络信息点数（个）		上网课程数（门）	数字资源量				接受过信息技术相关培训的专任教师（人次）	信息化工作人员数（人）
	计	其中：无线接入		电子图书（册）	电子期刊（册）	学位论文（册）	音视频（小时）		
总计	86984	20606	2027	6067567	1350105	3618043	239957	17026	4250
普通中专学校	16688	2238	320	1105035	9772	1393	13849.25	2374	274
成人中专学校	3619	388	134	61005	951	201	10923	715	293
职业高中学校	65722	17976	1564	4900087	1338702	3616449	213238.75	13895	3651
其他机构	955	4	9	1440	680		1946	42	32

中等职业学校资产情况

项目 数目 类别	占地面积（平方米） 计	其中 绿化用地面积	其中 运动场地面积	图书（册） 计	其中：当年新增	计算机数（台） 计	其中：教学用计算机 计	其中：平板电脑	教室（间） 计	其中：网络多媒体教室	固定资产总值（万元） 计	其中：教学、实习仪器设备资产值 计	当年新增
总计													
学校产权	21066546.44	5880007.05	3081739.56	13143273	806642	160998	132763	12549	17631	10269	1612983.10	332787.75	46718.06
非学校产权	4468447.71	1145243.79	765580.27	511737	66520	6001	4903	538	3294	1748	128558.12	17506.64	2846.22
1.独立使用	3154577.26	787398.48	474391.22	325552	49720	3516	3005	427	2796	1542	98622.97	12765.48	2732.74
2.共同使用	1313870.45	357845.31	291189.05	186185	16800	2485	1898	111	498	206	29935.15	4741.16	113.48
普通中专学校													
学校产权	2725796.78	897093.17	428932.85	1783367	183796	17762	14239	1082	2170	1523	147636.06	38921.68	7828.83
非学校产权	184825	98638	43647.91	117042	9975	163	112	52	62	33	3433.54	628.18	289.20
1.独立使用	184825	98638	43647.91	117042	9975	163	112	52	62	33	3433.54	628.18	289.20
2.共同使用													
成人中专学校													
学校产权	1971295.99	688948	293885	1150488	11915	15780	13471	1385	2163	617	102953.35	21236.85	3436.85
非学校产权	365158.71	171513.06	45435	16200	8000	980	853	130	214	103	15009.7	1445.52	235
1.独立使用	100381.35	20010.8	26886	14200	8000	720	605	130	179	73	8632.62	1117.5	235
2.共同使用	264777.36	151502.26	18549	2000		260	248		35	30	6377.08	328.02	
职业高中学校													
学校产权	16335752.67	4286305.88	2353821.71	10093253	608666	126723	104672	10082	13214	8088	1352420.69	270306.43	35440.39
非学校产权	3910772	874264.73	675183.36	378495	48545	4858	3938	356	3004	1598	109475.88	15432.94	2322.02
1.独立使用	2861678.91	667921.68	402543.31	194310	31745	2633	2288	245	2541	1422	85917.81	11019.80	2208.54
2.共同使用	1049093.09	206343.05	272640.05	184185	16800	2225	1650	111	463	176	23558.07	4413.14	113.48
其他机构													
学校产权	33701	7660	5100	116165	2265	733	381		84	41	9973	2322.8	12
非学校产权	7692	828	1314						14	14	639		
1.独立使用	7692	828	1314						14	14	639		
2.共同使用													

分市州中等职业教育校舍情况

单位：平方米

市州名称	学校产权校舍建筑面积				正在施工校舍建筑面积	非学校产权校舍建筑面积		
	计	其中				合计	独立使用	共同使用
		危房	当年新增	被外单位借用				
总计	10194564.56		615657.79	1850	420352.41	2536468.64	2097431.11	439037.53
长沙市	1592955.68		87632.6		20700	721483.67	533174.67	188309
株洲市	533511.95				115718.76	156197	128597	27600
湘潭市	449299.2		10063	600	13300	140811.5	134091.5	6720
衡阳市	1189328.6		44477.4		59700	628696.22	505519.16	123177.06
邵阳市	852227.25				52712	232794	218959	13835
岳阳市	969010.71		2700		19799	61084.53	57084.53	4000
常德市	777807.08		115445		11400	98571	79571	19000
张家界市	174395		5861		10100	6378	6378	
益阳市	468729		2160		14204.39	159258	148428	10830
郴州市	576647.37		74968	450		37768	13393	24375
永州市	1052088.55		185791.7		44005.36	137970	137970	
怀化市	693234.8		80498.09		20969	76812.47	68775	8037.47
娄底市	530264.76		5461	800	37743.9	38286	34336	3950
自治州	335064.61		600			40358.25	31154.25	9204

分市州中等职业教育资产情况

市州名称	占地面积（平方米）			图书（册）		计算机数（台）			教间（间）		固定资产总值（万元）		
	计	其中		计	其中：当年新增	计	其中：教学用计算机		计	其中：网络多媒体教室	计	其中：教学、实习仪器设备资产值	
		绿化用地面积	运动场地面积				计	其中：平扳电脑				计	当年新增
总计	21066546.44	5880007.05	3081739.56	13143273	806642	160998	132763	12549	17631	10269	1612983.10	332787.75	46718.06
长沙市	2745405.47	1057985.74	552832.16	1424111	120386	26517	20770	2903	2549	1551	353121.22	63990.99	8850.39
株洲市	1061938.88	255544	171945	577715	12587	7344	6321	298	847	576	63060.44	15314.38	2819.28
湘潭市	758117	293423	130151	610010	58896	7130	5767	671	715	494	85824.75	13748.25	1374.98
衡阳市	2649880.3	527609	343228	1860556	60410	15883	13032	950	2023	1297	152031.30	36981.61	5013.90
邵阳市	1989705.4	613227.72	166420	851733	35059	20824	17105	3168	1630	893	125815.05	30020.07	6376.80
岳阳市	1948104.27	534425.75	236248.61	1180283	10004	13977	11792	435	1572	804	122076.52	24789.37	5722.37
常德市	1618396.7	364536.42	276173	931034	7231	12733	10928	641	1474	735	104707.54	28368.07	1374.04
张家界市	304981	50698	35766	362287	712	2616	2053	72	433	172	27684.00	4969.91	45.00
益阳市	995679	213370	174120	767738	20140	5250	4581	476	760	433	86108.82	20899.90	1349.30
郴州市	1394969.8	448757	182531	768748	14636	7447	6724	278	898	624	128993.33	12817.16	3245.33
永州市	2532542.71	783832.45	299999.85	1531665	237969	15372	11822	207	1740	1083	103276.37	30119.82	6824.40
怀化市	1431702.39	388394.26	245519	1056620	124784	10996	9528	199	1337	708	94039.93	24091.50	1482.00
娄底市	888687	204636	177229	715472	51110	7998	6409	1032	929	634	99609.37	15297.58	1284.84
自治州	746436.52	143567.71	89576.94	505301	52718	6911	5931	1219	724	265	66634.47	11379.13	955.44

中等职业教育分县（市区）一览表

市州县名称	学校数（所）		学生数（人）				教职工数（人）						校办企业职工	其他附设机构人员
	计	民办	毕业生数	招生数	在校生数	预计毕业数	计	校本部教职工						
								计	专任教师	行政人员	教辅人员	工勤人员		
总计	487	215	209896	253467	669992	209296	39075	39040	31027	3597	2213	2203	6	29
长沙市	57	29	31745	42995	116484	35454	6136	6136	4471	841	476	348		
芙蓉区	5	1	795	1205	2540	632	550	550	333	106	74	37		
天心区	3	1	852	1295	3497	543	268	268	179	64	5	20		
岳麓区	13	6	6568	7931	21097	7045	868	868	627	110	85	46		
开福区	1		143		190	72	30	30	25	5				
雨花区	9	1	7287	8924	25620	8583	1582	1582	1223	220	91	48		
望城区	6	5	4460	4582	13922	5042	700	700	527	100	34	39		
长沙县	8	6	5418	10147	26757	7944	878	878	639	93	97	49		
浏阳市	3	2	2802	3579	7940	2263	355	355	268	18	53	16		
宁乡市	9	7	3420	5332	14921	3330	905	905	650	125	37	93		
株洲市	22	10	8451	9521	23392	7474	1963	1963	1538	184	90	151		
荷塘区	11	5	3275	4349	10284	3304	971	971	716	109	49	97		
芦淞区			546	223	668	427	19	19	19					
石峰区	1	1	822	555	1740	809	58	58	34	16		8		
天元区	1	1	86	163	491	121	43	43	27	7	4	5		
株洲县	1		747	228	883	345	123	123	103	12	8			
攸县	2	1	615	1006	2482	607	224	224	198	7	3	16		
茶陵县	1		479	691	1710	475	120	120	96	7	12	5		
炎陵县	1		136	114	341	143	50	50	44	4	2			
醴陵市	4	2	1745	2192	4793	1243	355	355	301	22	12	20		
湘潭市	23	10	6927	7025	19761	6539	1533	1533	1186	186	39	122		
雨湖区	9	4	3261	3685	9983	3328	638	638	461	94	18	65		
岳塘区	5	2	1104	203	1763	936	255	255	205	31	8	11		
湘潭县	5	3	1621	1790	4810	1424	412	412	350	25	9	28		
湘乡市	3	1	738	1217	2767	699	182	182	125	36	4	17		
韶山市	1		203	130	438	152	46	46	45			1		
衡阳市	48	20	23094	23466	69505	24172	4979	4950	3604	638	427	281		29
珠晖区	5	4	1918	2458	6298	1625	320	320	219	73	16	12		
雁峰区	11	4	6038	7608	22945	9076	1940	1911	1227	348	203	133		29
石鼓区	1		2621	830	4956	2344	17	17	8	7	2			
蒸湘区	5	3	895	1636	3815	838	368	368	279	52	17	20		
南岳区	1	1	156	138	395	139	22	22	17	5				
衡阳县	6	2	1612	1645	4556	1382	345	345	264	17	33	31		
衡南县	4	1	1196	1121	3170	1106	270	270	171	18	60	21		
衡山县	4	2	1590	1429	3700	1120	328	328	256	37	20	15		
衡东县	1		648	944	2218	532	136	136	125	6	5			
祁东县	3	1	1969	1606	5226	1793	411	411	376	10	19	6		
耒阳市	3		2322	2067	6501	2373	417	417	365	23	24	5		
常宁市	4	2	2129	1984	5725	1844	405	405	297	42	28	38		
邵阳市	69	39	23537	30272	78301	24010	4087	4087	3122	426	235	304		
双清区	14	11	775	2887	6136	1276	417	417	253	66	49	49		
大祥区	17	11	6574	8107	22435	7932	887	887	537	173	77	100		
北塔区	3	1	268	911	3189	929	116	116	75	14	19	8		
邵东县	3	1	3126	2506	6674	2203	379	379	314	20	35	10		

占地面积（平方米）	图书（册）	教学仪器设备值（万元）	校舍建筑面积（平方米）
21066546.44	13143273	332787.75	10194564.56
2745405.47	1424111	63990.99	1592955.68
452451	64550	806	287641
50412.56	51190	1988.39	37529.5
190250.1	240531	10654.8	130484.72
5387.12	9682	30.52	2622
443520.71	175171	20646.52	398125.26
190829	267575	7795.06	146939.5
545312	261937	11400.53	245265.76
410224.5	221300	4298.17	125574.84
457018.48	132175	6371	218773.1
1061938.88	577715	15314.38	533511.95
379552	237805	8177.1	249540.95
	6000	120	
23310	6000	650	9750
37314	64993	1322.62	36710
454259.88	106805	1314	122280
66680	41312	815	49277
16797	25500	130.66	12389
84026	89300	2785	53565
758117	610010	13748.25	449299.2
380255	257500	5347.51	193723
151448	109000	3002.44	116338
120600	130089	2652.3	70061
40782	95100	2323	47496.2
65032	18321	423	21681
2649880.3	1860556	36981.61	1189328.6
146051	66030	2127.2	87623
914644	903500	15376.46	471761.72
9000	16000	85	4442
97502.3	244001	2820.95	64980.4
337218	123820	2765	90252
254859	62000	1935	53847.2
187121	97730	1525	76711.68
106773	87730	874	42421
169648	127000	3340	117990.6
169793	68810	3124	115816
257271	63935	3009	63483
1989705.4	851733	30020.07	852227.25
95213	18440	1561.37	24285
369312.94	159926	5812.59	191087.48
60993.05	28450	904.11	51211.77
236743	108099	1642	117448

续表

市州县名称	学校数（所）		学生数（人）				教职工数（人）							校办企业职工	其他附设机构人员
								校本部教职工							
	计	民办	毕业生数	招生数	在校生数	预计毕业数	计	计	专任教师	行政人员	教辅人员	工勤人员			
新邵县	3	1	900	1018	2754	832	217	217	204	4	3	6		
邵阳县	3	1	1074	1857	4069	1039	209	209	166	15		28		
隆回县	4	2	2221	3034	7900	2159	509	509	413	50	5	41		
洞口县	6	3	3574	4027	9121	2357	447	447	375	31	15	26		
绥宁县	2		386	467	1402	532	99	99	88	10		1		
新宁县	4	2	737	1267	3174	990	197	197	157	23	3	14		
城步县	2		220	240	694	247	70	70	67	1		2		
武冈市	8	6	3682	3951	10753	3514	540	540	473	19	29	19		
岳阳市	34	17	20874	18261	49764	12535	2703	2703	2214	203	135	151		
岳阳楼区	13	10	5185	6710	15589	3890	968	968	742	111	54	61		
云溪区	1		368	233	944	315	22	22	21			1		
君山区	2	1	95	570	1365	307	100	100	53	20	8	19		
岳阳县	3	2	1195	1648	4798	1383	243	243	202	13	10	18		
华容县	1		2408	1535	3307	756	185	185	170		6	4		
湘阴县	4	1	1539	1341	4068	1294	292	292	216	28	32	16		
平江县	3	1	6092	2484	5519	1271	320	320	310	5	3	2		
汨罗市	5	1	2595	2235	10212	2492	379	379	347	13	6	13		
临湘市	2	1	1397	1505	3962	827	194	194	153	8	16	17		
常德市	42	20	14278	18477	46869	15025	3188	3182	2530	269	219	164	6	
武陵区	14	8	5970	6607	16839	6134	1123	1123	753	174	113	83		
鼎城区	4	3	240	564	1273	318	47	47	34	3	7	3		
安乡县	3	1	1269	1057	2781	1083	295	289	245	14	23	7	6	
汉寿县	4	2	1335	2765	6664	1791	217	217	205	6		6		
澧县	4	2	2087	1961	5437	1726	361	361	343	12	2	4		
临澧县	2		536	875	1873	500	143	143	119	7	12	5		
桃源县	5	3	1879	2265	5824	1748	546	546	427	35	59	25		
石门县	3	1	729	2150	5514	1499	333	333	290	11	1	31		
津市市	3		233	233	664	226	123	123	114	7	2			
张家界市	9	4	3719	5669	13563	4053	713	713	638	34	26	15		
永定区	3	2	1593	2173	5469	1706	201	201	175	13	10	3		
武陵源区			176	328	766	223	36	36	33	1	2			
慈利县	3	1	1300	1886	4556	1429	293	293	275	11	3	4		
桑植县	3	1	650	1282	2772	695	183	183	155	9	11	8		
益阳市	22	9	11008	10063	27773	10475	2022	2022	1674	136	100	112		
资阳区	3	1	1732	1463	3641	1771	142	142	117	9	14	2		
赫山区	10	5	4294	3470	10218	4041	632	632	478	54	30	70		
南县	2	1	883	630	2432	1007	271	271	243	8	15	5		
桃江县	2	1	1616	1552	4142	1393	327	327	271	23	18	15		
安化县	2		1461	2063	4784	1286	334	334	289	18	18	9		
沅江市	3	1	1022	885	2556	977	316	316	276	24	5	11		
郴州市	25	2	14181	18327	43994	12550	2160	2160	1791	109	118	142		
北湖区	3	1	3899	3905	10241	3241	469	469	298	41	64	66		
苏仙区	6		2039	1767	5935	2100	257	257	217	10	3	27		
桂阳县	1		1470	3415	6857	1488	252	252	241		11			
宜章县	3	1	634	1734	3520	745	183	183	162	9	7	5		
永兴县	2		1147	1219	2897	835	174	174	151	12	3	8		

占地面积（平方米）	图书（册）	教学仪器设备值（万元）	校舍建筑面积（平方米）
183828	89600	654	45649
92835	33300	360	28413
228586	86803	3745	90618
132884.41	108230	7890	116259
44489	14000	286	16112
88284	38277	2285	36541
81926	14755	399	33830
374611	151853	4481	100773
1948104.27	1180283	24789.37	969010.71
324270.02	317056	7678.09	329665.17
13393.9	9550	60	6240.5
200600	37078	680	36624
570949.45	148400	2809	142356
141400	85000	4888	72659.34
199206	170920	2074	156933
214636.3	56589	2034.28	64217.7
204629.6	299000	2631	98300
79019	56690	1935	62015
1618396.7	931034	28368.07	777807.08
793715.8	363761	16228.13	376827.4
38500	32000	432	28211
58111	54994	1994.75	33222
97872	85545	695	52807
196180	182750	740	103235
132008	43301	2177.21	30857
198415	86318	3493.43	82382
51450	47994	1587	44500
52144.9	34371	1020.552	25765.68
304981	362287	4969.91	174395
37390	77232	1025	38607
	300	20	
176083	203785	1568	95069
91508	80970	2356.91	40719
995679	767738	20899.9	468729
83768	62800	7980	39761
311350	259457	6081	183621
206357	81087	2642	52613
124313	123923	959	55881
107483	79582	1368	40891
162408	160889	1869.9	95962
1394969.8	768748	12817.16	576647.37
112569	213588	3973	88334.1
163172	103300	1247.46	81886
282513.3	57624	881	62743
128314.5	55986	1038.94	48153
114269	71611	1280	39052.87

续表

市州县名称	学校数（所）		学生数（人）				教职工数（人）							校办企业职工	其他附设机构人员
	计	民办	毕业生数	招生数	在校生数	预计毕业数	计	校本部教职工							
								计	专任教师	行政人员	教辅人员	工勤人员			
嘉禾县	2		756	1322	2469	685	134	134	126	6		2			
临武县	1		927	1064	1975	250	77	77	69	3	1	4			
汝城县	2		698	1253	2977	789	236	236	205	9	18	4			
桂东县	1		753	473	1397	461	54	54	45	7	1	1			
安仁县	2		769	1065	2800	921	146	146	118	4	6	18			
资兴市	2		1089	1110	2926	1035	178	178	159	8	4	7			
永州市	42	16	18519	24025	67797	22390	3979	3979	3451	215	161	152			
零陵区	5	2	3628	4102	11828	3370	496	496	400	31	43	22			
冷水滩区	7	4	1651	2441	6707	1860	352	352	312	12	3	25			
祁阳县	4	1	3819	2967	9006	3080	521	521	385	43	56	37			
东安县	5	2	734	1389	3215	984	218	218	203	14		1			
双牌县	1		258	556	1329	357	114	114	99	9	2	4			
道　县	3		2799	4128	11990	4544	799	799	720	34	9	36			
江永县	2		445	1144	2267	450	161	161	121	12	10	18			
宁远县	8	6	1239	2070	5796	1639	492	492	456	23	5	8			
蓝山县	2		1702	2060	5164	1619	261	261	244	3	13	1			
新田县	2		854	1282	5196	2793	280	280	274	6					
江华县	3	1	1390	1886	5299	1694	285	285	237	28	20				
怀化市	43	19	14828	19470	48161	14759	2352	2352	1988	147	78	139			
鹤城区	15	11	4973	4751	12504	4546	561	561	388	92	44	37			
中方县	1		466	1678	5954	1814	122	122	115			7			
沅陵县	4	3	1072	1648	3685	923	194	194	162	8	3	21			
辰溪县	3	1	341	792	1211	283	89	89	85			4			
溆浦县	2		1642	2062	4660	1242	242	242	234	3		5			
会同县			710	953	2517	767	113	113	112			1			
麻阳县	3	1	808	1154	2282	653	147	147	144	2		1			
新晃县	1		473	523	1110	235	97	97	91	5		1			
芷江县	3	1	1534	2260	5748	1615	258	258	211	10	5	32			
靖州县	1		870	1510	3302	896	145	145	131	2	7	5			
通道县	2		644	730	1678	602	125	125	105	7	12	1			
洪江市	6	2	1295	1409	3510	1183	259	259	210	18	7	24			
娄底市	23	10	10793	16160	37926	10669	1816	1816	1555	118	51	92			
娄星区	7	5	4410	4750	13072	3898	374	374	280	30	14	50			
双峰县	1		1042	2679	4850	1093	211	211	203	8					
新化县	6	3	1452	2899	6204	1514	370	370	319	31	12	8			
冷水江市	6	1	2517	3089	7653	2590	608	608	532	35	23	18			
涟源市	3	1	1372	2743	6147	1574	253	253	221	14	2	16			
自治州	28	10	7942	9736	26702	9191	1444	1444	1265	91	58	30			
吉首市	10	6	3808	4385	12608	4893	492	492	416	44	14	18			
泸溪县	2		571	1010	2239	581	195	195	176	3	16				
凤凰县	3	1	612	1230	2752	852	173	173	152	5	16				
花垣县	3	1	723	554	1841	598	128	128	118	6	2	2			
保靖县	2		409	497	1369	415	122	122	115	2		5			
古丈县	2		106	122	360	155	38	38	29	5	3	1			
永顺县	2	1	765	971	2550	743	134	134	116	11	7				
龙山县	4	1	948	967	2983	954	162	162	143	15		4			

占地面积（平方米）	图书（册）	教学仪器设备值（万元）	校舍建筑面积（平方米）
160705	19832	1021.16	84251
106560	75000	110	21225
139867	47599	1382.6	49603
59187	23357	426	34216
33542	17851	456	21072
94271	83000	1001	46111.4
2532542.71	1531665	30119.82	1052088.55
125484	128500	2569	101388
236135	119860	1760.74	119753
193560	220292	4896	204641
426083	98500	943	50316
27577	19200	560	29810
902581.71	425212	8289.78	297012.7
100566	106011	662.64	31338
158981	165600	2839	58425
158996	69260	2442	61250
72100	144500	2050	37488
130479	34730	3107.66	60666.85
1431702.39	1056620	24091.50	693234.8
484495.03	369785	10301.6	279959.49
16377	1319	339	10117.6
89051	31650	1129	48447
40507.2	33418	145.6	9893.66
145671	68600	1416.4	44742
67037	41000	631	19714
27855	57100	721	10957
118874	62537	342.43	65199
142738	171208	4175.89	100005.94
19000	60100	2700	25078
78743.16	41143	631.7	35778.27
201354	118760	1557.88	43342.84
888687	715472	15297.58	530264.76
108899	67950	2391	87599
98167	31180	2720	80260
216900	176409	1326.78	85976.76
345931	309933	5793.8	174790
118790	130000	3066	101639
746436.52	505301	11379.13	335064.61
193637	263651	3307.71	155951
82658.4	4830	1087.79	13656.46
63677	60133	2807.2	47261
77358.44	38000	282	48062.7
59063	30350	230.7	7170
14827	14337	178.73	9211.7
148400	60000	3016	42865
106815.68	34000	469	10886.75

分县区中等职业教育学生分学科情况

单位：人

县区	合计	其中: 农林牧渔类	资源环境类	能源与新能源类	土木水利类	加工制造类	石油化工类	轻纺食品类	交通运输类	信息技术类	医药卫生类	休闲保健类	财经商贸类	旅游服务类	文化艺术类	体育与健身	教育类	司法服务类	公共管理与服务类	其他
合计	669992	24383	234	913	13640	103238	956	3062	57438	157025	32906	3237	89817	46116	54517	7326	54330	148	17291	3415
长沙市	116484	376	82	189	7203	14566		312	11980	17760	12532	635	16308	7516	10981	1893	10604		1789	1758
芙蓉区	2540				244	184				856		225	96	273	89				189	384
天心区	3497				241	158				771	195		555	263	1169				145	
岳麓区	21097				1139	2031		53	1996	3109	925	89	2030	1858	3465	227	3410		139	626
开福区	190													190						
雨花区	25620		82		1922	3413		46	3197	2433	3246	321	4326	1321	1801	993	2217		302	
望城区	13922				621	1394			888	2700	3386		2627	440	690		1129		47	
长沙县	26757	269		189	2681	3128		213	4684	3695	1119		3060	1733	665	673	3848		52	748
浏阳市	7940				136	1203			504	1394	1343		1789	302	884				385	
宁乡市	14921	107			219	3055			711	2802	2318		1825	1326	2028				530	
株洲市	23392	214				2611	355		4228	5553	711		4111	1066	1753		2548		161	81
荷塘区	10284					871			2273	1876	112		1494	415	614		2548			81
芦淞区	668										599				46				23	
石峰区	1740					366	80		778	285			163	68						
天元区	491								316	76				99						
株洲县	883								85	589			16	108	33				52	
攸县	2482	214				574			102	557			493	100	442					
茶陵县	1710								175	802			382	109	156				86	
炎陵县	341								77	196				68						
醴陵市	4793					800	275		422	1172			1563	167	394					
湘潭市	19761	1059		125	273	4107			2547	4128	1120		2186	1291	684		1023		896	322
雨湖区	9983	814			154	2242			952	1815			1215	736	497		968		391	199
岳塘区	1763			75		71			140	56	1120		169	48	33				51	
湘潭县	4810	245			44	951			1088	1009			651	282	154		55		208	123
湘乡市	2767			50	75	779			367	1144			106				246			
韶山市	438					64				104			45	225						
衡阳市	69505	516			1147	11099			8591	15701	6214	756	9852	2704	4594	1093	5775		1293	170
珠晖区	6298					57			564	563	3612	42	715	606					139	
雁峰区	22945	42			371	4110			4126	3462	1193	298	4035	803	581		3896		28	
石鼓区	4956	245			512	416			452	722	902		939	30	229				493	16
蒸湘区	3815					142			822	782	507		232	125	683				522	
南岳区	395					120				83				130					62	
衡阳县	4556	122			246	1239			394	1224			448	34	638	211				
衡南县	3170					1165			54	1309		193	237	58						154
衡山县	3700					1136			194	1605			441	161	37	126				

续表

县区	合计	其中:																		
		农林牧渔类	资源环境类	能源与新能源类	土木水利类	加工制造类	石油化工类	轻纺食品类	交通运输类	信息技术类	医药卫生类	休闲保健类	财经商贸类	旅游服务类	文化艺术类	体育与健身	教育类	司法服务类	公共管理与服务类	其他
衡东县	2218					95			217	1197			144	138	409	18				
祁东县	5226					651			274	1266			504	480	1313	738				
耒阳市	6501					834			648	1717		223	954	139	107		1879			
常宁市	5725	107			18	1134			846	1771			1203		597					49
邵阳市	78301	2393	53		643	9304		806	5410	23132	2389		12763	1739	12313	926	4611		1819	
双清区	6136				169	52			519	2563			796	241	1600	196				
大祥区	22435	512			166	1860				4598			5281	123	5270	13	4611		1	
北塔区	3189									47	2389			143	610					
邵东县	6674					1196		121		1647			713	141	1647	554			655	
新邵县	2754				308	936		260	121	688			417						24	
邵阳县	4069		53			299			365	1996			445		786	125				
隆回县	7900	466				1039		30	1430	2278			1560	175	832				90	
洞口县	9121	964				997			789	3660			1260	250	418				783	
绥宁县	1402					107			324	454			288	114	115					
新宁县	3174	96				283			327	1727			552		151	38				
城步苗族自治县	694							71		486			137							
武冈市	10753	355				2535		324	1535	2988			1866		884				266	
岳阳市	49764	4982	99	599	652	8437	516		2375	12000	784	90	8386	3384	4671	71	2162		556	
岳阳楼区	15589	166	46		89	592			1042	4138	784		4055	1615	1932	48	1034		48	
云溪区	944		34			193	516						201							
君山区	1365				35	239			283				673		50				85	
岳阳县	4798	855				1186				1312			666	336	443					
华容县	3307					702			380	880			453	234	658					
湘阴县	4068	30	53		147	952			271	934			527	406	725	23				
平江县	5519	268				884			162	1863		90	1263	425	141				423	
汨罗市	10212	3663			381	3551				1173			548	368	132		396			
临湘市	3962			565		138			237	1700					590		732			
常德市	46869	1027			657	8397	85	386	4348	9256	615		6937	4152	3341	612	4100		2895	61
武陵区	16839				356	894	77		1762	1871	615		3228	1539	1060	56	4100		1220	61
鼎城区	1273					183			844	72			119	55						
安乡县	2781					152	39		273	935			827	268	287					
汉寿县	6664	67			104	975			1063	1217			1122	624	814	556			122	
澧县	5437	296			197	1895				1109			679	444	722				95	
临澧县	1873					1086		309		478										
桃源县	5824	339				983			217	2146			210	446	383				1100	
石门县	5514	325				2129			189	1125			752	636					358	

续表

县区	合计	其中：																		
		农林牧渔类	资源环境类	能源与新能源类	土木水利类	加工制造类	石油化工类	轻纺食品类	交通运输类	信息技术类	医药卫生类	休闲保健类	财经商贸类	旅游服务类	文化艺术类	体育与健身	教育类	司法服务类	公共管理与服务类	其他
津市市	664					100	46			303			140		75					
张家界市	13563	283			33	2652			1451	2851			825	3704	927	126	348		363	
永定区	5469					1063			508	759			300	2225	37		348		229	
武陵源区	766													766						
慈利县	4556	227				1063			591	1208			252	536	679					
桑植县	2772	56			33	526			352	884			273	177	211	126			134	
益阳市	27773	2541				3299		39	1201	6812	3775	170	2043	2138	988		3142		1137	488
资阳区	3641					547			523	918			448	261	456					488
赫山区	10218	425				167			9	1630	3775			432	302		3036		442	
南县	2432	23				345		39	475	568			616	248			106		12	
桃江县	4142	330				1187				1387			237	638					363	
安化县	4784	1345				710				1217			570	392	230				320	
沅江市	2556	418				343			194	1092		170	172	167						
郴州市	43994	2559			774	8482		101	1879	15205		85	5903	3917	1713		2226		973	177
北湖区	10241	278			212	1711		101	977	1742		85	1678	615	616		2226			
苏仙区	5935	355			204	1244			680	2074			641	737						
桂阳县	6857					1072				3060			2241		324				160	
宜章县	3520					572				1936			417	342	76					177
永兴县	2897	599				594				1149				555						
嘉禾县	2469					519				1616			102		232					
临武县	1975	103				578				804				25	465					
汝城县	2977				358	744				1556				208					111	
桂东县	1397	205							138	747				307						
安仁县	2800	297				756				521			524						702	
资兴市	2926	722				692			84				300	1128						
永州市	67797	4371			579	12849		891	2809	20767	1751	226	7812	3121	4445	162	6162		1779	73
零陵区	11828	1880			213	2309			463	2782	1014		721	607	1624				215	
冷水滩区	6707	191			366	999			725	2066			1188	668	204	90			210	
祁阳县	9006	396				1896				2895		179	2009	471	661				499	
东安县	3215	41				186		53	447	905			850		199	72			462	
双牌县	1329	393				230			144	243	64		29		106		120			
道县	11990	1078				1225				2629			631	47	1051		5329			
江永县	2267	112							522	1231				187	215					
宁远县	5796					929		307	183	3062			746	318	178					73
蓝山县	5164	175				1131		85	325	1757		47	789	172	177		113		393	
新田县	5196					2610				1033	673		280				600			

续表

县区	合计	农林牧渔类	资源环境类	能源与新能源类	土木水利类	加工制造类	石油化工类	轻纺食品类	交通运输类	信息技术类	医药卫生类	休闲保健类	财经商贸类	旅游服务类	文化艺术类	体育与健身	教育类	司法服务类	公共管理与服务类	其他
		其中：																		
江华瑶族自治县	5299	105				1334		446		2164			569	651	30					
怀化市	48161	2286			402	7774			4046	10803	763	478	3547	5076	2808	1559	5581		3038	
鹤城区	12504	89			340	2443			1190	2418	763	85	1188	1455	442	58	1005		1028	
中方县	5954	303				194			235	259				285	402		4276			
沅陵县	3685					743			494	1362		126	182	252	181				345	
辰溪县	1211					410				509				126					166	
溆浦县	4660	622				1274				1339			732	249	444					
会同县	2517					663			344	852			93	173	149				243	
麻阳苗族自治县	2282	358							511	856			57	300	49	64	34		53	
新晃侗族自治县	1110								287	287			76	96	98		266			
芷江侗族自治县	5748	30			62	846			388	1130			344	1080	111	1060			697	
靖州苗族侗族自治县	3302	204				360			201	680		95	575	679	18				490	
通道侗族自治县	1678	75				486				236			189	202	490					
洪江市	3510	605				355			396	875		172	111	305	298	377			16	
娄底市	37926	833			552	7050			2932	8432	2232		6287	2895	2414	641	2974	148	286	250
娄星区	13072	111			324	1544			1916	2629	2232		1283	1143	1322	90		148	80	250
双峰县教育局	4850					1134				1432			1472	741	71					
新化县	6204	197				839			743	1677			1098	485	447	551			167	
冷水江	7653					1958			273	929			1139	185	195		2974			
涟源市	6147	525			228	1575				1765			1295	341	379				39	
湘西州	26702	943			725	2611		527	3641	4625	20	797	2857	3413	2885	243	3074		306	35
吉首市	12608	162			725	1099			1691	1496			1449	1511	1208		3074		193	
泸溪县	2239	98				391			235	440	20		496		559					
凤凰县	2752								508	527		490		618	391	218				
花垣县	1841								418	339		239	549	296						
保靖县	1369	203				500				312		68		11	275					
古丈县	360									118			63	119		25				35
永顺县	2550					48		80	382	847			300	328	452				113	
龙山县	2983	480				573		447	407	546				530						

中等职业教育培训机构学生及教职工情况

单位：人次

项目 数目 类别	学校（所）	教学班点（个）	培训时间（学时）	结业生数 计	结业生数 其中：女	注册学生数 计	注册学生数 其中：女	教职工数 计	教职工数 其中：专任教师	聘请校外教师
总计	809	3694	2891459	222979	89549	231116	107425	6322	4520	1683
职工技术培训学校（机构）	58	1203	2006501	71462	18898	57145	20516	3160	2151	179
教育部门办	32	427	1590452	27680	11912	36337	12028	1894	1363	98
其他部门办	9	483	63149	39705	4671	2513	1128	208	157	12
民办	17	293	352900	4077	2315	18295	7360	1058	631	69
农村成人文化技术培训学校（机构）	469	1113	735949	114920	53075	119139	61954	922	486	983
教育部门办	437	1029	734239	108638	49921	118718	61629	899	468	852
其中：县办	1	23	540	2113	813	2163	813	105	87	
乡办	114	495	685692	68289	28598	60249	31010	575	270	483
村办	322	511	48007	38236	20510	56306	29806	219	111	369
其他部门办	32	84	1710	6282	3154	421	325	23	18	131
民办										
其他培训机构（含社会培训机构）	282	1378	149009	36597	17576	54832	24955	2240	1883	521
教育部门办	1	20	5000	620	285	1100	595	41	36	
其他部门办	11	20	12662	2481	1347	2481	1347	41	33	
民办	270	1338	131347	33496	15944	51251	23013	2158	1814	521
总计中：少数民族	＊	＊	124204	40296	19513	3581	1829	53	50	
培训形式：资格证书培训	＊	＊	1153764	72711	19932	＊	＊	＊	＊	＊
岗位证书培训	＊	＊	1540395	60005	25136	＊	＊	＊	＊	＊
培训对象：党政管理培训	＊	＊	3030	572	308	＊	＊	＊	＊	＊
企业经营管理培训	＊	＊	11600	290	130	＊	＊	＊	＊	＊
专业技术培训	＊	＊	37340	7753	3814	＊	＊	＊	＊	＊
其中：幼儿园教师	＊	＊	140	99	46	＊	＊	＊	＊	＊
中小学教师	＊	＊	1720	742	477	＊	＊	＊	＊	＊
中职学校教师	＊	＊	10992	542	332	＊	＊	＊	＊	＊
高等教育学校教师	＊	＊				＊	＊	＊	＊	＊
职业技能培训	＊	＊	2196104	194001	75921	＊	＊	＊	＊	＊
其中：农村劳动者	＊	＊	2110799	111386	48875	＊	＊	＊	＊	＊
进城务工人员	＊	＊	33349	38785	19366	＊	＊	＊	＊	＊
其他培训	＊	＊	643385	20363	9376	＊	＊	＊	＊	＊
其中：学生	＊	＊	587222	8128	3835	＊	＊	＊	＊	＊
老年人	＊	＊	2675	4345	1515	＊	＊	＊	＊	＊

中等职业教育培训机构资产情况

项目 数目 类别	占地面积（平方米）	教学行政用房建筑面积（平方米）	图书（册）	教学用计算机（台） 计	其中：教学用计算机 计	其中：平板电脑	教室（间） 计	其中：网络多媒体教室	固定资产总值（万元） 计	其中：教学、实习仪器设备资产值
总计	4475332.14	671023.9	1542257	16118	13505	382	4127	967	135363.16	26215.59
职工技术培训学校（机构）	2967848.14	433858.3	866304	12343	10201	265	1318	730	110715.28	20230.59
农村成人文化技术培训学校（机构）	1273298	86860	413147	2658	2306	19	1134	94	8576.88	2251
其他培训机构（含社会培训机构）	234186	150305.6	262806	1117	998	98	1675	143	16071	3734

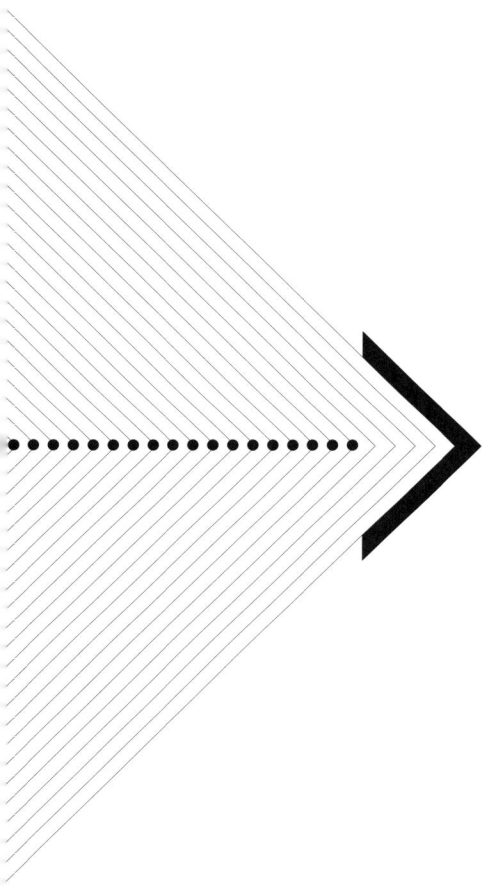

四、基础教育

基础教育校（园）数

单位：所

类别	合计	城区	镇区	乡村
总计	27060	6613	11224	9223
幼儿园	15717	4690	6669	4358
义务教育	10613	1637	4149	4827
小学	7245	1177	2483	3585
初中	3368	460	1666	1242
初级中学	2049	279	1105	665
九年一贯制学校	1319	181	561	577
职业初中				
高中	642	252	353	37
完全中学	213	98	106	9
高级中学	344	115	205	24
十二年一贯制学校	85	39	42	4
特殊教育学校	86	33	52	1
工读学校	2	1	1	

基础教育班数

单位：个

类别	合计	城区	镇区	乡村
总计	293190	84050	135381	73759
学前教育	82517	27970	36330	18217
义务教育	187065	47194	85349	54522
小学	135530	33090	57481	44959
小学	115622	28028	48031	39563
九年一贯制学校	17803	4051	8454	5298
十二年一贯制学校	2105	1011	996	98
初中	51535	14104	27868	9563
初级中学	32912	8149	18771	5992
九年一贯制学校	11974	2599	5983	3392
十二年一贯制学校	2192	1009	1141	42
完全中学	4457	2347	1973	137
职业初中				
高中	22411	8344	13055	1012
完全中学	6192	2585	3365	242
高级中学	14286	4980	8647	659
十二年一贯制学校	1933	779	1043	111
特殊教育	1190	539	643	8
工读学校	7	3	4	

基础教育学生数

单位：人

项目 类别	毕业生数				招生数				在校生数			
	合计	城区	镇区	乡村	合计	城区	镇区	乡村	合计	城区	镇区	乡村
总计	2986730	853488	1554240	579002	2981622	947945	1507044	526633	11285205	3483913	5697303	2103989
学前教育	997220	280341	484318	232561	794812	252854	367664	174294	2276122	760753	1057355	458014
义务教育	1608766	435314	842508	330944	1746683	537036	877979	331668	7770242	2277215	3901146	1591881
小学	839304	226334	419526	193444	895433	288435	413787	193211	5287730	1574357	2542892	1170481
小学	691692	190946	350161	150585	758138	245752	346278	166108	4434430	1338589	2127966	967875
九年一贯制学校	126630	25768	60776	40086	124210	36018	61474	26718	758621	189246	370742	198633
十二年一贯制学校	20982	9620	8589	2773	13085	6665	6035	385	94679	46522	44184	3973
初中	769462	208980	422982	137500	851250	248601	464192	138457	2482512	702858	1358254	421400
初级中学	511966	124292	296585	91089	545623	144435	312750	88438	1605852	411210	922754	271888
九年一贯制学校	156673	34401	78320	43952	191240	46272	98235	46733	544391	125014	278679	140698
十二年一贯制学校	29791	13146	16154	491	37829	17833	19189	807	109912	50592	57332	1988
完全中学	71032	37141	31923	1968	76558	40061	34018	2479	222357	116042	99489	6826
职业初中												
高中	379575	137186	226893	15496	437339	156868	259822	20649	1221359	438904	728547	53908
完全中学	101859	40534	57194	4131	122727	47938	69820	4969	337735	133204	190748	13783
高级中学	247484	83245	154399	9840	274368	93019	167911	13438	777285	263551	479448	34286
十二年一贯制学校	30232	13407	15300	1525	40244	15911	22091	2242	106339	42149	58351	5839
特殊教育	1152	647	504	1	2753	1187	1544	22	17309	6903	10220	186
工读学校	17		17		35		35		173	138	35	

基础教育学校教职工、专任教师数

单位：人

项目 类别	教职工				专任教师			
	合计	城区	镇区	乡村	合计	城区	镇区	乡村
总计	835431	277178	400341	157912	671647	210901	328637	132109
幼儿园	244405	102470	103959	37976	115877	48464	50391	17022
小学	247537	70208	111847	65482	240995	68610	108465	63920
初级中学	126966	31407	71550	24009	120150	29622	67822	22706
九年一贯制学校	88449	19904	42887	25658	82435	18013	40054	24368
职业初中								
完全中学	41561	19504	20726	1331	37616	17466	18873	1277
高级中学	63092	22913	37635	2544	56146	20082	33738	2326
十二年一贯制学校	20646	9188	10562	896	15956	7254	8223	479
特殊教育	2711	1570	1125	16	2423	1384	1028	11
工读学校	64	14	50		49	6	43	

基础教育专任教师数

单位：人

学校类型	专任教师			
	合计	城区	镇区	乡村
总计	671647	210901	328637	132109
幼儿园	115877	48464	50391	17022
义务教育	468933	129068	228179	111686
小学	287097	80265	130629	76203
小学	240995	68610	108465	63920
九年一贯制学校	41410	9387	19878	12145
十二年一贯制学校	4692	2268	2286	138
初中	181836	48803	97550	35483
初级中学	120150	29622	67822	22706
九年一贯制学校	41025	8626	20176	12223
十二年一贯制学校	5830	2671	3055	104
完全中学	14831	7884	6497	450
职业初中				
高中	84365	31979	48996	3390
完全中学	22785	9582	12376	827
高级中学	56146	20082	33738	2326
十二年一贯制学校	5434	2315	2882	237
特殊教育	2423	1384	1028	11
工读学校	49	6	43	

基础教育学校办学条件（总计）

学校类型	学校占地面积（平方米）	校舍建筑面积（平方米）					图书（册）	固定资产总值（万元）	
		计	教学及辅助用房	行政办公用房	生活用房	其他用房		计	其中：仪器设备总值
总计	283432242.53	124442911.18	57681646.92	8701392.07	46832893.51	11226978.68	263731997	14561130.85	1648803.60
幼儿园	29191473.66	19293897.6	14030421.28	1229961.89	1928898.17	2104616.26	23382099	*	*
小学	107093214.6	40202044.62	20073084.1	3153711.72	12559917.41	4415331.39	115532993	4874354.92	611414.42
初级中学	57189556.88	22034734.69	8163824.06	1569783.7	10628443.13	1672683.8	51204393	2660194.42	362977.97
九年一贯制学校	37523732.3	15193253.01	5917594.49	1000806.56	7120300.02	1154551.94	32747536	2464507.26	260059.33
职业初中									
完全中学	14162810.08	7899809.42	2950234.97	550262.37	3839163.28	560148.8	14826317	1255444.40	139268.49
高级中学	29863252.02	14757568.52	4925285.76	867995.65	8119181.3	845105.81	20993650	2245035.72	204894.42
十二年一贯制学校	7274440.18	4586279.25	1412001.61	283978.46	2483636.06	406663.12	4674053	1061594.13	70188.97
特殊教育	1133762.81	475324.07	209200.65	44891.72	153354.14	67877.56	370956	*	*
工读学校	*	*	*	*	*	*	*	*	*

基础教育学校办学条件（城区）

学校类型	学校占地面积（平方米）	校舍建筑面积（平方米）					图书（册）	固定资产总值（万元）	
		计	教学及辅助用房	行政办公用房	生活用房	其他用房		计	其中：仪器设备总值
总计	62296743.82	35753555.13	17842930.99	2503881.98	11323205.35	4083536.81	75791826	5313074.46	557333.13
幼儿园	8928123.3	6978244.88	5147727.85	375687.71	618413.61	836415.71	8777099	*	*
小学	18371145.15	9494206.8	4978244.74	806705.94	2111950.3	1597305.82	33442102	1665419.10	207556.35
初级中学	9878649.73	4717553.91	1992234.41	384690.26	1828896.06	511733.18	11556380	890832.04	98428.23
九年一贯制学校	5999911.02	3110870.42	1352774.43	217015.9	1248832.41	292247.68	6395036	607599.25	60273.05
职业初中									
完全中学	5965726.72	4002502.13	1675929.9	288955.82	1737795.49	299820.92	6294395	754014.17	73742.55
高级中学	9463002.3	5100195.11	1925402.66	300080.2	2596781.66	277930.59	6996422	905781.38	80088.00
十二年一贯制学校	3048665.7	2069737.52	655154.7	106671.81	1086215.22	221695.79	2115429	489428.51	37244.95
特殊教育	641519.9	280244.36	115462.3	24074.34	94320.6	46387.12	214963	*	*
工读学校	*	*	*	*	*	*	*	*	*

基础教育学校办学条件（镇区）

学校类型	学校占地面积（平方米）	校舍建筑面积（平方米）					图书（册）	固定资产总值（万元）	
		计	教学及辅助用房	行政办公用房	生活用房	其他用房		计	其中：仪器设备总值
总计	140389706.48	60761903.06	26918869.16	4077467.79	25040012.8	4725553.31	132266509	6914521.91	799643.74
幼儿园	13078719.51	8746743.04	6392730.86	581911.14	881316.69	890784.35	10409651	*	*
小学	43523756.17	16687798.72	8189208.7	1220502.64	5742955.7	1535131.68	52516462	1948813.43	259792.17
初级中学	33604480.59	12474574.73	4559170.55	819583.02	6331557.11	764264.05	29600599	1354613.76	199313.049
九年一贯制学校	19130894.84	7653812.1	2929663.18	508309.29	3659974.87	555864.76	16075127	1313671.29	131384.68
职业初中									
完全中学	7610883.41	3689631.89	1214420.56	242079.92	1978024.93	255106.48	7888586	474578.67	61096.33
高级中学	19263158.59	9111254.44	2870241.05	540440.75	5164967.42	535605.22	13326467	1283608.14	119004.09
十二年一贯制学校	3706280.48	2205569.73	671117.91	144138.65	1222806.84	167506.33	2293624	539236.62	29053.42
特殊教育	471532.89	192518.41	92316.35	20502.38	58409.24	21290.44	155993	*	*
工读学校	*	*	*	*	*	*	*	*	*

基础教育学校办学条件（乡村）

学校类型	学校占地面积（平方米）	校舍建筑面积（平方米）					图书（册）	固定资产总值（万元）	
		计	教学及辅助用房	行政办公用房	生活用房	其他用房		计	其中：仪器设备总值
总计	80745792.23	27927452.99	12919846.77	2120042.3	10469675.36	2417888.56	55673662	2333534.47	291826.72
幼儿园	7184630.85	3568909.68	2489962.57	272363.04	429167.87	377416.2	4195349	*	*
小学	45198313.28	14020039.1	6905630.66	1126503.14	4705011.41	1282893.89	29574429	1260122.38	144065.90
初级中学	13706426.56	4842606.05	1612419.1	365510.42	2467989.96	396686.57	10047414	414748.61	65236.69
九年一贯制学校	12392926.44	4428570.49	1635156.88	275481.37	2211492.74	306439.5	10277373	543236.72	68401.59
职业初中									
完全中学	586199.95	207675.4	59884.51	19226.63	123342.86	5221.4	643336	26851.56	4429.61
高级中学	1137091.13	546118.97	129642.05	27474.7	357432.22	31570	670761	55646.2	5802.33
十二年一贯制学校	519494	310972	85729	33168	174614	17461	265000	32929	3890.6
特殊教育	20710.02	2561.3	1422	315	624.3	200		*	*
工读学校	*	*	*	*	*	*	*	*	*

基础教育分县（区）校（园）数

单位：所

县（区）	合计	学前教育	义务教育	小学	初中	初级中学	九年一贯制学校	高中	完全中学	高级中学	十二年一贯制学校	特殊教育学校
湖南省	27060	15717	10613	7245	3368	2049	1319	642	213	344	85	86
长沙市												
芙蓉区	163	118	41	37	4	4		4	4			
天心区	203	137	60	51	9	7	2	6	3	3		
岳麓区	333	211	105	81	24	15	9	16	11	4	1	1
开福区	226	154	65	52	13	10	3	7	4	2	1	
雨花区	326	228	84	72	12	10	2	14	12	1	1	
长沙县	296	181	108	82	26	17	9	7	2	4		1
望城县	511	325	174	136	38	29	9	10	1	8		1
浏阳市	768	487	265	213	52	43	9	15	1	13	1	1
宁乡市	579	309	257	185	72	62	10	12	1	10	1	1
株洲市												
荷塘区	146	114	27	20	7	5	2	5	1	4		
芦淞区	128	94	30	21	9	6	3	3		3		1
石峰区	94	69	22	15	7	4	3	3	1	2		
天元区	147	104	40	32	8	7	1	3		1	2	
株洲县	113	67	42	23	19	4	15	4	1	3		
攸 县	257	164	85	60	25	23	2	7	3	1	3	1
茶陵县	254	192	57	35	22	17	5	4		3	1	1
炎陵县	81	52	27	10	17	7	10	2		2		
醴陵市	490	298	184	142	42	30	12	7	2	4	1	1
湘潭市												
雨湖区	204	140	58	45	13	8	5	6	3	3		
岳塘区	145	106	34	26	8	6	2	4	3	1	1	1
湘潭县	458	248	200	140	60	49	11	9	2	7		1
湘乡市	419	211	200	150	50	27	23	7	5	2	1	1
韶山市	39	20	18	10	8	2	6	1		1		

续表

县（区）	合计	学前教育	义务教育	小学	初中	初级中学	九年一贯制学校	高中	完全中学	高级中学	十二年一贯制学校	特殊教育学校
衡阳市												
珠晖区	122	71	46	37	9	7	2	4		4		1
雁峰区	99	59	36	27	9	6	3	4	3	1		
石鼓区	85	48	35	28	7	6	1	2	1	1		
蒸湘区	179	131	44	36	8	7	1	4	2	1	1	
南岳区	31	17	13	10	3	2	1	1		1		
衡阳县	489	149	332	259	73	61	12	7		6	1	1
衡南县	350	153	188	139	49	34	15	9	4	5		
衡山县	155	77	73	44	29	15	14	5	1	4		
衡东县	263	140	117	76	41	28	13	6	4	2		
祁东县	380	188	184	132	52	29	23	7	3	2	2	1
耒阳市	543	296	236	177	59	38	21	8		4	4	3
常宁市	308	169	132	82	50	33	17	6		5	1	1
邵阳市												
双清区	135	82	44	35	9	7	2	9	4	3	2	
大祥区	144	86	49	37	12	12		7	3	2	2	
北塔区	44	25	18	14	4	3	1	1			1	
邵东县	408	155	244	184	60	41	19	8	1	5	2	1
新邵县	292	79	203	164	39	24	15	9	2	6	1	1
邵阳县	262	95	161	114	47	32	15	5		5	1	
隆回县	644	455	180	115	65	40	25	8	4	3	1	1
洞口县	320	124	188	138	50	36	14	7	1	5	1	1
绥宁县	182	131	46	29	17	6	11	4	1	2	1	1
新宁县	181	96	79	50	29	20	9	5	3	1	1	1
城步苗族自治县	97	53	41	20	21	7	14	2		2		1
武冈市	356	243	102	64	38	21	17	10	4	2	4	1
岳阳市												
岳阳楼区	443	325	104	78	26	18	8	13	5	8		1
云溪区	71	39	30	22	8	5	3	2		2		
君山区	73	36	35	29	6	6		2		2		
岳阳县	281	182	93	66	27	19	8	5		5		1
华容县	211	94	110	82	28	20	8	6		6		1
湘阴县	214	98	109	67	42	23	19	6		6		1
平江县	426	207	211	160	51	41	10	7	3	4		1
汨罗市	273	130	135	94	41	25	16	7	1	6		1
临湘市	200	131	66	41	25	21	4	3	2	1		
常德市												
武陵区	221	152	58	39	19	9	10	10	6	1	3	1
鼎城区	217	142	68	34	34	16	18	7	1	5	1	
安乡县	111	77	30	9	21	4	17	3		3		1
汉寿县	221	125	91	61	30	15	15	5	3	1	1	
澧县	252	147	99	72	27	17	10	5		4		1
临澧县	137	69	66	48	18	17	1	2		2		
桃源县	278	165	106	62	44	18	26	6	2	4		1
石门县	219	100	114	83	31	24	7	5		5		
津市市	71	43	25	16	9	7	2	2		2		1
张家界市												
永定区	224	155	62	40	22	12	10	4	2	2		3
武陵源区	21	13	7	5	2		2	1	1			
慈利县	145	76	63	30	33	20	13	5		4	1	1
桑植县	121	65	51	21	30	10	20	4	2	1	1	1
益阳市												
资阳区	149	93	52	42	10	9	1	3		3	1	
赫山区	318	198	111	76	35	17	18	8		6	2	1
南　县	238	133	98	72	26	26		6	1	4	1	1

续表

县（区）	合计	学前教育	义务教育	小学	初中	初级中学	九年一贯制学校	高中	完全中学	高级中学	十二年一贯制学校	特殊教育学校
桃江县	305	165	133	91	42	34	8	6	1	4	1	1
安化县	222	100	115	74	41	30	11	6		6		1
沅江市	215	133	75	51	24	10	14	6	3	2	1	1
郴州市												
北湖区	251	187	56	34	22	6	16	7	3	2	2	1
苏仙区	178	131	41	21	20	6	14	4	1	1	2	2
桂阳县	274	180	87	49	38	32	6	6	2	4		1
宜章县	183	96	81	45	36	24	12	5	1	3	1	1
永兴县	257	139	112	85	27	5	22	5	3	1	1	1
嘉禾县	129	79	47	21	26	15	11	2	1	1		1
临武县	141	80	58	41	17	14	3	2	1	1		1
汝城县	140	101	34	13	21	9	12	4		3	1	1
桂东县	85	42	39	28	11	5	6	2	1	1		2
安仁县	127	77	46	23	23	19	4	4		3	1	
资兴市	133	84	46	26	20	8	12	2		2		1
永州市												
零陵区	259	168	86	61	25	15	10	4		4		1
冷水滩区	310	232	72	38	34	11	23	5	1	4		1
祁阳县	345	198	141	100	41	30	11	5	2	1	2	1
东安县	262	192	66	35	31	24	7	3	1	1	1	1
双牌县	83	55	27	14	13	6	7	1		1		
道　县	291	203	83	49	34	25	9	4		2	2	1
江永县	130	94	33	18	15	6	9	3	2	1		
宁远县	332	226	100	63	37	27	10	5	2	2	1	1
蓝山县	151	102	46	19	27	10	17	2		2		1
新田县	184	134	47	22	25	13	12	3		2	1	
江华瑶族自治县	154	78	73	50	23	18	5	2		2		1
怀化市												
鹤城区	222	147	57	32	25	8	17	17	1	10	6	1
中方县	63	29	31	11	20	6	14	3	1	1	1	
沅陵县	178	115	58	14	44	4	40	4	4			1
辰溪县	116	66	44	15	29	8	21	5	4		1	1
溆浦县	227	137	81	30	51	24	27	8	4	3	1	1
会同县	94	49	41	17	24	12	12	3	3			1
麻阳苗族自治县	117	69	45	23	22	16	6	2	1	1		1
新晃侗族自治县	64	24	38	17	21	11	10	2	1	1		
芷江侗族自治县	89	37	49	22	27	15	12	2	1	1		1
靖州苗族侗族自治县	93	62	30	15	15	11	4	1	1			
通道侗族自治县	81	45	34	24	10	8	2	2	1	1		
洪江市	94	42	46	18	28	7	21	6	3	3		
娄底市												
娄星区	316	207	100	75	25	13	12	8	6		2	1
双峰县	356	126	220	167	53	32	21	9	2	5	2	1
新化县	589	236	340	239	101	55	46	11	6	4	1	2
冷水江市	149	73	72	45	27	10	17	3		2	1	1
涟源市	434	176	250	200	50	37	13	7	1	5	1	1
湘西州												
吉首市	146	98	42	26	16	11	5	5	2	2	1	1
泸溪县	91	53	35	20	15	7	8	3	2	1		
凤凰县	135	82	47	29	18	8	10	5	2	3		1
花垣县	93	47	43	23	20	8	12	3	1	2		
保靖县	81	36	42	28	14	6	8	3	3			
古丈县	105	83	21	10	11	2	9	1	1			
永顺县	185	114	65	31	34	11	23	5	3	2		1
龙山县	217	142	70	45	25	11	14	4	1	3		1

基础教育分县（市）学生数

县（市）名称	总计	学前教育	义务教育				
			合计	小学			
				小计	小学及教学点	九年一贯制学校	十二年一贯制学校
湖南省	11285205	2276122	7770242	5287730	4434430	758621	94679
长沙市							
芙蓉区	85188	24926	53898	42004	42004		
天心区	101759	25672	63797	48498	45475	3023	
岳麓区	211678	48021	143677	101352	90109	10244	999
开福区	110893	31562	69473	48013	43194	4406	413
雨花区	191231	40170	129580	88245	82669	4540	1036
望城区	117102	31221	73612	54749	36967	16437	1345
长沙县	193074	52869	124507	92694	86302	6145	247
宁乡县	244245	60292	157410	108841	103622	3825	1394
浏阳市	184795	39855	120813	82110	78004	3072	1034
株洲市							
荷塘区	67165	17283	42534	28289	26075	2214	
芦淞区	54286	15613	32920	24853	23065	1788	
石峰区	38388	12075	23116	17326	14436	2890	
天元区	69230	18431	45374	33473	29905	245	3323
株洲县	33138	6726	19918	13593	10767	2826	
攸　县	107621	20000	74139	51066	46631	1136	3299
茶陵县	96328	18580	68187	48711	38936	7830	1945
炎陵县	26026	4992	18628	13155	8140	5015	
醴陵市	148190	39019	96839	68942	63059	5472	411
湘潭市							
雨湖区	69485	18271	44737	34524	30939	3585	
岳塘区	55537	16114	33309	24347	22502	1845	
湘潭县	117975	22539	77522	48781	45425	3356	
湘乡市	104289	21077	69300	46572	39913	6659	
韶山市	11591	3544	7243	5631	3455	2176	
衡阳市							
珠晖区	41824	9220	26740	21315	20151	1164	
雁峰区	49814	8896	33389	19578	17845	1733	
石鼓区	34910	7208	24135	18623	17215	1408	
蒸湘区	82731	20824	53967	38486	35432	1520	1534
南岳区	15675	2932	11810	8162	8080	82	
衡阳县	144388	24313	99707	64384	57131	6276	977
衡南县	148379	25113	100117	62891	58386	4505	
衡山县	59175	9655	42253	28710	24724	3986	
衡东县	110822	23882	76362	53383	45090	8293	
祁东县	153275	30352	102921	66385	58720	6999	666
耒阳市	250276	45250	178907	121006	100959	7225	12822
常宁市	144817	21112	105777	69767	62254	7513	
邵阳市							
双清区	54103	11625	34079	23337	22485	852	
大祥区	70345	12779	48252	32553	32273		280
北塔区	20526	4763	14925	9769	7056	549	2164
邵东县	187921	25454	140146	87466	75902	8270	3294
新邵县	114487	19643	79798	52245	47149	5096	
邵阳县	116421	17295	86620	55294	51361	1764	2169

单位：人

初中					高中				特殊教育	工读学校
小计	初级中学	九年一贯制学校	十二年一贯制学校	完全中学	小计	完全中学	高级中学	十二年一贯制学校		
2482512	1605852	544391	109912	222357	1221359	337735	777285	106339	17309	173
11894	7602			4292	6364	6364				
15299	9577	1226		4496	12290	2339	9951			
42325	20408	4431	1107	16379	19451	13094	6101	256	529	
21460	10887	5214	59	5300	9858	3165	6666	27		
41335	15516	2275	1126	22418	21481	16347	3705	1429		
18863	8663	7214	1468	1518	12269	2540	7063	2666		
31813	27162	3535	1116		15544	1159	12880	1505	119	35
48569	42842	3848	927	952	26327	1156	23906	1265	216	
38703	33540	2604	1234	1325	23829	2440	19378	2011	298	
14245	12541	1034		670	7348	390	6958			
8067	5456	2611			5534		5534		219	
5790	3769	2000		21	3197	491	2706			
11901	10147	330	1424		5425		3340	2085		
6325	2869	2988		468	6475	1010	5465		19	
23073	15380	530	4999	2164	13229	5450	3352	4427	253	
19476	13378	4465	1633		9401		7473	1928	160	
5473	2885	2588			2406		2406			
27897	23314	3895	157	531	12150	871	11279		182	
10213	6495	474		3244	6477	2364	4113			
8962	6266	1089		1607	5870	4895	975		244	
28741	23652	2725		2364	17846	2193	15653		68	
22728	7234	6176		9318	13792	6599	7193		120	
1612	890	722			804		804			
5425	5158	267			5527		5527		337	
13811	8585	4234		992	7529	4120	3409			
5512	4568	60		884	3567	1816	1751			
15481	11909	740	1245	1587	7940	3282	3479	1179		
3648	3456	192			933		933			
35323	31076	3792	455		20000		17775	2225	368	
37226	30878	5072		1276	23149	9505	13644			
13543	9035	3513		995	7267	1073	6194			
22979	13911	6115		2953	10578	7504	3074			
36536	20741	9008	3791	2996	19903	8931	6473	4499	99	
57901	31323	12303	14275		25625		14797	10828	494	
36010	27393	6585	2032		17648		15304	2344	280	
10742	5080	324	74	5264	8399	3786	1844	2769		
15699	13595		121	1983	8914	3100	5436	378	262	138
5156	2412	397	2347		838		838			
52680	39072	6736	5010	1862	21966	2234	14286	5446	355	
27553	19403	8022		128	14950	1789	12586	575	96	
31326	25938	2138	3250		12167		9017	3150	339	

续表

县（市）名称	总计	学前教育	义务教育				
			合计	小学			
				小计	小学及教学点	九年一贯制学校	十二年一贯制学校
隆回县	221255	33338	166230	108383	83383	21350	3650
洞口县	144514	21633	105586	68183	59937	6992	1254
绥宁县	50780	8635	37359	24977	17351	7086	540
新宁县	99564	16495	74068	49545	44051	3828	1666
城步苗族自治县	42347	6653	32483	22355	16592	5763	
武冈市	130362	20827	93794	58880	43263	7937	7680
岳阳市							
岳阳楼区	165922	42108	107300	74994	69714	5280	
云溪区	23241	5197	13487	9873	8156	1717	
君山区	25181	6145	16141	11470	11470		
岳阳县	88042	18811	59238	41550	37657	3893	
华容县	69309	15646	45450	30928	25286	5642	
湘阴县	78181	15672	51040	33793	23119	10674	
平江县	161175	31604	112895	75780	65866	9914	
汨罗市	96408	20347	65935	45047	35486	9561	
临湘市	78621	18485	51357	34629	33183	1446	
常德市							
武陵区	98820	21537	65202	45702	32739	8403	4560
鼎城区	76690	19025	49337	34761	26445	7270	1046
安乡县	42752	8931	28385	18767	8981	9786	
汉寿县	98882	19730	69006	46973	29012	14177	3784
澧县	97795	20314	66569	45864	36736	9128	
临澧县	49378	9977	32992	22602	21398	1204	
桃源县	109557	21572	75725	51445	36129	15316	
石门县	74215	15300	49758	34051	29319	4732	
津市市	19832	4762	12531	8811	7660	1151	
张家界市							
永定区	83129	18088	56794	38867	34797	4070	
武陵源区	10004	2038	6894	4545	3662	883	
慈利县	80639	15764	54982	36852	31223	5517	112
桑植县	70198	12069	49669	32748	19990	11828	930
益阳市							
资阳区	49987	11340	32094	22657	20927	822	908
赫山区	143434	32864	90650	63352	47809	12882	2661
南县	77020	17775	51323	36111	35067		1044
桃江县	106478	20924	72183	48280	45070	2414	796
安化县	125299	22884	91444	62058	56428	5630	
沅江市	74576	18370	48386	33994	29584	3117	1293
郴州市							
北湖区	137239	25401	96746	64523	48522	13400	2601
苏仙区	84703	15894	59065	41092	27764	11859	1469
桂阳县	141992	21302	104485	69114	65344	3770	
宜章县	125006	19302	93302	61501	48168	13333	
永兴县	112144	19976	81887	53138	36869	15001	1268
嘉禾县	69325	11130	51260	33061	25610	7451	
临武县	80354	10910	59272	39259	34397	4862	
汝城县	77873	13416	55953	37235	26351	10225	659

初中					高中				特殊教育	工读学校
小计	初级中学	九年一贯制学校	十二年一贯制学校	完全中学	小计	完全中学	高级中学	十二年一贯制学校		
57847	36111	18550	1689	1497	21467	9746	10592	1129	220	
37403	28952	5975	1621	855	16948	2013	12263	2672	347	
12382	6232	3885	1439	826	4663	1951	2486	226	123	
24523	16935	2095	1695	3798	8927	4141	2619	2167	74	
10128	4114	4338		1676	3046	3046			165	
34914	14905	7464	9726	2819	15432	2959	6532	5941	309	
32306	26310	3616		2380	16317	5572	10745		197	
3614	3205	409			4557		4557			
4671	4671				2895		2895			
17688	13243	4445			9810		9810		183	
14522	10072	4450			8008		8008		205	
17247	8953	8294			11283		11283		186	
37115	27561	8153		1401	16352	6166	10186		324	
20888	13724	6466		698	9919	840	9079		207	
16728	14791	802		1135	8779	5344	3435			
19500	7827	5128	2531	4014	11662	7517	2391	1754	419	
14576	9422	2936	1097	1121	8328	1231	5697	1400		
9618	4372	5246			5246		5246		190	
22033	8159	8316	2692	2866	10146	5695	3141	1310		
20705	15421	5040		244	10837	578	10259		75	
10390	8515	1875			6409		6409			
24280	14671	8412		1197	11960	4313	7647		300	
15707	13293	2414			9157		9157			
3720	3358	362			2401		2401		138	
17927	12637	3012		2278	8030	2625	5405		217	
2349		512		1837	1072	1072				
18130	14587	3427	116		9699		9358	341	194	
16921	7111	7570	658	1582	8292	4397	3511	384	168	
9437	7914	92	1431		6553		6270	283		
27298	13638	12212	1448		19690		15916	3774	230	
15212	10862		1920	2430	7575	1169	5100	1306	347	
23903	20390	1239	1602	672	13191	1302	10304	1585	180	
29386	24763	4623			10730		10730		241	
14392	8774	2195	1217	2206	7741	2193	4958	590	79	
32223	14938	11157	2435	3693	14977	5165	8227	1585	115	
17973	8077	6405	2298	1193	9285	3646	3952	1687	459	
35371	29683	3411		2277	15759	2884	12875		446	
31801	22796	8829		176	12236	3254	8982		166	
28749	9252	16759	357	2381	10025	6056	3342	627	256	
18199	9201	6212		2786	6747	3426	3321		188	
20013	15607	4406			10000	4780	5220		172	
18718	11294	6917	507		8394		7971	423	110	

续表

县（市）名称	总计	学前教育	义务教育				
			合计	小学			
				小计	小学及教学点	九年一贯制学校	十二年一贯制学校
桂东县	29352	5758	20290	13446	9589	3857	
安仁县	72841	13084	51314	34353	28567	5010	776
资兴市	51448	10232	36220	24857	21347	3510	
永州市							
零陵区	101450	20657	69674	45613	41207	4406	
冷水滩区	128008	26487	89511	59273	44849	14424	
祁阳县	150561	24538	108698	69154	63015	5062	1077
东安县	95336	22189	63596	44327	35901	7203	1223
双牌县	24380	5058	17250	11660	9965	1695	
道　县	139117	28267	98453	64517	59693	4824	
江永县	52538	10605	37673	25306	19128	6178	
宁远县	146563	27393	104929	66406	62852	2800	754
蓝山县	71449	14684	51444	33972	21261	12711	
新田县	81827	19726	54167	35103	28858	5815	430
江华瑶族自治县	96206	18768	69928	49380	46226	3154	
怀化市							
鹤城区	146979	30310	96845	68080	50025	14897	3158
中方县	34328	7806	23240	16615	9112	7289	214
沅陵县	81245	16597	56742	37429	20347	17082	
辰溪县	66055	13842	45809	31360	20462	10028	870
溆浦县	143005	27869	102837	70397	52576	14183	3638
会同县	51806	10094	36697	24826	19912	4914	
麻阳苗族自治县	58528	11698	40847	28476	26856	1620	
新晃侗族自治县	38340	6390	27553	18915	13471	5444	
芷江侗族自治县	47242	8526	34363	23009	19584	3425	
靖州苗族侗族自治县	41169	8936	28618	20373	19131	1242	
通道侗族自治县	36536	7593	25799	17943	16544	1399	
洪江市	54504	11753	36851	25943	17010	8933	
娄底市							
娄星区	158597	30682	107874	74985	50774	22676	1535
双峰县	123207	19493	87107	56832	45627	8891	2314
新化县	245488	40918	182241	129427	101236	27594	597
冷水江市	71574	11339	52436	35814	16592	19026	196
涟源市	130526	23336	90027	61667	54831	6264	572
湘西州							
吉首市	78661	17467	51659	36422	34589	1781	52
泸溪县	46116	9139	31718	21766	17758	4008	
凤凰县	67970	14193	47549	32591	26086	6505	
花垣县	53532	9959	38480	27495	21508	5987	
保靖县	38736	7350	27011	18405	16234	2171	
古丈县	17537	3823	11697	8262	5965	2297	
永顺县	84687	18401	56661	38496	30661	7835	
龙山县	96435	19803	67739	47962	40759	7203	

初中					高中				特殊教育	工读学校
小计	初级中学	九年一贯制学校	十二年一贯制学校	完全中学	小计	完全中学	高级中学	十二年一贯制学校		
6844	3194	2695		955	3280	968	2312		24	
16961	12069	3272	1620		8418		7291	1127	25	
11363	9235	2128			4751		4751		245	
24061	19400	4661			10922		10922		197	
30238	15183	15055			11900	2647	9253		110	
39544	30761	6144	1853	786	16873	8347	4185	4341	452	
19269	13408	2482	2938	441	9359	2912	3969	2478	192	
5590	4225	1365			2072		2072			
33936	27825	4249	1862		12309		9166	3143	88	
12367	4848	3403		4116	4260	1420	2840			
38523	28036	3490	1942	5055	13511	5576	7423	512	730	
17472	7963	9509			5140		5140		181	
19064	14201	4250	613		7934		7379	555		
20548	18030	2518			7456		7456		54	
28765	15371	7056	3870	2468	19657	3323	13880	2454	167	
6625	2165	3801	351	308	3282	697	2337	248		
19313	4256	9842		5215	7826	7826			80	
14449	4024	5563	1387	3475	6218	5171		1047	186	
32440	20040	9310	2247	843	12002	6505	4675	822	297	
11871	6415	2818		2638	4896	4896			119	
12371	10915	821		635	5808	2445	3363		175	
8638	4198	3901		539	4397	2412	1985			
11354	7536	3508		310	4046	3706	340		307	
8245	6757	465		1023	3615	3615				
7856	4934	1985		937	3144	2623	521			
10908	3823	5157		1928	5900	2620	3280			
32889	4356	11259	703	16571	19779	16154		3625	262	
30275	16441	8999	3331	1504	16452	2205	11296	2951	155	
52814	31814	14742	1194	5064	22233	7713	14152	368	96	
16622	8387	7914	321		7644		7252	392	155	
28360	20981	6067	1119	193	16907	2694	13204	1009	256	
15237	12009	1000	232	1996	9364	3752	5359	253	171	
9952	5348	2327		2277	5259	2309	2950			
14958	7781	4979		2198	6130		6130		98	
10985	3778	4644		2563	5093	1004	4089			
8606	2103	1247		5256	4375	4375				
3435	149	1959		1327	2017	2017				
18165	9384	5682		3099	9537	4105	5432		88	
19777	14162	5003		612	8781	610	8171		112	

幼儿园分市、州园数

单位：所

市州名称	合计	城区									镇区									乡村								
		计	教育部门	其他部门	地方企业	事业单位	部队	集体	民办	其中:普惠性幼儿教育	计	教育部门	其他部门	地方企业	事业单位	部队	集体	民办	其中:普惠性幼儿教育	计	教育部门	其他部门	地方企业	事业单位	部队	集体	民办	其中:普惠性幼儿教育
总计	15717	4690	421	47	22	23	8	2	4167	2466	6669	1286	10	1	38	0	37	5297	3540	4358	1016	1	0	47	1	70	3223	2043
其中:少数民族幼儿园	204	4	0	0	0	0	0	0	4	3	138	21	2	0	0	0	0	115	69	62	30	0	0	0	0	1	31	17
长沙市	2150	1213	187	33	6	15	3	1	968	622	558	135	3	0	23	0	1	396	283	379	184	0	0	43	0	6	146	125
株洲市	1154	483	35	1	5	0	0	0	442	242	393	70	0	0	0	0	0	323	230	278	79	0	0	0	0	0	199	153
湘潭市	725	243	21	0	0	1	0	0	221	131	237	24	0	0	1	0	0	212	138	245	53	0	0	0	0	0	192	148
衡阳市	1498	479	30	7	0	1	3	1	437	293	638	86	0	0	12	0	0	540	376	381	60	0	0	0	3	1	317	226
邵阳市	1624	237	9	1	0	0	0	0	227	125	796	126	1	0	0	0	0	669	467	591	60	1	0	1	0	0	529	202
岳阳市	1242	436	40	1	1	2	0	0	392	220	454	90	0	1	0	0	15	348	231	352	57	0	0	0	0	45	250	181
常德市	1020	215	15	0	2	2	0	0	196	105	505	174	0	0	0	0	0	331	191	300	75	0	0	0	0	0	225	99
张家界市	309	121	13	0	0	1	0	0	107	57	109	35	0	0	0	0	0	74	55	79	31	0	0	0	0	0	48	39
益阳市	822	187	8	0	1	0	0	0	178	100	365	87	0	0	2	0	0	276	206	270	58	0	0	0	0	0	212	174
郴州市	1196	302	23	2	1	0	0	0	276	139	612	135	1	0	0	0	0	476	299	282	96	0	0	0	0	0	186	113
永州市	1682	281	16	2	0	0	0	0	263	175	922	148	1	0	0	0	14	759	480	479	123	0	0	0	0	2	354	247
怀化市	822	166	9	0	2	0	0	2	153	85	397	67	2	0	0	0	7	321	220	259	66	0	0	0	0	17	176	102
娄底市	818	260	11	0	5	0	0	0	244	135	248	39	0	0	0	0	0	208	142	310	44	0	0	0	0	0	266	195
湘西州	655	67	4	0	0	0	0	0	63	37	435	70	1	0	0	0	0	364	222	153	30	0	0	0	0	0	123	39

学前教育幼儿数（总计）

单位：人

类别	入园（班）人数					在园（班）人数						离园（班）人数
	合计	托班	小班	中班	大班	合计	其中：女	托班	小班	中班	大班	
总计	794812	36547	436651	141413	180201	2276122	1070190	39981	507872	708021	1020248	997220
其中：女	375048	17058	207071	66555	84364	1070190	*	18366	238939	332019	480866	462729
教育部门	193980	2585	108429	34929	48037	511351	242963	2734	115117	157886	235614	199135
其他部门	7001	209	5465	608	719	19651	9090	209	5670	6655	7117	6305
地方企业	1937	28	1513	219	177	5931	2858	28	1642	2052	2209	1786
事业单位	60344	301	8695	5422	45926	103702	49217	333	9161	15187	79021	73135
部队	351	51	266	11	23	1123	513	51	295	332	445	438
集体	4092	88	3495	392	117	15316	6942	88	3499	5139	6590	6182
民办	527107	33285	308788	99832	85202	1619048	758607	36538	372488	520770	689252	710239
其中：普惠性民办幼儿园	336038	19170	199775	64836	52257	1078288	506138	21165	237907	348476	470740	500689
城区	252854	21417	149702	41634	40101	760753	357212	23421	191573	241268	304491	280341
教育部门	42918	810	29013	6704	6391	112204	52872	835	31474	36561	43334	33221
其他部门	5923	161	4868	457	437	16732	7762	161	5073	5700	5798	5190
地方企业	1686	28	1262	219	177	5086	2460	28	1391	1764	1903	1540
事业单位	3106	121	1960	229	796	8147	3714	146	2221	2291	3489	3422
部队	336	51	259	4	22	1102	497	51	288	322	441	425
集体	50		50			180	76		50	60	70	126
民办	198835	20246	112290	34021	32278	617302	289831	22200	151076	194570	249456	236417
其中：普惠性民办幼儿园	113134	10946	63941	19733	18514	370581	174468	12168	86194	116852	155367	154373
镇区	367664	12187	205192	70202	80083	1057355	496310	13400	227883	334200	481872	484318
教育部门	103840	1319	56622	18941	26958	275767	131397	1348	59463	85674	129282	114955
其他部门	958	48	597	101	212	2799	1267	48	597	905	1249	1115
地方企业	251		251			845	398		251	288	306	246
事业单位	19222	153	3723	2034	13312	36101	17220	159	3867	6374	25701	24683
部队												
集体	1742	88	1275	269	110	5870	2638	88	1277	1992	2513	2028
民办	241651	10579	142724	48857	39491	735973	343390	11757	162428	238967	322821	341291
其中：普惠性民办幼儿园	159362	6165	94920	32732	25545	504218	235642	6848	106699	164302	226369	245386
乡村	174294	2943	81757	29577	60017	458014	216668	3160	88416	132553	233885	232561
教育部门	47222	456	22794	9284	14688	123380	58694	551	24180	35651	62998	50959
其他部门	120			50	70	120	61			50	70	
地方企业												
事业单位	38016	27	3012	3159	31818	59454	28283	28	3073	6522	49831	45030
部队	15		7	7	1	21	16		7	10	4	13
集体	2300		2170	123	7	9266	4228		2172	3087	4007	4028
民办	86621	2460	53774	16954	13433	265773	125386	2581	58984	87233	116975	132531
其中：普惠性民办幼儿园	63542	2059	40914	12371	8198	203489	96028	2149	45014	67322	89004	100930

学前教育幼儿数（幼儿园）

单位：人

类别	入园（班）人数					在园（班）人数						离园（班）人数
	合计	托班	小班	中班	大班	合计	其中：女	托班	小班	中班	大班	
总计	723247	36393	429461	136151	121242	2155540	1012621	39805	500452	694167	921116	902285
其中：女	340962	16995	203631	64109	56227	1012621	*	18303	235400	325489	433429	417842
教育部门	177414	2557	106838	34060	33959	481728	228710	2689	113463	155250	210326	174199
其他部门	6802	209	5294	595	704	19216	8883	209	5499	6521	6987	6215
地方企业	1937	28	1513	219	177	5931	2858	28	1642	2052	2209	1786
事业单位	6778	191	3642	1228	1717	15328	7092	223	3961	4585	6559	5151
部队	351	51	266	11	23	1123	513	51	295	332	445	438
集体	4092	88	3495	392	117	15316	6942	88	3499	5139	6590	6182
民办	525873	33269	308413	99646	84545	1616898	757623	36517	372093	520288	688000	708314
其中：普惠性民办幼儿园	336038	19170	199775	64836	52257	1078288	506138	21165	237907	348476	470740	500689
城区	250881	21401	149067	41408	39005	757495	355709	23400	190918	240482	302695	278314
教育部门	42318	810	28928	6601	5979	111562	52562	835	31389	36458	42880	32789
其他部门	5768	161	4713	457	437	16377	7594	161	4918	5596	5702	5152
地方企业	1686	28	1262	219	177	5086	2460	28	1391	1764	1903	1540
事业单位	2389	121	1789	223	256	6743	3065	146	2050	1986	2561	2205
部队	336	51	259	4	22	1102	497	51	288	322	441	425
集体	50		50			180	76		50	60	70	126
民办	198334	20230	112066	33904	32134	616445	289455	22179	150832	194296	249138	236077
其中：普惠性民办幼儿园	113134	10946	63941	19733	18514	370581	174468	12168	86194	116852	155367	154373
镇区	342069	12071	201805	68574	59619	1010786	473956	13284	224369	327865	445268	447606
教育部门	95069	1313	55696	18695	19365	260785	124144	1342	58497	84216	116730	102023
其他部门	914	48	581	88	197	2719	1228	48	581	875	1215	1063
地方企业	251		251			845	398		251	288	306	246
事业单位	2916	43	1313	678	882	5227	2444	49	1370	1575	2233	1662
部队												
集体	1742	88	1275	269	110	5870	2638	88	1277	1992	2513	2028
民办	241177	10579	142689	48844	39065	735340	343104	11757	162393	238919	322271	340584
其中：普惠性民办幼儿园	159362	6165	94920	32732	25545	504218	235642	6848	106699	164302	226369	245386
乡村	130297	2921	78589	26169	22618	387259	182956	3121	85165	125820	173153	176365
教育部门	40027	434	22214	8764	8615	109381	52004	512	23577	34576	50716	39387
其他部门	120			50	70	120	61			50	70	
地方企业												
事业单位	1473	27	540	327	579	3358	1583	28	541	1024	1765	1284
部队	15		7	7	1	21	16		7	10	4	13
集体	2300		2170	123	7	9266	4228		2172	3087	4007	4028
民办	86362	2460	53658	16898	13346	265113	125064	2581	58868	87073	116591	131653
其中：普惠性民办幼儿园	63542	2059	40914	12371	8198	203489	96028	2149	45014	67322	89004	100930

学前教育幼儿数（附设幼儿班）

单位：人

类别	入园（班）人数					在园（班）人数						离园（班）人数
	合计	托班	小班	中班	大班	合计	其中：女	托班	小班	中班	大班	
总计	71565	154	7190	5262	58959	120582	57569	176	7420	13854	99132	94935
其中：女	34086	63	3440	2446	28137	57569	*	63	3539	6530	47437	44887
教育部门	16566	28	1591	869	14078	29623	14253	45	1654	2636	25288	24936
其他部门	199		171	13	15	435	207		171	134	130	90
地方企业												
事业单位	53566	110	5053	4194	44209	88374	42125	110	5200	10602	72462	67984
部队												
集体												
民办	1234	16	375	186	657	2150	984	21	395	482	1252	1925
其中：普惠性民办幼儿园												
城区	1973	16	635	226	1096	3258	1503	21	655	786	1796	2027
教育部门	600		85	103	412	642	310		85	103	454	432
其他部门	155		155			355	168		155	104	96	38
地方企业												
事业单位	717		171	6	540	1404	649		171	305	928	1217
部队												
集体												
民办	501	16	224	117	144	857	376	21	244	274	318	340
其中：普惠性民办幼儿园												
镇区	25595	116	3387	1628	20464	46569	22354	116	3514	6335	36604	36712
教育部门	8771	6	926	246	7593	14982	7253	6	966	1458	12552	12932
其他部门	44		16	13	15	80	39		16	30	34	52
地方企业												
事业单位	16306	110	2410	1356	12430	30874	14776	110	2497	4799	23468	23021
部队												
集体												
民办	474		35	13	426	633	286		35	48	550	707
其中：普惠性民办幼儿园												
乡村	43997	22	3168	3408	37399	70755	33712	39	3251	6733	60732	56196
教育部门	7195	22	580	520	6073	13999	6690	39	603	1075	12282	11572
其他部门												
地方企业												
事业单位	36543		2472	2832	31239	56096	26700		2532	5498	48066	43746
部队												
集体												
民办	259		116	56	87	660	322		116	160	384	878
其中：普惠性民办幼儿园												

学前教育分年龄幼儿数（总计）

单位：人

类别	入园（班）人数					在园（班）人数						离园（班）人数
	合计	托班	小班	中班	大班	合计	其中:女	托班	小班	中班	大班	
总计	794812	36547	436651	141413	180201	2276122	1070190	39981	507872	708021	1020248	997220
其中：女	375048	17058	207071	66555	84364	1070190	*	18366	238939	332019	480866	462729
少数民族	87060	2180	45612	15207	24061	245979	117850	2395	50581	73381	119622	111928
总计中：残疾人	381	75	148	73	85	754	189	106	174	218	256	143
2岁及以下	35897	32515	3250	48	84	39603	18317	35632	3804	56	111	
3岁	436933	3951	429824	2138	1020	510529	240612	4261	497035	7881	1352	
4岁	150098	69	3460	137809	8760	726904	339702	76	6880	692203	27745	
5岁	166668	10	64	1413	165181	973767	460882	10	96	7717	965944	15475
6岁及以上	5216	2	53	5	5156	25319	10677	2	57	164	25096	981745
教育部门	193980	2585	108429	34929	48037	511351	242963	2734	115117	157886	235614	199135
2岁及以下	3316	2400	902	8	6	3433	1599	2509	907	9	8	
3岁	107316	156	106485	483	192	115368	54868	196	112930	2037	205	
4岁	37975	19	964	33972	3020	163001	76853	19	1188	154353	7441	
5岁	43073	10	41	466	42556	222705	106594	10	54	1418	221223	4815
6岁及以上	2300		37		2263	6844	3049		38	69	6737	194320
其他部门	7001	209	5465	608	719	19651	9090	209	5670	6655	7117	6305
2岁及以下	151	148	3			151	77	148	3			
3岁	5406	60	5346			5590	2632	60	5492	38		
4岁	712	1	116	587	8	6738	3161	1	175	6466	96	
5岁	715			21	694	7061	3159			151	6910	9
6岁及以上	17				17	111	61				111	6296
地方企业	1937	28	1513	219	177	5931	2858	28	1642	2052	2209	1786
2岁及以下	28	28				28	11	28				
3岁	1513		1513			1642	800		1642			
4岁	219			219		2052	904			2052		
5岁	177				177	2159	1119				2159	
6岁及以上						50	24				50	1786
事业单位	60344	301	8695	5422	45926	103702	49217	333	9161	15187	79021	73135
2岁及以下	409	285	62	3	59	467	201	317	66	3	81	

续表

类别	入园（班）人数				在园（班）人数						离园（班）人数
	合计	托班	小班	中班	大班	合计	其中：女	托班	小班	中班	大班	
3岁	9214	16	8436	95	667	10094	4786	16	8865	262	951	
4岁	8837		196	5208	3433	20244	9525		229	14589	5426	
5岁	40975			114	40861	70960	33844			304	70656	1330
6岁及以上	909		1	2	906	1937	861		1	29	1907	71805
部队	351	51	266	11	23	1123	513	51	295	332	445	438
2岁及以下	46	46				46	29	46				
3岁	271	5	266			316	136	5	295	16		
4岁	11			11		353	149			316	37	
5岁	23				23	408	199				408	
6岁及以上												438
集体	4092	88	3495	392	117	15316	6942	88	3499	5139	6590	6182
2岁及以下	88	88				88	39	88				
3岁	3495		3495			3499	1521		3499			
4岁	392			392		5139	2337			5139		
5岁	117				117	6589	3044				6589	1352
6岁及以上						1	1				1	4830
民办	527107	33285	308788	99832	85202	1619048	758607	36538	372488	520770	689252	710239
2岁及以下	31859	29520	2283	37	19	35390	16361	32496	2828	44	22	
3岁	309718	3714	304283	1560	161	374020	175869	3984	364312	5528	196	
4岁	101952	49	2184	97420	2299	529377	246773	56	5288	509288	14745	
5岁	81588		23	812	80753	663885	312923			42	5844	657999	7969
6岁及以上	1990	2	15	3	1970	16376	6681	2	18	66	16290	702270
其中：普惠性民办幼儿园	336038	19170	199775	64836	52257	1078288	506138	21165	237907	348476	470740	500689
2岁及以下	18100	16720	1380			20091	9294	18568	1521	2		
3岁	200260	2420	196847	963	30	238988	112479	2563	232868	3516	41	
4岁	66116	28	1525	63314	1249	354849	165563	32	3479	341092	10246	
5岁	50225		15	556	49654	452789	214119			29	3822	448938	5435
6岁及以上	1337	2	8	3	1324	11571	4683	2	10	44	11515	495254

学前教育分年龄幼儿数（城区）

单位：人

类别	入园（班）人数					在园（班）人数						离园（班）人数
	合计	托班	小班	中班	大班	合计	其中：女	托班	小班	中班	大班	
总计	252854	21417	149702	41634	40101	760753	357212	23421	191573	241268	304491	280341
其中：女	119439	9845	71597	19689	18308	357212	*	10653	90346	113766	142447	129678
少数民族	10950	523	7027	1855	1545	33072	15964	555	8240	10469	13808	11706
总计中：残疾人	216	74	54	51	37	418	109	105	78	138	97	14
2岁及以下	20159	19057	1083		19	22148	10168	20878	1250		20	
3岁	150913	2314	147732	812	55	192648	90904	2491	187421	2675	61	
4岁	42285	34	885	40496	870	243853	114509	40	2898	235329	5586	
5岁	38853	10	1	325	38517	295796	139029	10	2	3244	292540	1903
6岁及以上	644	2	1	1	640	6308	2602	2	2	20	6284	278438
教育部门	42918	810	29013	6704	6391	112204	52872	835	31474	36561	43334	33221
2岁及以下	846	761	84		1	872	390	786	85		1	
3岁	28913	21	28819	72	1	31610	14971	21	31279	308	2	
4岁	6879	18	110	6612	139	36858	17277	18	110	36076	654	
5岁	6247	10	20		6217	42545	20112	10		177	42358	375
6岁及以上	33				33	319	122				319	32846
其他部门	5923	161	4868	457	437	16732	7762	161	5073	5700	5798	5190
2岁及以下	103	100	3			103	52	100	3			
3岁	4809	60	4749			4993	2334	60	4895	38		
4岁	553	1	116	436		5772	2737	1	175	5511	85	
5岁	458			21	437	5799	2603			151	5648	7
6岁及以上						65	36				65	5183
地方企业	1686	28	1262	219	177	5086	2460	28	1391	1764	1903	1540
2岁及以下	28	28				28	11	28				
3岁	1262		1262			1391	677		1391			
4岁	219			219		1764	798			1764		
5岁	177				177	1853	950				1853	
6岁及以上						50	24				50	1540
事业单位	3106	121	1960	229	796	8147	3714	146	2221	2291	3489	3422
2岁及以下	121	121				146	79	146				

续表

类别	入园（班）人数					在园（班）人数						离园（班）人数
	合计	托班	小班	中班	大班	合计	其中：女	托班	小班	中班	大班	
3岁	1961		1960		1	2231	1003		2221	9	1	
4岁	256			229	27	2320	1085			2266	54	
5岁	739				739	3411	1537			14	3397	2
6岁及以上	29				29	39	10			2	37	3420
部队	336	51	259	4	22	1102	497	51	288	322	441	425
2岁及以下	46	46				46	29	46				
3岁	264	5	259			309	131	5	288	16		
4岁	4			4		343	142			306	37	
5岁	22				22	404	195				404	
6岁及以上												425
集体	50		50			180	76		50	60	70	126
2岁及以下												
3岁	50		50			50	18		50			
4岁						60	28			60		
5岁						70	30				70	
6岁及以上												126
民办	198835	20246	112290	34021	32278	617302	289831	22200	151076	194570	249456	236417
2岁及以下	19015	18001	996		18	20953	9607	19772	1162		19	
3岁	113654	2228	110633	740	53	152064	71770	2405	147297	2304	58	
4岁	34374	15	659	32996	704	196736	92442	21	2613	189346	4756	
5岁	31210		1	284	30925	241714	113602		2	2902	238810	1519
6岁及以上	582	2	1	1	578	5835	2410	2	2	18	5813	234898
其中：普惠性民办幼儿园	113134	10946	63941	19733	18514	370581	174468	12168	86194	116852	155367	154373
2岁及以下	10005	9483	522			11165	5093	10591	574			
3岁	64877	1460	62977	440		86917	41190	1571	84026	1320		
4岁	19919	1	441	19099	378	118150	55614	4	1592	113734	2820	
5岁	17966			193	17773	150559	71011			1792	148767	1015
6岁及以上	367	2	1	1	363	3790	1560	2	2	6	3780	153358

学前教育分年龄幼儿数（镇区）

单位：人

类别	入园（班）人数					在园（班）人数						离园（班）人数
	合计	托班	小班	中班	大班	合计	其中：女	托班	小班	中班	大班	
总计	367664	12187	205192	70202	80083	1057355	496310	13400	227883	334200	481872	484318
其中：女	172910	5791	96693	32726	37700	496310	*	6207	106793	155869	227441	223995
少数民族	55911	1631	30227	10257	13796	161002	77160	1811	33496	49050	76645	71500
总计中：残疾人	124	1	77	11	35	240	64	1	79	44	116	49
2岁及以下	12615	10872	1729	5	9	14107	6535	11994	2092	11	10	
3岁	204077	1287	201688	896	206	228440	107466	1377	222981	3857	225	
4岁	73788	28	1711	68601	3448	342973	159453	29	2731	327203	13010	
5岁	74089		34	699	73356	459124	217481		46	3061	456017	8571
6岁及以上	3095		30	1	3064	12711	5375		33	68	12610	475747
教育部门	103840	1319	56622	18941	26958	275767	131397	1348	59463	85674	129282	114955
2岁及以下	1935	1266	667	2		1968	924	1295	671	2		
3岁	55679	52	55287	236	104	59385	28327	52	57954	1273	106	
4岁	20677	1	621	18417	1638	88727	41994	1	790	83395	4541	
5岁	23876		27	286	23563	121023	58046		27	954	120042	3272
6岁及以上	1673		20		1653	4664	2106		21	50	4593	111683
其他部门	958	48	597	101	212	2799	1267	48	597	905	1249	1115
2岁及以下	48	48				48	25	48				
3岁	597		597			597	298		597			
4岁	109			101	8	916	401			905	11	
5岁	187				187	1192	518				1192	2
6岁及以上	17				17	46	25				46	1113
地方企业	251		251			845	398		251	288	306	246
2岁及以下												
3岁	251		251			251	123		251			
4岁						288	106			288		
5岁						306	169				306	
6岁及以上												246
事业单位	19222	153	3723	2034	13312	36101	17220	159	3867	6374	25701	24683
2岁及以下	182	137	33	3	9	193	76	143	37	3	10	

续表

类别	入园（班）人数					在园（班）人数						离园（班）人数
	合计	托班	小班	中班	大班	合计	其中：女	托班	小班	中班	大班	
3岁	3700	16	3599	30	55	3932	1926	16	3725	123	68	
4岁	2863		91	1947	825	7488	3496		105	6094	1289	
5岁	12151			54	12097	23801	11412			153	23648	407
6岁及以上	326				326	687	310			1	686	24276
部队												
2岁及以下												
3岁												
4岁												
5岁												
6岁及以上												
集体	1742	88	1275	269	110	5870	2638	88	1277	1992	2513	2028
2岁及以下	88	88				88	39	88				
3岁	1275		1275			1277	569		1277			
4岁	269			269		1992	895			1992		
5岁	110				110	2513	1135				2513	266
6岁及以上												1762
民办	241651	10579	142724	48857	39491	735973	343390	11757	162428	238967	322821	341291
2岁及以下	10362	9333	1029			11810	5471	10420	1384	6		
3岁	142575	1219	140679	630	47	162998	76223	1309	159177	2461	51	
4岁	49870	27	999	47867	977	243562	112561	28	1836	234529	7169	
5岁	37765		7	359	37399	310289	146201		19	1954	308316	4624
6岁及以上	1079		10	1	1068	7314	2934		12	17	7285	336667
其中：普惠性民办幼儿园	159362	6165	94920	32732	25545	504218	235642	6848	106699	164302	226369	245386
2岁及以下	6074	5425	649			6791	3158	6075	714	2		
3岁	94701	719	93558	402	22	107143	50068	751	104728	1641	23	
4岁	33458	21	704	32056	677	168092	77785	22	1239	161278	5553	
5岁	24381		6	273	24102	216964	102577		14	1370	215580	3084
6岁及以上	748		3	1	744	5228	2054		4	11	5213	242302

学前教育分年龄幼儿数（乡村）

单位：人

类别	入园（班）人数					在园（班）人数						离园（班）人数
	合计	托班	小班	中班	大班	合计	其中：女	托班	小班	中班	大班	
总计	174294	2943	81757	29577	60017	458014	216668	3160	88416	132553	233885	232561
其中：女	82699	1422	38781	14140	28356	216668	*	1506	41800	62384	110978	109056
少数民族	20199	26	8358	3095	8720	51905	24726	29	8845	13862	29169	28722
总计中：残疾人	41		17	11	13	96	16		17	36	43	80
2岁及以下	3123	2586	438	43	56	3348	1614	2760	462	45	81	
3岁	81943	350	80404	430	759	89441	42242	393	86633	1349	1066	
4岁	34025	7	864	28712	4442	140078	65740	7	1251	129671	9149	
5岁	53726		29	389	53308	218847	104372		48	1412	217387	5001
6岁及以上	1477		22	3	1452	6300	2700		22	76	6202	227560
教育部门	47222	456	22794	9284	14688	123380	58694	551	24180	35651	62998	50959
2岁及以下	535	373	151	6	5	593	285	428	151	7	7	
3岁	22724	83	22379	175	87	24373	11570	123	23697	456	97	
4岁	10419		233	8943	1243	37416	17582		288	34882	2246	
5岁	12950		14	160	12776	59137	28436		27	287	58823	1168
6岁及以上	594		17		577	1861	821		17	19	1825	49791
其他部门	120			50	70	120	61			50	70	
2岁及以下												
3岁												
4岁	50			50		50	23			50		
5岁	70				70	70	38				70	
6岁及以上												
地方企业												
2岁及以下												
3岁												
4岁												
5岁												
6岁及以上												
事业单位	38016	27	3012	3159	31818	59454	28283	28	3073	6522	49831	45030
2岁及以下	106	27	29		50	128	46	28	29		71	

续表

类别	入园（班）人数					在园（班）人数						离园（班）人数
	合计	托班	小班	中班	大班	合计	其中：女	托班	小班	中班	大班	
3岁	3553		2877	65	611	3931	1857		2919	130	882	
4岁	5718		105	3032	2581	10436	4944		124	6229	4083	
5岁	28085			60	28025	43748	20895			137	43611	921
6岁及以上	554		1	2	551	1211	541		1	26	1184	44109
部队	15	7	7	1		21	16		7	10	4	13
2岁及以下												
3岁	7		7			7	5		7			
4岁	7			7		10	7			10		
5岁	1				1	4	4				4	
6岁及以上												13
集体	2300		2170	123	7	9266	4228		2172	3087	4007	4028
2岁及以下												
3岁	2170		2170			2172	934		2172			
4岁	123			123		3087	1414			3087		
5岁	7				7	4006	1879				4006	1086
6岁及以上						1	1				1	2942
民办	86621	2460	53774	16954	13433	265773	125386	2581	58984	87233	116975	132531
2岁及以下	2482	2186	258	37	1	2627	1283	2304	282	38	3	
3岁	53489	267	52971	190	61	58958	27876	270	57838	763	87	
4岁	17708	7	526	16557	618	89079	41770	7	839	85413	2820	
5岁	12613		15	169	12429	111882	53120		21	988	110873	1826
6岁及以上	329		4	1	324	3227	1337		4	31	3192	130705
其中：普惠性民办幼儿园	63542	2059	40914	12371	8198	203489	96028	2149	45014	67322	89004	100930
2岁及以下	2021	1812	209			2135	1043	1902	233			
3岁	40682	241	40312	121	8	44928	21221	241	44114	555	18	
4岁	12739	6	380	12159	194	68607	32164	6	648	66080	1873	
5岁	7878		9	90	7779	85266	40531		15	660	84591	1336
6岁及以上	222		4	1	217	2553	1069		4	27	2522	99594

学前教育分年龄幼儿数（幼儿园）

单位：人

类别	入园（班）人数					在园（班）人数						离园（班）人数
	合计	托班	小班	中班	大班	合计	其中：女	托班	小班	中班	大班	
总计	723247	36393	429461	136151	121242	2155540	1012621	39805	500452	694167	921116	902285
其中：女	340962	16995	203631	64109	56227	1012621	*	18303	235400	325489	433429	417842
少数民族	70407	2150	42548	13656	12053	213094	101904	2365	47413	68156	95160	86898
总计中：残疾人	370	75	148	71	76	738	186	106	174	215	243	137
2岁及以下	35641	32389	3180	48	24	39316	18214	35501	3730	56	29	
3岁	429278	3923	423088	2070	197	502236	236646	4216	490115	7662	243	
4岁	139539	69	3094	132704	3672	705725	329849	76	6472	679003	20174	
5岁	115939	10	47	1324	114558	887322	419300	10	79	7315	879918	12674
6岁及以上	2850	2	52	5	2791	20941	8612	2	56	131	20752	889611
教育部门	177414	2557	106838	34060	33959	481728	228710	2689	113463	155250	210326	174199
2岁及以下	3299	2392	894	8	5	3416	1592	2501	899	9	7	
3岁	105800	136	105146	482	36	113769	54124	159	111537	2026	47	
4岁	35263	19	737	33175	1332	158218	74668	19	952	152021	5226	
5岁	32244	10	24	395	31815	202090	96548	10	37	1133	200910	3325
6岁及以上	808		37		771	4235	1778		38	61	4136	170874
其他部门	6802	209	5294	595	704	19216	8883	209	5499	6521	6987	6215
2岁及以下	151	148	3			151	77	148	3			
3岁	5235	60	5175			5419	2555	60	5321	38		
4岁	699	1	116	574	8	6604	3100	1	175	6332	96	
5岁	700			21	679	6942	3097			151	6791	9
6岁及以上	17				17	100	54				100	6206
地方企业	1937	28	1513	219	177	5931	2858	28	1642	2052	2209	1786
2岁及以下	28	28				28	11	28				
3岁	1513		1513			1642	800		1642			
4岁	219			219		2052	904			2052		
5岁	177				177	2159	1119				2159	
6岁及以上						50	24				50	1786
事业单位	6778	191	3642	1228	1717	15328	7092	223	3961	4585	6559	5151
2岁及以下	186	183		3		218	112	215		3		

续表

类别	入园（班）人数					在园（班）人数						离园（班）人数
	合计	托班	小班	中班	大班	合计	其中：女	托班	小班	中班	大班	
3岁	3592	8	3556	28		3937	1818	8	3875	54		
4岁	1228		86	1099	43	4496	2148		86	4301	109	
5岁	1707			96	1611	6430	2909			223	6207	46
6岁及以上	65			2	63	247	105			4	243	5105
部队	351	51	266	11	23	1123	513	51	295	332	445	438
2岁及以下	46	46				46	29	46				
3岁	271	5	266			316	136	5	295	16		
4岁	11			11		353	149			316	37	
5岁	23				23	408	199				408	
6岁及以上												438
集体	4092	88	3495	392	117	15316	6942	88	3499	5139	6590	6182
2岁及以下	88	88				88	39	88				
3岁	3495		3495			3499	1521		3499			
4岁	392			392		5139	2337			5139		
5岁	117				117	6589	3044				6589	1352
6岁及以上						1	1				1	4830
民办	525873	33269	308413	99646	84545	1616898	757623	36517	372093	520288	688000	708314
2岁及以下	31843	29504	2283	37	19	35369	16354	32475	2828	44	22	
3岁	309372	3714	303937	1560	161	373654	175692	3984	363946	5528	196	
4岁	101727	49	2155	97234	2289	528863	246543	56	5259	508842	14706	
5岁	80971		23	812	80136	662704	312384		42	5808	656854	7942
6岁及以上	1960	2	15	3	1940	16308	6650	2	18	66	16222	700372
其中：普惠性民办幼儿园	336038	19170	199775	64836	52257	1078288	506138	21165	237907	348476	470740	500689
2岁及以下	18100	16720	1380			20091	9294	18568	1521	2		
3岁	200260	2420	196847	963	30	238988	112479	2563	232868	3516	41	
4岁	66116	28	1525	63314	1249	354849	165563	32	3479	341092	10246	
5岁	50225		15	556	49654	452789	214119		29	3822	448938	5435
6岁及以上	1337	2	8	3	1324	11571	4683	2	10	44	11515	495254

学前教育分年龄幼儿数（附设幼儿班）

单位：人

类别	入园（班）人数					在园（班）人数						离园（班）人数
	合计	托班	小班	中班	大班	合计	其中：女	托班	小班	中班	大班	
总计	71565	154	7190	5262	58959	120582	57569	176	7420	13854	99132	94935
其中：女	34086	63	3440	2446	28137	57569	*	63	3539	6530	47437	44887
少数民族	16653	30	3064	1551	12008	32885	15946	30	3168	5225	24462	25030
总计中：残疾人	11			2	9	16	3			3	13	6
2岁及以下	256	126	70		60	287	103	131	74		82	
3岁	7655	28	6736	68	823	8293	3966	45	6920	219	1109	
4岁	10559		366	5105	5088	21179	9853		408	13200	7571	
5岁	50729		17	89	50623	86445	41582		17	402	86026	2801
6岁及以上	2366		1		2365	4378	2065		1	33	4344	92134
教育部门	16566	28	1591	869	14078	29623	14253	45	1654	2636	25288	24936
2岁及以下	17	8	8		1	17	7	8	8		1	
3岁	1516	20	1339	1	156	1599	744	37	1393	11	158	
4岁	2712		227	797	1688	4783	2185		236	2332	2215	
5岁	10829		17	71	10741	20615	10046		17	285	20313	1490
6岁及以上	1492				1492	2609	1271			8	2601	23446
其他部门	199		171	13	15	435	207		171	134	130	90
2岁及以下												
3岁	171		171			171	77		171			
4岁	13			13		134	61			134		
5岁	15				15	119	62				119	
6岁及以上						11	7				11	90
地方企业												
2岁及以下												
3岁												
4岁												
5岁												
6岁及以上												
事业单位	53566	110	5053	4194	44209	88374	42125	110	5200	10602	72462	67984
2岁及以下	223	102	62		59	249	89	102	66		81	
3岁	5622	8	4880	67	667	6157	2968	8	4990	208	951	
4岁	7609		110	4109	3390	15748	7377		143	10288	5317	
5岁	39268			18	39250	64530	30935			81	64449	1284
6岁及以上	844		1		843	1690	756		1	25	1664	66700
部队												
2岁及以下												
3岁												
4岁												
5岁												
6岁及以上												
集体												
2岁及以下												

续表

类别	入园（班）人数					在园（班）人数						离园（班）人数
	合计	托班	小班	中班	大班	合计	其中：女	托班	小班	中班	大班	
3岁												
4岁												
5岁												
6岁及以上												
民办	1234	16	375	186	657	2150	984	21	395	482	1252	1925
2岁及以下	16	16				21	7	21				
3岁	346		346			366	177		366			
4岁	225		29	186	10	514	230		29	446	39	
5岁	617				617	1181	539			36	1145	27
6岁及以上	30				30	68	31				68	1898
其中：普惠性民办幼儿园												
2岁及以下												
3岁												
4岁												
5岁												
6岁及以上												

分市、州学前教育幼儿数（总计）

单位：人

市州名称	入园（班）人数					在园（班）人数						离园（班）人数
	合计	托班	小班	中班	大班	合计	其中：女	托班	小班	中班	大班	
湖南省	794812	36547	436651	141413	180201	2276122	1070190	39981	507872	708021	1020248	997220
长沙市	128516	5715	84595	19251	18955	354588	170617	6085	95664	114589	138250	116665
株洲市	46983	3097	28658	7440	7788	152719	72747	3554	36144	46302	66719	66776
湘潭市	25731	1796	14995	4517	4423	81545	38381	2197	18840	25746	34762	33677
衡阳市	75281	4342	39383	10993	20563	228757	105851	4845	47851	66613	109448	103130
邵阳市	88204	1368	28053	22788	35995	199140	92335	1495	30924	60303	106418	109444
岳阳市	55349	6090	34406	6697	8156	174015	80737	6658	44076	54253	69028	71130
常德市	45408	913	36387	3619	4489	141148	68275	961	38490	46077	55620	58078
张家界市	13104	286	9851	1239	1728	47959	22987	309	11344	14897	21409	19084
益阳市	42682	2582	26166	7817	6117	124157	60011	2656	29406	41736	50359	52436
郴州市	48489	2397	26387	7935	11770	166405	76586	2557	32438	49483	81927	79641
永州市	80282	4610	43015	15517	17140	218372	100330	5048	51495	66526	95303	98622
怀化市	50385	2304	29452	7905	10724	161414	75225	2472	32853	49983	76106	74567
娄底市	52917	210	18640	17420	16647	125768	58556	220	19600	43788	62160	66190
湘西州	41481	837	16663	8275	15706	100135	47552	924	18747	27725	52739	47780

分市、州学前教育幼儿数（其中：女）

单位：人

市州名称	入园（班）人数					在园（班）人数					离园（班）人数
	合计	托班	小班	中班	大班	合计	托班	小班	中班	大班	
湖南省	375048	17058	207071	66555	84364	1070190	18366	238939	332019	480866	462729
长沙市	61886	2710	41215	9211	8750	170617	2855	46241	54996	66525	55440
株洲市	22469	1492	13867	3555	3555	72747	1701	17249	21971	31826	31607
湘潭市	12137	809	7048	2147	2133	38381	982	8779	12124	16496	15722
衡阳市	35049	2067	18254	5077	9651	105851	2185	21978	30671	51017	46339
邵阳市	40746	616	12830	10479	16821	92335	675	14029	27736	49895	49933
岳阳市	25820	2794	16058	3184	3784	80737	3011	20414	25066	32246	32884
常德市	21946	436	17630	1741	2139	68275	456	18605	22231	26983	28117
张家界市	6313	142	4730	599	842	22987	154	5428	7146	10259	9148
益阳市	20783	1238	12844	3773	2928	60011	1274	14376	19982	24379	24525
郴州市	22335	1054	12179	3744	5358	76586	1126	14905	22788	37767	36288
永州市	37252	2132	19891	7281	7948	100330	2257	23604	30652	43817	44819
怀化市	23676	1113	13721	3724	5118	75225	1189	15244	23295	35497	34501
娄底市	24758	90	8718	8167	7783	58556	93	9109	20216	29138	30983
湘西州	19878	365	8086	3873	7554	47552	408	8978	13145	25021	22423

分市、州学前教育幼儿数（城区）

单位：人

市州名称	入园（班）人数					在园（班）人数						离园（班）人数
	合计	托班	小班	中班	大班	合计	其中：女	托班	小班	中班	大班	
湖南省	252854	21417	149702	41634	40101	760753	357212	23421	191573	241268	304491	280341
长沙市	79373	3056	55122	10569	10626	227135	110064	3268	63319	73152	87396	71974
株洲市	26507	1799	14408	5172	5128	76504	36189	2223	19610	23350	31321	29547
湘潭市	9644	942	5837	1418	1447	34039	15806	1164	7982	10597	14296	12820
衡阳市	21636	2342	12613	2935	3746	74929	33858	2542	17103	23130	32154	30716
邵阳市	15826	983	6185	3743	4915	37667	17259	1067	7122	11106	18372	17415
岳阳市	19916	3707	10165	3014	3030	61737	28152	4118	15981	19306	22332	23555
常德市	11049	493	8011	1406	1139	31319	14997	522	9438	10179	11180	11309
张家界市	4153	0	3599	332	222	16803	8105	0	4013	5591	7199	6640
益阳市	10263	1488	6599	1316	860	31508	15163	1508	8009	10129	11862	12101
郴州市	10536	1993	6139	1428	976	43649	20084	2058	10642	13669	17280	16051
永州市	10188	2792	4142	1787	1467	36493	16539	3035	8816	10990	13652	12226
怀化市	12292	1215	7219	2058	1800	34614	15972	1230	8630	11339	13415	13249
娄底市	16529	203	7717	5116	3493	41547	19074	213	8119	14936	18279	18248
湘西州	4942	404	1946	1340	1252	12809	5950	473	2789	3794	5753	4490

分市、州学前教育幼儿数（镇区）

单位：人

市州名称	入园（班）人数					在园（班）人数						离园（班）人数
	合计	托班	小班	中班	大班	合计	其中：女	托班	小班	中班	大班	
湖南省	367664	12187	205192	70202	80083	1057355	496310	13400	227883	334200	481872	484318
长沙市	34291	2101	21204	5802	5184	89551	42397	2175	23090	29358	34928	31768
株洲市	14121	761	9910	1503	1947	52335	25142	786	11142	15523	24884	26136
湘潭市	10392	732	5438	2435	1787	28944	13791	886	6685	9512	11861	11717
衡阳市	35388	1832	18430	5635	9491	101220	47090	2117	21864	30748	46491	46134
邵阳市	52130	385	17693	15185	18867	122431	56656	428	19433	39490	63080	65492
岳阳市	22606	1709	15201	2652	3044	71877	33644	1804	18072	22804	29197	29148
常德市	26222	331	22004	1759	2128	83914	40834	346	22558	27502	33508	34791
张家界市	6147	273	4572	671	631	21355	10188	296	5518	6772	8769	8132
益阳市	20621	605	12556	4360	3100	59816	29081	659	13687	20653	24817	25600
郴州市	27090	385	15874	4847	5984	92650	42320	479	17215	27766	47190	45708
永州市	46467	1579	27195	9139	8554	127124	58201	1762	30269	39958	55135	60932
怀化市	23599	1064	16206	3691	2638	87630	41021	1214	17965	27819	40632	39902
娄底市	17643	7	5811	6237	5588	42631	19871	7	6228	15124	21272	22743
湘西州	30947	423	13098	6286	11140	75877	36074	441	14157	21171	40108	36115

分市、州学前教育幼儿数（乡村）

单位：人

市州名称	入园（班）人数					在园（班）人数						离园（班）人数
	合计	托班	小班	中班	大班	合计	其中：女	托班	小班	中班	大班	
湖南省	174294	2943	81757	29577	60017	458014	216668	3160	88416	132553	233885	232561
长沙市	14852	558	8269	2880	3145	37902	18156	642	9255	12079	15926	12923
株洲市	6355	537	4340	765	713	23880	11416	545	5392	7429	10514	11093
湘潭市	5695	122	3720	664	1189	18562	8784	147	4173	5637	8605	9140
衡阳市	18257	168	8340	2423	7326	52608	24903	186	8884	12735	30803	26280
邵阳市	20248	0	4175	3860	12213	39042	18420	0	4369	9707	24966	26537
岳阳市	12827	674	9040	1031	2082	40401	18941	736	10023	12143	17499	18427
常德市	8137	89	6372	454	1222	25915	12444	93	6494	8396	10932	11978
张家界市	2804	13	1680	236	875	9801	4694	13	1813	2534	5441	4312
益阳市	11798	489	7011	2141	2157	32833	15767	489	7710	10954	13680	14735
郴州市	10863	19	4374	1660	4810	30106	14182	20	4581	8048	17457	17882
永州市	23627	239	11678	4591	7119	54755	25590	251	12410	15578	26516	25464
怀化市	14494	25	6027	2156	6286	39170	18232	28	6258	10825	22059	21416
娄底市	18745	0	5112	6067	7566	41590	19611	0	5253	13728	22609	25199
湘西州	5592	10	1619	649	3314	11449	5528	10	1801	2760	6878	7175

幼儿园教职工数

单位：人

项目 数目 类别	教职工数						代课 教师	兼任 教师
	合计	园长	专任教师	保健医	保育员	其他		
总计	244405	15550	115877	8049	66819	38110	3897	464
女	223596	14529	114690	7064	65608	21705	3727	276
少数民族	20595	1441	10814	460	5331	2549	1042	27
编制人员	14567	2265	10241	171	778	1112	*	*
其中：学前教育专业	104822	10090	89376	573	3515	1268	1083	61
教育部门	41776	2529	22237	997	10803	5210	3709	151
其他部门	2661	91	1322	88	556	604	45	5
地方企业	748	29	389	18	195	117		
事业单位	1625	94	800	49	432	250	47	9
部队	159	8	79	4	39	29		
集体	1129	102	613	24	366	24	96	
民办	196307	12697	90437	6869	54428	31876		299
其中：普惠性民办幼儿园	123318	8366	55458	4451	34980	20063		201
城区	102470	5254	48464	3803	27508	17441	863	214
教育部门	12726	469	6574	368	3059	2256	821	45
其他部门	2343	83	1141	79	490	550	39	5
地方企业	653	28	341	16	168	100		
事业单位	850	29	418	28	203	172	3	
部队	153	7	76	4	38	28		
集体	29	1	12	2	6	8		
民办	85716	4637	39902	3306	23544	14327		164
其中：普惠性民办幼儿园	48034	2796	21888	1954	13621	7775		97
镇区	103959	6488	50391	2980	28847	15253	2103	190
教育部门	20641	1201	11367	436	5459	2178	2055	95
其他部门	303	8	173	9	62	51	4	
地方企业	95	1	48	2	27	17		
事业单位	465	33	230	13	139	50	9	6
部队								
集体	439	32	246	8	139	14	35	
民办	82016	5213	38327	2512	23021	12943		89
其中：普惠性民办幼儿园	53699	3571	24496	1688	15295	8649		74
乡村	37976	3808	17022	1266	10464	5416	931	60
教育部门	8409	859	4296	193	2285	776	833	11
其他部门	15		8		4	3	2	
地方企业								
事业单位	310	32	152	8	90	28	35	3
部队	6	1	3		1	1		
集体	661	69	355	14	221	2	61	
民办	28575	2847	12208	1051	7863	4606		46
其中：普惠性民办幼儿园	21585	1999	9074	809	6064	3639		30

幼儿园园长、专任教师学历、职务情况

单位：人

类型	合计	按学历分					按专业技术职务分					
		研究生毕业	本科毕业	专科毕业	高中阶段毕业	高中阶段以下毕业	正高级	副高级	中级	助理级	员级	未定职级
总计	131427	198	16638	85449	27269	1873	15	999	5733	6924	2318	115438
园长	15550	108	4476	9498	1370	98	15	585	1452	818	272	12408
专任教师	115877	90	12162	75951	25899	1775		414	4281	6106	2046	103030
城区	53718	160	8404	37107	7719	328	10	417	2240	2123	941	47987
园长	5254	81	2066	2904	197	6	10	214	506	213	128	4183
专任教师	48464	79	6338	34203	7522	322		203	1734	1910	813	43804
镇区	56879	31	6438	35976	13417	1017	4	426	2678	3499	1061	49211
园长	6488	23	1714	4080	627	44	4	253	610	350	88	5183
专任教师	50391	8	4724	31896	12790	973		173	2068	3149	973	44028
乡村	20830	7	1796	12366	6133	528	1	156	815	1302	316	18240
园长	3808	4	696	2514	546	48	1	118	336	255	56	3042
专任教师	17022	3	1100	9852	5587	480		38	479	1047	260	15198

分市、州幼儿园园长、专任教师学历、职务情况（总计）

单位：人

市、州名称	合计	按学历分					按专业技术职务分					
		研究生毕业	本科毕业	专科毕业	高中阶段毕业	高中阶段以下毕业	正高级	副高级	中级	助理级	员级	未定职级
总计	131427	198	16638	85449	27269	1873	15	999	5733	6924	2318	115438
长沙市	24590	121	5177	16759	2435	98	6	193	1116	961	278	22036
株洲市	9797	11	1048	6459	2151	128		54	311	444	137	8851
湘潭市	5159	6	666	3362	1097	28		33	222	206	135	4563
衡阳市	12327	7	1044	7467	3547	262	8	102	463	559	457	10738
邵阳市	10623	1	1078	7070	2292	182		96	451	502	152	9422
岳阳市	9791	10	1187	6341	2143	110		83	502	530	157	8519
常德市	8429	8	1101	5933	1335	52		91	420	655	209	7054
张家界市	2355	3	212	1467	614	59		28	97	92	7	2131
益阳市	7261	10	748	4411	2022	70	1	69	308	278	121	6484
郴州市	8731	9	809	5174	2457	282		55	339	459	127	7751
永州市	12899	4	1070	7337	4164	324		69	357	1069	238	11166
怀化市	7430	2	986	5321	1038	83		61	519	570	147	6133
娄底市	7018	3	859	5036	1097	23		30	436	319	105	6128
湘西州	5017	3	653	3312	877	172		35	192	280	48	4462

分市、州幼儿园园长、专任教师学历、职务情况（园长）

单位：人

市、州名称	合计	按学历分					按专业技术职务分					
		研究生毕业	本科毕业	专科毕业	高中阶段毕业	高中阶段以下毕业	正高级	副高级	中级	助理级	员级	未定职级
总计	15550	108	4476	9498	1370	98	15	585	1452	818	272	12408
长沙市	2567	50	1299	1150	65	3	6	137	358	164	50	1852
株洲市	1109	8	344	695	57	5	0	37	101	61	23	887
湘潭市	708	4	199	402	101	2	0	15	70	37	18	568
衡阳市	1432	6	351	901	166	8	8	55	131	69	58	1111
邵阳市	1299	1	284	874	124	16	0	48	86	49	14	1102
岳阳市	1271	8	368	753	131	11	0	41	129	55	15	1031
常德市	1014	8	272	655	75	4	0	52	118	68	23	753
张家界市	263	3	64	168	28	0	0	13	18	12	1	219
益阳市	799	4	196	511	87	1	1	47	77	26	8	640
郴州市	1174	8	251	766	129	20	0	25	85	61	16	987
永州市	1733	2	299	1159	259	14	0	33	89	106	21	1484
怀化市	830	1	211	555	62	1	0	38	84	58	22	628
娄底市	799	3	202	553	39	2	0	19	75	26	2	677
湘西州	552	2	136	356	47	11	0	25	31	26	1	469

分市、州幼儿园园长、专任教师学历、职务情况（专任教师）

单位：人

市、州名称	合计	按学历分					按专业技术职务分					
		研究生毕业	本科毕业	专科毕业	高中阶段毕业	高中阶段以下毕业	正高级	副高级	中级	助理级	员级	未定职级
总计	115877	90	12162	75951	25899	1775	0	414	4281	6106	2046	103030
长沙市	22023	71	3878	15609	2370	95	0	56	758	797	228	20184
株洲市	8688	3	704	5764	2094	123	0	17	210	383	114	7964
湘潭市	4451	2	467	2960	996	26	0	18	152	169	117	3995
衡阳市	10895	1	693	6566	3381	254	0	47	332	490	399	9627
邵阳市	9324	0	794	6196	2168	166	0	48	365	453	138	8320
岳阳市	8520	2	819	5588	2012	99	0	42	373	475	142	7488
常德市	7415	0	829	5278	1260	48	0	39	302	587	186	6301
张家界市	2092	0	148	1299	586	59	0	15	79	80	6	1912
益阳市	6462	6	552	3900	1935	69	0	22	231	252	113	5844
郴州市	7557	1	558	4408	2328	262	0	30	254	398	111	6764
永州市	11166	2	771	6178	3905	310	0	36	268	963	217	9682
怀化市	6600	1	775	4766	976	82	0	23	435	512	125	5505
娄底市	6219	0	657	4483	1058	21	0	11	361	293	103	5451
湘西州	4465	1	517	2956	830	161	0	10	161	254	47	3993

幼儿园园长、专任教师年龄情况

单位：人

类型	合计	其中：女	24岁及以下	25~29岁	30~34岁	35~39岁	40~44岁	45~49岁	50~54岁	55~59岁	60岁及以上
总计	131427	129219	37763	33158	28554	15504	8899	4682	2219	557	91
园长	15550	14529	424	1748	3408	3349	3111	2146	1008	292	64
专任教师	115877	114690	37339	31410	25146	12155	5788	2536	1211	265	27
城区	53718	53074	21681	12889	9731	4735	2608	1307	606	116	45
园长	5254	5076	93	555	1290	1267	988	646	305	72	38
专任教师	48464	47998	21588	12334	8441	3468	1620	661	301	44	7
镇区	56879	55880	12901	14987	13323	7652	4472	2247	999	271	27
园长	6488	6021	193	729	1355	1374	1404	888	395	134	16
专任教师	50391	49859	12708	14258	11968	6278	3068	1359	604	137	11
乡村	20830	20265	3181	5282	5500	3117	1819	1128	614	170	19
园长	3808	3432	138	464	763	708	719	612	308	86	10
专任教师	17022	16833	3043	4818	4737	2409	1100	516	306	84	9

幼儿园校舍情况（总计）

单位：平方米

类别	合计	框架结构	砖混结构	砖木结构	土木结构
总计	19293897.6	7994554.66	10930033.96	368278.98	1030
其中：危房	47936	3078	41956	2902	
当年新增	414085.43	248205.21	165860.22	20	
一、教学及辅助用房	14030421.28	5915548.62	7868997.93	245319.73	555
活动室	7486284.77	3187441.64	4167470.59	131172.54	200
洗手间	1425136.19	616937.84	784928.42	23144.93	125
睡眠室	3952699.74	1699266.81	2186224.05	67058.88	150
保健室	524557.17	171844.73	341614.35	11068.09	30
图书室	641743.41	240057.6	388760.52	12875.29	50
二、行政办公用房	1229961.89	468176.58	735503.54	26201.77	80
其中：教师办公室	771674.56	274822.16	479399.39	17393.01	60
三、生活用房	1928898.17	696903.79	1180326.11	51488.27	180
其中：厨房	945201.17	358626.88	564251.47	22272.82	50
四、其他用房	2104616.26	913925.67	1145206.38	45269.21	215

幼儿园校舍情况（城区）

单位：平方米

类别	合计	框架结构	砖混结构	砖木结构	土木结构
总计	6978244.88	3697532.42	3190063.21	90649.25	
其中：危房	9252		7782	1470	
当年新增	134367.51	93511.09	40856.42		
一、教学及辅助用房	5147727.85	2717079.42	2366457.61	64190.82	
活动室	2791006.55	1483732.62	1273374.78	33899.15	
洗手间	520301.88	277909.04	235820.75	6572.09	
睡眠室	1490870.91	787034.78	685133.35	18702.78	
保健室	140854.89	63288.76	75379.33	2186.8	
图书室	204693.62	105114.22	96749.4	2830	
二、行政办公用房	375687.71	191702.15	179175.65	4809.91	
其中：教师办公室	209350.46	102751.33	103990.83	2608.3	
三、生活用房	618413.61	304750.53	305041.32	8621.76	
其中：厨房	323962.57	166394.85	153929.56	3638.16	
四、其他用房	836415.71	484000.32	339388.63	13026.76	

幼儿园校舍情况（镇区）

单位：平方米

类型	合计	框架结构	砖混结构	砖木结构	土木结构
总计	8746743.04	3448013.29	5145823.12	152861.63	45
其中：危房	24833	3078	21019	736	
当年新增	182913.4	110093	72820.4		
一、教学及辅助用房	6392730.86	2590163.77	3698292.09	104275	
活动室	3405978.33	1394947.43	1955327.89	55703.01	
洗手间	639595.76	271170.64	359386.25	9038.87	
睡眠室	1797567.07	737799.34	1029660.63	30107.1	
保健室	255461.33	81809.12	169209.2	4443.01	
图书室	294128.37	104437.24	184708.12	4983.01	
二、行政办公用房	581911.14	215649.39	355796.74	10465.01	
其中：教师办公室	372414.5	131352	233961.49	7101.01	
三、生活用房	881316.69	302369.85	557249.23	21697.61	
其中：厨房	415441.82	149353.76	256227.45	9860.61	
四、其他用房	890784.35	339830.28	534485.06	16424.01	45

幼儿园校舍情况（乡村）

单位：平方米

类型	合计	框架结构	砖混结构	砖木结构	土木结构
总计	3568909.68	849008.95	2594147.63	124768.1	985
其中：危房	13851		13155	696	
当年新增	96804.52	44601.12	52183.4	20	
一、教学及辅助用房	2489962.57	608305.43	1804248.23	76853.91	555
活动室	1289299.89	308761.59	938767.92	41570.38	200
洗手间	265238.55	67858.16	189721.42	7533.97	125
睡眠室	664261.76	174432.69	471430.07	18249	150
保健室	128240.95	26746.85	97025.82	4438.28	30
图书室	142921.42	30506.14	107303	5062.28	50
二、行政办公用房	272363.04	60825.04	200531.15	10926.85	80
其中：教师办公室	189909.6	40718.83	141447.07	7683.7	60
三、生活用房	429167.87	89783.41	318035.56	21168.9	180
其中：厨房	205796.78	42878.27	154094.46	8774.05	50
四、其他用房	377416.2	90095.07	271332.69	15818.44	170

幼儿园占地面积及其他办学条件

类别	占地面积（平方米）			图书（册）	数字资源（GB）			
	计	其中：绿化用地面积	其中：运动场地面积		电子图书（册）	电子期刊（册）	学位论文（册）	音视频（小时）
总计	29191473.66	4569276.33	8263015.28	23382099	1987692	465645	49658	1279158.5
城区	8928123.3	1431843.82	2617797.05	8777099	976623	196264	20928	671469
镇区	13078719.51	2001220.04	3696658.82	10409651	742996	213858	24643	440061.5
乡村	7184630.85	1136212.47	1948559.41	4195349	268073	55523	4087	167628

附设幼儿班情况

单位：人

类型	园数（所）	班数（个）	离园人数	入园人数	在园人数	专任教师					
						合计	研究生毕业	本科毕业	专科毕业	高中阶段毕业	高中阶段毕业以下
总计	4438	5242	94935	71565	120582	3228		397	1955	853	23
小学	4159	4634	85267	64736	104656	2823		293	1704	803	23
初中	269	568	9414	6117	14851	327		78	203	46	
高中	4	12	135	202	259	20		9	10	1	
中等职业学校	2	22	38	446	646	51		16	35		
普通高等学校											
成人高等学校											
特殊教育学校	4	6	81	64	170	7		1	3	3	

普通中学校数

单位：所

项目 数目 类别	合计	城区					镇区					乡村				
		计	教育部门	其他部门	地方企业	民办	计	教育部门	其他部门	地方企业	民办	计	教育部门	其他部门	地方企业	民办
总计	4010	712	524	12		176	2019	1817	2		200	1279	1233			46
其中：独立设置少数民族学校	120	3	3				71	68			3	46	46			
初级中学	2049	279	254	5		20	1105	1069			36	665	659			6
九年一贯制学校	1319	181	107	1		73	561	471	1		89	577	544			33
完全中学	213	98	69	6		23	106	92	1		13	9	8			1
高级中学	344	115	92			23	205	181			24	24	21			3
十二年一贯制学校	85	39	2			37	42	4			38	4	1			3
长沙市	341	158	127	7		24	116	106			10	67	64			3
株洲市	194	59	44			15	97	91			6	38	38			
湘潭市	166	34	29			5	56	51			5	76	75			1
衡阳市	452	79	54	1		24	203	174			29	170	154			16
邵阳市	466	53	34	1		18	277	248	1		28	136	131			5
岳阳市	305	65	54			11	140	130			10	100	98			2
常德市	278	36	25	1		10	202	194			8	40	40			
张家界市	101	14	12			2	50	48			2	37	37			
益阳市	214	27	21			6	114	109			5	73	68			5
郴州市	304	42	30	1		11	181	156			25	81	78			3
永州市	342	38	23			15	213	172	1		40	91	87			4
怀化市	371	52	28			24	153	144			9	166	163			3
娄底市	294	46	34	1		11	82	72			10	166	164			2
湘西州	182	9	9				135	122			13	38	36			2

中学班数

单位：个

类别＼项目＼数目	合计	初中				高中			
		计	一年级	二年级	三年级	计	一年级	二年级	三年级
总计	73946	51535	17918	17587	16030	22411	7919	7446	7046
其中：四年制初中						*	*	*	*
九年一贯制学校	11974	11974	4253	4081	3640	*	*	*	*
十二年一贯制学校	4125	2192	769	758	665	1933	723	620	590
其他学校附设班	51	20	8	6	6	31	13	12	6
独立设置少数民族学校	1712	1271	425	418	428	441	149	148	144
教育部门	62306	43595	15075	14868	13652	18711	6439	6236	6036
其他部门	260	161	56	54	51	99	34	33	32
民办	11380	7779	2787	2665	2327	3601	1446	1177	978
城区	22448	14104	5056	4772	4276	8344	2919	2800	2625
教育部门	17155	10495	3758	3552	3185	6660	2265	2232	2163
其他部门	172	109	37	36	36	63	21	21	21
民办	5121	3500	1261	1184	1055	1621	633	547	441
镇区	40923	27868	9660	9533	8675	13055	4616	4329	4110
教育部门	35301	24057	8307	8215	7535	11244	3889	3748	3607
其他部门	88	52	19	18	15	36	13	12	11
民办	5534	3759	1334	1300	1125	1775	714	569	492
乡村	10575	9563	3202	3282	3079	1012	384	317	311
教育部门	9850	9043	3010	3101	2932	807	285	256	266
其他部门									
民办	725	520	192	181	147	205	99	61	45
长沙市	8585	5648	2016	1888	1744	2937	1044	976	917
株洲市	3863	2557	905	856	796	1306	464	426	416
湘潭市	2445	1556	535	521	500	889	308	291	290
衡阳市	8403	5772	1992	1981	1799	2631	939	869	823
邵阳市	8733	6374	2208	2215	1951	2359	842	799	718
岳阳市	5288	3570	1229	1203	1138	1718	586	567	565
常德市	4437	2987	1031	1013	943	1450	503	475	472
张家界市	1630	1147	395	391	361	483	171	158	154
益阳市	3762	2538	870	876	792	1224	430	412	382
郴州市	6582	4739	1625	1640	1474	1843	676	618	549
永州市	7238	5528	1954	1896	1678	1710	604	563	543
怀化市	5260	3757	1295	1287	1175	1503	533	498	472
娄底市	4671	3241	1123	1108	1010	1430	503	482	445
湘西州	3049	2121	740	712	669	928	316	312	300

中学班额情况

单位：个

类别 数目 项目	合计	初中				高中			
		计	一年级	二年级	三年级	计	一年级	二年级	三年级
总计	73946	51535	17918	17587	16030	22411	7919	7446	7046
城区：25人及以下	171	73	27	23	23	98	27	31	40
26～30人	155	72	19	23	30	83	18	40	25
31～35人	310	211	75	75	61	99	23	39	37
36～40人	743	465	171	152	142	278	39	143	96
41～45人	2182	1500	626	464	410	682	163	296	223
46～50人	6354	4864	1955	1815	1094	1490	422	537	531
51～55人	9646	6221	2137	2128	1956	3425	1421	1091	913
56～60人	1487	382	38	72	272	1105	461	336	308
61～65人	1007	316	8	20	288	691	196	165	330
66人及以上	393					393	149	122	122
镇区：25人及以下	253	212	77	66	69	41	8	17	16
26～30人	355	331	121	101	109	24	4	7	13
31～35人	826	738	272	214	252	88	11	36	41
36～40人	1933	1735	630	576	529	198	43	90	65
41～45人	4149	3705	1363	1262	1080	444	107	198	139
46～50人	10846	9439	3611	3414	2414	1407	350	536	521
51～55人	15959	10289	3494	3716	3079	5670	2398	1794	1478
56～60人	2800	520	43	58	419	2280	746	786	748
61～65人	2753	899	49	126	724	1854	619	567	668
66人及以上	1049					1049	330	298	421
乡村：25人及以下	256	256	97	81	78				
26～30人	462	453	164	153	136	9	7	1	1
31～35人	833	812	310	235	267	21	1	5	15
36～40人	1402	1357	477	467	413	45	7	16	22
41～45人	2001	1951	686	671	594	50	17	20	13
46～50人	2691	2521	874	887	760	170	60	59	51
51～55人	2402	1980	552	741	687	422	185	121	116
56～60人	282	129	26	25	78	153	50	50	53
61～65人	200	104	16	22	66	96	38	30	28
66人及以上	46					46	19	15	12
长沙市	8585	5648	2016	1888	1744	2937	1044	976	917
株洲市	3863	2557	905	856	796	1306	464	426	416
湘潭市	2445	1556	535	521	500	889	308	291	290
衡阳市	8403	5772	1992	1981	1799	2631	939	869	823
邵阳市	8733	6374	2208	2215	1951	2359	842	799	718
岳阳市	5288	3570	1229	1203	1138	1718	586	567	565
常德市	4437	2987	1031	1013	943	1450	503	475	472
张家界市	1630	1147	395	391	361	483	171	158	154
益阳市	3762	2538	870	876	792	1224	430	412	382
郴州市	6582	4739	1625	1640	1474	1843	676	618	549
永州市	7238	5528	1954	1896	1678	1710	604	563	543
怀化市	5260	3757	1295	1287	1175	1503	533	498	472
娄底市	4671	3241	1123	1108	1010	1430	503	482	445
湘西州	3049	2121	740	712	669	928	316	312	300

初级中学学龄人口入学及在校学生情况

单位：人

项目 类别	校内外学龄人口数 计	其中:女	在校学龄人口数 计	其中:女	招生数	在校生数 合计	其中:女	一年级	二年级	三年级
总计	2264784	1048609	2264332	1048420	851250	2482512	1149677	851250	844757	786505
其中:女	1048609	*	1048420	*	394040	1149677	*	394040	392621	363016
少数民族	276933	126472	*	*	105180	305949	143849	105180	103997	96772
寄宿生	*	*	*	*	456379	1394455	642223	456379	472330	465746
10岁及以下	*	*	*	*	85	88	38	85	2	1
11岁					121242	121365	61088	121242	121	2
12岁	785902	373099	785824	373064	643021	785824	373064	643021	142558	245
13岁	835653	386056	835490	385986	82516	835490	385986	82516	609446	143528
14岁	643229	289454	643018	289370	4359	643018	289370	4359	87553	551106
15岁					22	92052	38201	22	5042	86988
16岁					2	4637	1914	2	30	4605
17岁			*	*		30	10		3	27
18岁及以上			*	*	3	8	6	3	2	3
城区	643569	295295	643569	295295	248601	702858	322982	248601	236230	218027
其中:女	295295	*	295295	*	114866	322982	*	114866	108922	99194
少数民族	36046	16268	*	*	15178	42591	19937	15178	14573	12840
寄宿生	*	*	*	*	86704	241529	106558	86704	80512	74313
10岁及以下	*	*	*	*	24	27	11	24	2	1
11岁					37819	37854	19198	37819	33	2
12岁	234603	109555	234603	109555	189083	234603	109555	189083	45375	145
13岁	235750	108355	235750	108355	21023	235750	108355	21023	168449	46278
14岁	173216	77385	173216	77385	645	173216	77385	645	21125	151446
15岁					3	20458	8135	3	1241	19214
16岁					1	939	337	1	2	936
17岁			*	*		5	1		2	3
18岁及以上			*	*	3	6	5	3	1	2
镇区	1243840	576658	1243577	576536	464192	1358254	629589	464192	463082	430980
其中:女	576658	*	576536	*	214616	629589	*	214616	215399	199574
少数民族	191832	87588	*	*	72464	209383	98549	72464	70829	66090
寄宿生	*	*	*	*	272699	836920	387605	272699	284254	279967
10岁及以下	*	*	*	*	27	27	13	27		
11岁					59162	59203	29722	59162	41	
12岁	424725	203086	424671	203062	355408	424671	203062	355408	69221	42
13岁	457403	211176	457311	211136	46737	457311	211136	46737	340740	69834
14岁	361712	162396	361595	162338	2842	361595	162338	2842	50146	308607
15岁					15	52633	22079	15	2910	49708
16岁					1	2791	1231	1	22	2768
17岁			*	*		21	7		1	20
18岁及以上			*	*	2	1			1	1
乡村	377375	176656	377186	176589	138457	421400	197106	138457	145445	137498
其中:女	176656	*	176589	*	64558	197106	*	64558	68300	64248
少数民族	49055	22616	*	*	17538	53975	25363	17538	18595	17842
寄宿生	*	*	*	*	96976	316006	148060	96976	107564	111466
10岁及以下	*	*	*	*	34	34	14	34		
11岁					24261	24308	12168	24261	47	
12岁	126574	60458	126550	60447	98530	126550	60447	98530	27962	58
13岁	142500	66525	142429	66495	14756	142429	66495	14756	100257	27416
14岁	108301	49673	108207	49647	872	108207	49647	872	16282	91053
15岁					4	18961	7987	4	891	18066
16岁						907	346		6	901
17岁			*	*		4	2			4
18岁及以上			*	*						

初中分办别、分城乡学生情况

单位：人

类别＼项目＼数目	毕业生数	招生数	在校生数					预计毕业生数
			合计	其中：女	一年级	二年级	三年级	
总计	769462	851250	2482512	1149677	851250	844757	786505	786505
女	352610	394040	1149677	*	394040	392621	363016	363016
少数民族	94588	105180	305949	143849	105180	103997	96772	96772
总计中：四年制								
九年一贯制学校	156673	191240	544391	246520	191240	186264	166887	166887
十二年一贯制学校	29791	37829	109912	43494	37829	37984	34099	34099
完全中学	71032	76558	222357	104924	76558	73646	72153	72153
附设普通初中班	214	306	723	225	306	219	198	198
独立设置少数民族学校	20755	19272	58636	26772	19272	19172	20192	20192
进城务工人员随迁子女	51247	59912	167798	74381	59912	56515	51371	51371
其中：外省迁入	6685	9471	25793	11633	9471	8573	7749	7749
本省外县迁入	44562	50441	142005	62748	50441	47942	43622	43622
农村留守儿童	202593	205047	615839	289128	205047	211470	199322	199322
送教上门	187	713	1914	694	713	618	583	583
教育部门	661534	713028	2090468	988415	713028	711199	666241	666241
其他部门	2020	2499	7441	3281	2499	2561	2381	2381
民办	105908	135723	384603	157981	135723	130997	117883	117883
城区	208980	248601	702858	322982	248601	236230	218027	218027
教育部门	160240	185665	524793	248619	185665	175958	163170	163170
其他部门	1288	1606	4966	2403	1606	1686	1674	1674
民办	47452	61330	173099	71960	61330	58586	53183	53183
镇区	422982	464192	1358254	629589	464192	463082	430980	430980
教育部门	369331	397934	1168409	552460	397934	398131	372344	372344
其他部门	732	893	2475	878	893	875	707	707
民办	52919	65365	187370	76251	65365	64076	57929	57929
乡村	137500	138457	421400	197106	138457	145445	137498	137498
教育部门	131963	129429	397266	187336	129429	137110	130727	130727
其他部门								
民办	5537	9028	24134	9770	9028	8335	6771	6771

初级中学学龄人口入学及在校学生分市、州情况

单位：人

项目 数目 类别	校内外学龄人口数		在校学龄人口数		招生数	在校生数				
	计	其中：女	计	其中：女		合计	其中：女	一年级	二年级	三年级
总计	2264784	1048609	2264332	1048420	851250	2482512	1149677	851250	844757	786505
长沙市	243982	114447	243982	114447	95754	270261	126944	95754	90059	84448
株洲市	115698	55557	115698	55557	43064	122247	58546	43064	41448	37735
湘潭市	61805	29055	61805	29055	24318	72256	33937	24318	24021	23917
衡阳市	263912	121071	263912	121071	96287	283395	129702	96287	96754	90354
邵阳市	281984	127695	281984	127695	108194	320353	145439	108194	110007	102152
岳阳市	147299	67540	147299	67540	55838	164779	75922	55838	55174	53767
常德市	133103	64743	133103	64743	48545	140529	68087	48545	47866	44118
张家界市	49477	23670	49477	23670	18611	55327	26668	18611	19011	17705
益阳市	106930	51126	106930	51126	40529	119628	57552	40529	41235	37864
郴州市	221595	101359	221595	101359	80211	238215	108901	80211	81381	76623
永州市	249335	112468	249335	112468	90492	260612	117528	90492	89311	80809
怀化市	159447	73725	159447	73725	59037	172835	79542	59037	59078	54720
娄底市	139724	62955	139724	62955	55110	160960	72738	55110	55495	50355
湘西州	90493	43198	90041	43009	35260	101115	48171	35260	33917	31938
城区	643569	295295	643569	295295	248601	702858	322982	248601	236230	218027
长沙市	161163	74387	161163	74387	63926	176751	81650	63926	58241	54584
株洲市	50682	24246	50682	24246	19339	53506	25479	19339	17893	16274
湘潭市	23705	11302	23705	11302	9812	27253	13203	9812	8822	8619
衡阳市	81387	36416	81387	36416	31144	87103	39015	31144	29952	26007
邵阳市	47225	20998	47225	20998	18690	54758	24567	18690	18760	17308
岳阳市	47473	21192	47473	21192	18021	52521	23587	18021	17688	16812
常德市	25887	12600	25887	12600	9960	27963	13563	9960	9386	8617
张家界市	14677	6936	14677	6936	5626	16088	7717	5626	5379	5083
益阳市	23566	11333	23566	11333	8700	25539	12207	8700	8738	8101
郴州市	47169	21318	47169	21318	18284	51120	23215	18284	16920	15916
永州市	42509	18948	42509	18948	14976	42574	18971	14976	14285	13313
怀化市	30133	13848	30133	13848	10726	32648	14816	10726	11477	10445
娄底市	38438	17040	38438	17040	15775	45036	20070	15775	15202	14059
湘西州	9555	4731	9555	4731	3622	9998	4922	3622	3487	2889

续表

类别	较内外学龄人口数 计	其中：女	在校学龄人口数 计	其中：女	招生数	在校生数 合计	其中：女	一年级	二年级	三年级
镇区	1243840	576658	1243577	576536	464192	1358254	629589	464192	463082	430980
长沙市	63719	30389	63719	30389	24698	72160	34514	24698	24482	22980
株洲市	56636	27262	56636	27262	20909	60120	28910	20909	20652	18559
湘潭市	24813	11411	24813	11411	9816	29851	13535	9816	9933	10102
衡阳市	127510	59397	127510	59397	45799	136897	63604	45799	46457	44641
邵阳市	189429	85904	189429	85904	72386	213346	96825	72386	73065	67895
岳阳市	67300	31127	67300	31127	25322	74852	34880	25322	25132	24398
常德市	95836	46631	95836	46631	34502	100429	48669	34502	34310	31617
张家界市	23679	11269	23679	11269	9034	26769	12853	9034	9306	8429
益阳市	60551	28793	60551	28793	23429	68452	32980	23429	23569	21454
郴州市	144421	66053	144421	66053	51656	153578	70047	51656	52574	49348
永州市	177419	80300	177419	80300	65185	186464	84372	65185	63792	57487
怀化市	89102	41259	89102	41259	32961	96265	44420	32961	32836	30468
娄底市	50553	22320	50553	22320	19762	56932	25135	19762	19626	17544
湘西州	72872	34543	72609	34421	28733	82139	38845	28733	27348	26058
乡村	377375	176656	377186	176589	138457	421400	197106	138457	145445	137498
长沙市	19100	9671	19100	9671	7130	21350	10780	7130	7336	6884
株洲市	8380	4049	8380	4049	2816	8621	4157	2816	2903	2902
湘潭市	13287	6342	13287	6342	4690	15152	7199	4690	5266	5196
衡阳市	55015	25258	55015	25258	19344	59395	27083	19344	20345	19706
邵阳市	45330	20793	45330	20793	17118	52249	24047	17118	18182	16949
岳阳市	32526	15221	32526	15221	12495	37406	17455	12495	12354	12557
常德市	11380	5512	11380	5512	4083	12137	5855	4083	4170	3884
张家界市	11121	5465	11121	5465	3951	12470	6098	3951	4326	4193
益阳市	22813	11000	22813	11000	8400	25637	12365	8400	8928	8309
郴州市	30005	13988	30005	13988	10271	33517	15639	10271	11887	11359
永州市	29407	13220	29407	13220	10331	31574	14185	10331	11234	10009
怀化市	40212	18618	40212	18618	15350	43922	20306	15350	14765	13807
娄底市	50733	23595	50733	23595	19573	58992	27533	19573	20667	18752
湘西州	8066	3924	7877	3857	2905	8978	4404	2905	3082	2991

普通高中分年龄在校生情况

单位：人

类别　　项目　数目	招生数	在校生数				
		合计	其中：女	一年级	二年级	三年级
总计	437339	1221359	595507	437345	398401	385613
其中：寄宿生	321862	848060	410998	321863	280781	245416
重读生	*	168	79	6	10	152
其中：女	*	79	*	1	3	75
14岁及以下	91523	91606	52633	91524	80	2
15岁	300376	390764	196124	300377	90305	82
16岁	41975	395302	190042	41977	262081	91244
17岁	3435	292369	134611	3436	42371	246562
18岁	30	47291	20306	31	3537	43723
19岁		3990	1775		23	3967
20岁		29	13		4	25
21岁		3	1			3
22岁及以上		5	2			5
城区	156868	438904	210197	156872	143614	138418
其中：寄宿生	105811	269091	128159	105811	90004	73276
重读生	*	153	75	4		149
其中：女	*	75	*	1		74
14岁及以下	36751	36802	20971	36752	48	2
15岁	108951	145666	71754	108952	36661	53
16岁	10211	141847	67154	10212	94342	37293
17岁	939	101249	45323	939	11775	88535
18岁	16	12314	4601	17	773	11524
19岁		1007	388		11	996
20岁		17	5		4	13
21岁		2	1			2
22岁及以上						

续表

类别	招生数	在校生数				
数目 项目		合计	其中：女	一年级	二年级	三年级
镇区	259822	728547	359942	259824	237871	230852
其中：寄宿生	197121	529649	259368	197122	174721	157806
重读生	*	15	4	2	10	3
其中：女	*	4	*		3	1
14 岁及以下	49654	49686	28841	49654	32	
15 岁	177712	226953	115821	177712	49212	29
16 岁	30071	236626	114987	30072	156857	49697
17 岁	2373	179600	84136	2374	29097	148129
18 岁	12	32876	14827	12	2661	30203
19 岁		2788	1320		12	2776
20 岁		12	8			12
21 岁		1				1
22 岁及以上		5	2			5
乡村	20649	53908	25368	20649	16916	16343
其中：寄宿生	18930	49320	23471	18930	16056	14334
重读生	*					
其中：女	*			*		
14 岁及以下	5118	5118	2821	5118		
15 岁	13713	18145	8549	13713	4432	
16 岁	1693	16829	7901	1693	10882	4254
17 岁	123	11520	5152	123	1499	9898
18 岁	2	2101	878	2	103	1996
19 岁		195	67			195
20 岁						
21 岁						
22 岁及以上						

普通高中分办别、分城乡学生情况

单位：人

类别 \ 项目 \ 数目	毕业生数	招生数	在校生数					预计毕业生数
			合计	其中：女	一年级	二年级	三年级	
总计	379575	437339	1221359	595507	437345	398401	385613	385613
女	188319	211904	595507	*	211905	194383	189219	189219
少数民族	43616	50644	142086	74557	50644	46472	44970	44970
总计中：十二年一贯制学校	30232	40244	106339	43960	40245	33157	32937	32937
完全中学	101859	122727	337735	164015	122729	110168	104838	104838
附设普通高中班	196	567	1307	574	567	471	269	269
独立设置少数民族学校	7757	8543	24615	13013	8543	8185	7887	7887
残疾人	138	2028	6022	3101	2028	2018	1976	1976
教育部门	329152	357683	1023675	513489	357689	335037	330949	330949
其他部门	1621	1737	5244	2528	1737	1762	1745	1745
民办	48802	77919	192440	79490	77919	61602	52919	52919
城区	137186	156868	438904	210197	156872	143614	138418	138418
教育部门	115255	122597	352270	174901	122601	115097	114572	114572
其他部门	899	954	3010	1474	954	1004	1052	1052
民办	21032	33317	83624	33822	33317	27513	22794	22794
镇区	226893	259822	728547	359942	259824	237871	230852	230852
教育部门	200945	219324	628075	317148	219326	206302	202447	202447
其他部门	722	783	2234	1054	783	758	693	693
民办	25226	39715	98238	41740	39715	30811	27712	27712
乡村	15496	20649	53908	25368	20649	16916	16343	16343
教育部门	12952	15762	43330	21440	15762	13638	13930	13930
其他部门								
民办	2544	4887	10578	3928	4887	3278	2413	2413

普通高中学生分市、州情况

单位：人

市州名称	招生数	在校生数				
		合计	其中：女	一年级	二年级	三年级
总计	437339	1221359	595507	437345	398401	385613
长沙市	53116	147413	74514	53120	48423	45870
株洲市	23851	65165	33904	23851	20996	20318
湘潭市	15470	44789	21148	15472	14269	15048
衡阳市	53220	149666	67817	53220	48660	47786
邵阳市	49023	137717	64825	49023	45533	43161
岳阳市	30351	87920	43324	30351	28362	29207
常德市	27007	76146	38919	27007	24565	24574
张家界市	9829	27093	14509	9829	8812	8452
益阳市	23145	65480	32486	23145	21925	20410
郴州市	38313	103872	50647	38313	34076	31483
永州市	36769	101736	48740	36769	32792	32175
怀化市	29616	80791	39691	29616	26356	24819
娄底市	30101	83015	37780	30101	27016	25898
湘西州	17528	50556	27203	17528	16616	16412
城区	156868	438904	210197	156872	143614	138418
长沙市	34958	97939	48629	34960	32468	30511
株洲市	12603	33986	17421	12603	10934	10449
湘潭市	6922	21157	10269	6924	6987	7246
衡阳市	21933	61928	27736	21933	20244	19751
邵阳市	12317	32672	14974	12317	11001	9354
岳阳市	11426	33516	15932	11426	10967	11123
常德市	7163	20124	10378	7163	6477	6484
张家界市	3250	9102	4727	3250	3029	2823
益阳市	6701	19021	9632	6701	6288	6032
郴州市	10200	27017	12865	10200	8348	8469
永州市	7919	22594	10374	7919	7426	7249
怀化市	9064	24743	11255	9064	8053	7626
娄底市	11599	32801	14836	11599	10570	10632
湘西州	813	2304	1169	813	822	669
镇区	259822	728547	359942	259824	237871	230852
长沙市	14558	41466	21703	14560	13737	13169
株洲市	11248	31179	16483	11248	10062	9869
湘潭市	5641	16333	7431	5641	5142	5550
衡阳市	29281	83170	38209	29281	27587	26302
邵阳市	36086	103423	49119	36086	33992	33345
岳阳市	18244	52300	26513	18244	16844	17212
常德市	19105	53753	27459	19105	17285	17363
张家界市	5822	15846	8646	5822	5082	4942
益阳市	13794	38993	19790	13794	12941	12258
郴州市	26119	71205	35067	26119	23679	21407
永州市	27878	76230	36972	27878	24469	23883
怀化市	19563	53356	27124	19563	17376	16417
娄底市	16666	45597	20799	16666	14774	14157
湘西州	15817	45696	24627	15817	14901	14978

续表

市州名称	招生数	在校生数				
		合计	其中：女	一年级	二年级	三年级
乡村	20649	53908	25368	20649	16916	16343
长沙市	3600	8008	4182	3600	2218	2190
株洲市						
湘潭市	2907	7299	3448	2907	2140	2252
衡阳市	2006	4568	1872	2006	829	1733
邵阳市	620	1622	732	620	540	462
岳阳市	681	2104	879	681	551	872
常德市	739	2269	1082	739	803	727
张家界市	757	2145	1136	757	701	687
益阳市	2650	7466	3064	2650	2696	2120
郴州市	1994	5650	2715	1994	2049	1607
永州市	972	2912	1394	972	897	1043
怀化市	989	2692	1312	989	927	776
娄底市	1836	4617	2145	1836	1672	1109
湘西州	898	2556	1407	898	893	765

普通初中学生分市、州变动情况

单位：人

市州名称	上学年初报表在校生数	增加学生数					减少学生数								本学年初报表在校生数
		合计	招生	复学	转入	其他	合计	毕业	结业	休学	退学	死亡	转出	其他	
总计	2404647	918399	851250	1895	65254		840534	769462		1676	1	106	69289		2482512
长沙市	258547	101648	95754	404	5490		89934	83290		366		12	6266		270261
株洲市	116750	45199	43064	65	2070		39702	37387		121		6	2188		122247
湘潭市	71850	25880	24318	41	1521		25474	23964		52	1	5	1452		72256
衡阳市	278103	102306	96287	49	5970		97014	91284		32		4	5694		283395
邵阳市	311065	114616	108194	131	6291		105328	98043		175		16	7094		320353
岳阳市	163058	59327	55838	139	3350		57606	53830		127		10	3639		164779
常德市	136239	51213	48545	121	2547		46923	44056		151		6	2710		140529
张家界市	55130	21322	18611	129	2582		21125	18271		148		4	2702		55327
益阳市	115914	43790	40529	71	3190		40076	37147		33			2896		119628
郴州市	231469	84765	80211	96	4458		78019	72719		48		6	5246		238215
永州市	247247	103086	90492	139	12455		89721	76256		35		9	13421		260612
怀化市	165352	65299	59037	394	5868		57816	52066		278		14	5458		172835
娄底市	154883	59772	55110	36	4626		53695	48757		42		5	4891		160960
湘西州	99040	40176	35260	80	4836		38101	32392		68		9	5632		101115

普通高中学生分市、州变动情况

单位：人

市州名称	上学年初报表在校生数	增加学生数					减少学生数								本学年初报表在校生数
		合计	招生	复学	转入	其他	合计	毕业	结业	休学	退学	死亡	转出	其他	
总计	1175466	455418	437339	1497	16582		409525	379575	226	1596	995	20	27108	5	1221359
长沙市	140254	54793	53116	240	1437		47634	45405	102	291	103	4	1729		147413
株洲市	61643	24515	23851	54	610		20993	19678	3	135	45		1132		65165
湘潭市	44896	15699	15470	28	201		15806	15134	27	70	62	4	509		44789
衡阳市	145097	54393	53220	147	1026		49824	45713	48	106	180	4	3773		149666
邵阳市	135326	51542	49023	157	2362		49151	45755		103	25		3268		137717
岳阳市	85980	31410	30351	150	909		29470	28019	2	103	50		1296		87920
常德市	75662	27662	27007	79	576		27178	25801		120	57	2	1198		76146
张家界市	25859	9993	9829	54	110		8759	8222		95	31		411		27093
益阳市	63344	23840	23145	28	667		21704	20747		30	8		919		65480
郴州市	95115	42180	38313	59	3808		33423	28513	29	104	110	1	4661	5	103872
永州市	96590	38703	36769	97	1837		33557	30630	15	50	152	1	2709		101736
怀化市	75768	31103	29616	214	1273		26080	23358		224	13	1	2484		80791
娄底市	80021	31488	30101	24	1363		28494	26436				1	2057		83015
湘西州	49911	18097	17528	166	403		17452	16164		165	159	2	962		50556

在校生中死亡的主要原因

单位：人

类别＼项目/数目	合计	事故灾难类								社会安全类			自然灾害类								其他			
		溺水	交通	拥挤踩踏	房屋倒塌	坠楼坠崖	中毒	爆炸	火灾	打架斗殴	校园伤害	刑事案件	山体滑坡	泥石流	洪水	地震	暴雨	冰雹	雪灾	龙卷风	自杀	猝死	传染病	其他
幼儿园	9	3	2				1		1													1	1	
校园内																								
校园外	9	3	2				1		1													1	1	
小学	165	41	25		2	11	9	1	3			4		2	4						1	10	2	50
校园内	4		1																			1		2
校园外	161	41	24		2	11	9	1	3			4		2	4						1	9	2	48
初中	106	32	14			3	7			1		3				1					4	9		32
校园内	5						1			1		1										2		
校园外	101	32	14			3	6					2				1					4	7		32
高中	20	3					1														2	5		9
校园内	7																				1	5		1
校园外	13	3					1														1			8
特殊教育	52	2				2			1													4		43
校园内																								
校园外	52	2				2			1													4		43

在校生中其他情况及外国籍学生情况

单位：人

类别 项目 数目	在校生数中				另有：外国籍学生
	共产党员	共青团员	华侨	港澳台	
幼儿园		*	119	53	133
其中：女		*	68	23	58
小学			54	888	148
其中：女			23	364	54
初中		291767	4	138	23
其中：女		138682		72	4
高中	124	794704		59	18
其中：女	45	401143		31	10
特殊教育		96		1	
其中：女		39		1	

普通中学学校教职工数

单位：人

类别 项目 数目	教职工数						代课教师	兼任教师
	合计	专任教师	行政人员	教辅人员	工勤人员	校办企业职工		
总计	340714	312303	6993	9500	11894	24	4252	477
女	185973	173755	1304	5305	5600	9	2972	244
少数民族	44550	42377	657	772	744		534	6
编制人员	285118	268733	5113	6280	4985	7	*	*
教育部门	287454	270697	5037	6499	5213	8	4245	388
其他部门	1092	860	64	97	71			
民办	52168	40746	1892	2904	6610	16	7	89
城区	102916	92437	2487	3947	4040	5	1465	169
教育部门	77529	72246	1489	2405	1388	1	1465	115
其他部门	826	691	42	71	22			
民办	24561	19500	956	1471	2630	4		54
镇区	183360	168710	3422	4880	6340	8	1804	228
教育部门	159404	150056	2591	3689	3061	7	1799	194
其他部门	266	169	22	26	49			
民办	23690	18485	809	1165	3230	1	5	34
乡村	54438	51156	1084	673	1514	11	983	80
教育部门	50521	48395	957	405	764		981	79
其他部门								
民办	3917	2761	127	268	750	11	2	1

中学专任教师专业技术职务、年龄结构情况

单位：人

类别	合计	其中：女	24岁及以下	25~29岁	30~34岁	35~39岁	40~44岁	45~49岁	50~54岁	55~59岁	60岁及以上
初中	181836	101493	17925	26659	21737	21810	29683	28332	23477	12044	169
其中：女	101493	*	14686	20664	15262	12966	14716	12330	10349	503	17
少数民族	23888	12628	2079	3932	2894	2901	4080	3915	2879	1200	8
正高级	112	44					9	31	29	32	11
副高级	26595	9465		5	120	923	3431	6878	9323	5847	68
中级	80357	38978	35	2087	6533	12573	20719	19317	13237	5795	61
助理级	42892	29103	3551	14059	11164	6793	4729	1729	649	213	5
员级	5592	4033	1847	2183	945	327	193	55	28	13	1
未定职级	26288	19870	12492	8325	2975	1194	602	322	211	144	23
高中	84365	39375	5949	10176	8929	11552	14125	13967	13713	5723	231
其中：女	39375	*	4566	7217	5493	6031	6076	5178	4514	269	31
少数民族	10223	5013	783	1593	1254	1344	1678	1744	1461	354	12
正高级	248	44			4	8	3	35	85	106	7
副高级	24295	7468	6	4	114	536	2921	6233	9718	4589	174
中级	30558	13407	16	625	2606	6447	9245	7146	3564	881	28
助理级	18347	11086	1170	5659	4995	4077	1709	438	232	66	1
员级	1558	1037	387	643	291	128	62	26	15	5	1
未定职级	9359	6333	4370	3245	919	356	185	89	99	76	20
城区											
初中	48803	31251	3809	6996	7127	6883	7864	7437	6169	2460	58
其中：女	31251	*	3083	5491	5171	4666	4772	4234	3616	209	9
少数民族	3446	2290	298	657	608	460	447	513	350	112	1
正高级	54	24					2	19	13	11	9
副高级	6939	3614		2	44	244	786	1803	2653	1382	25
中级	21489	12969	16	380	2102	3978	5691	5044	3281	976	21
助理级	11356	8023	515	3349	3607	2149	1126	430	138	41	1
员级	1171	838	310	463	251	90	35	13	6	3	
未定职级	7794	5783	2968	2802	1123	422	224	128	78	47	2
高中	31979	15696	1614	3579	3543	4677	5189	5423	5553	2285	116
其中：女	15696	*	1193	2481	2234	2624	2467	2354	2159	162	22
少数民族	2046	1175	147	391	300	294	296	287	256	68	7
正高级	140	31			2	4	3	19	44	63	5
副高级	9829	3577	6	4	72	221	1039	2484	4058	1850	95
中级	11977	5903	14	298	1117	2719	3523	2701	1289	307	9
助理级	6220	3722	269	1814	1826	1528	501	166	96	20	
员级	405	277	117	175	68	18	13	6	6	2	
未定职级	3408	2186	1208	1288	458	187	110	47	60	43	7

续表

类别	合计	其中：女	24岁及以下	25~29岁	30~34岁	35~39岁	40~44岁	45~49岁	50~54岁	55~59岁	60岁及以上
镇区											
初中	97550	52618	9730	13482	10630	11347	16591	15805	12969	6919	77
其中：女	52618	*	7987	10463	7416	6618	8075	6497	5333	224	5
少数民族	15623	8080	1167	2191	1721	1964	2953	2718	2073	830	6
正高级	37	14					2	10	10	13	2
副高级	14236	4581		1	40	471	1898	3717	4907	3170	32
中级	43720	20245	7	1183	3091	6301	11237	10831	7530	3517	23
助理级	23214	15487	1944	7208	5652	3799	3005	1056	408	140	2
员级	3166	2284	1047	1204	527	185	140	37	16	9	1
未定职级	13177	10007	6732	3886	1320	591	309	154	98	70	17
高中	48996	22075	3974	6044	4912	6499	8365	8072	7781	3243	106
其中：女	22075	*	3075	4345	2958	3244	3394	2695	2251	105	8
少数民族	7755	3659	604	1143	884	1007	1308	1371	1158	275	5
正高级	107	13			2	4		16	41	42	2
副高级	13648	3691			41	298	1722	3506	5416	2594	71
中级	17466	7061	2	289	1342	3494	5379	4238	2172	532	18
助理级	11212	6792	824	3517	2892	2430	1145	255	106	42	1
员级	1099	727	255	438	218	107	48	20	9	3	1
未定职级	5464	3791	2893	1800	417	166	71	37	37	30	13
乡村											
初中	35483	17624	4386	6181	3980	3580	5228	5090	4339	2665	34
其中：女	17624	*	3616	4710	2675	1682	1869	1599	1400	70	3
少数民族	4819	2258	614	1084	565	477	680	684	456	258	1
正高级	21	6					5	2	6	8	
副高级	5420	1270		2	36	208	747	1358	1763	1295	11
中级	15148	5764	12	524	1340	2294	3791	3442	2426	1302	17
助理级	8322	5593	1092	3502	1905	845	598	243	103	32	2
员级	1255	911	490	516	167	52	18	5	6	1	
未定职级	5317	4080	2792	1637	532	181	69	40	35	27	4
高中	3390	1604	361	553	474	376	571	472	379	195	9
其中：女	1604	*	298	391	301	163	215	129	104	2	1
少数民族	422	179	32	59	70	43	74	86	47	11	
正高级	1									1	
副高级	818	200			1	17	160	243	244	145	8
中级	1115	443		38	147	234	343	207	103	42	1
助理级	915	572	77	328	277	119	63	17	30	4	
员级	54	33	15	30	5	3	1				
未定职级	487	356	269	157	44	3	4	5	2	3	

中学分课程专任教师学历情况

类别 / 项目	合计	其中：女	思想品德（政治）	语文	数学	外语 计	外语 其中 英语	外语 其中 日语	外语 其中 俄语	科学	物理	化学
总计	266201	140868	15863	50267	44941	41118	41044	38	10	629	18584	14717
初中	181836	101493	10788	36706	32124	28405	28394	7		629	11542	7768
其中：女	101493	*	5159	24905	15149	24497	24488	6		217	3406	3465
少数民族	23888	12628	1633	4600	3935	3789	3788	1		63	1385	1011
研究生毕业	5029	3893	371	860	679	1178	1177	1		4	197	206
本科毕业	143925	85349	8111	29929	25314	24048	24038	6		381	9138	6358
专科毕业	32497	12181	2290	5853	6080	3164	3164			238	2192	1198
高中阶段毕业	380	68	16	64	51	15	15			6	14	6
高中阶段以下毕业	5	2									1	
高中	84365	39375	5075	13561	12817	12713	12650	31	10	*	7042	6949
其中：女	39375	*	2470	7738	3993	10060	10025	23	6	*	1455	2705
少数民族	10223	5013	743	1649	1462	1580	1577	3		*	748	736
研究生毕业	5975	4000	444	992	721	1219	1204	12	2	*	317	581
本科毕业	76791	34806	4521	12339	11919	11346	11298	19	8	*	6637	6296
专科毕业	1554	557	110	227	174	147	147			*	88	72
高中阶段毕业	40	11		3	3	1	1			*		
高中阶段以下毕业	5	1								*		
城区	80782	46947	4842	14453	13269	12816	12749	32	10	85	5832	4654
初中	48803	31251	2969	9351	8348	8054	8044	7		85	3120	2001
其中：女	31251	*	1961	7163	4373	7202	7193	6		31	1193	1088
少数民族	3446	2290	232	669	505	587	586	1		3	188	141
研究生毕业	3724	2941	272	656	536	867	866	1		2	149	141
本科毕业	40303	26218	2404	7882	6987	6636	6627	6		60	2645	1687
专科毕业	4758	2086	291	809	824	549	549			23	325	173
高中阶段毕业	18	6	2	4	1	2	2				1	
高中阶段以下毕业												
高中	31979	15696	1873	5102	4921	4762	4705	25	10	*	2712	2653
其中：女	15696	*	964	3163	1627	3825	3795	18	6	*	616	1104
少数民族	2046	1175	154	311	299	319	318	1		*	151	137
研究生毕业	3284	2185	206	566	423	647	632	12	2	*	182	314
本科毕业	28173	13309	1639	4473	4440	4067	4025	13	8	*	2494	2319
专科毕业	508	197	28	63	58	48	48			*	36	20
高中阶段毕业	9	4								*		
高中阶段以下毕业	5	1								*		

单位：人

| 生物 | 历史与社会 | 地理 | 历史 | 信息技术 | 通用技术 | 体育与健康 | 艺术 | 音乐 | 美术 | 综合实践活动 | | | 其他 | 本学年不授课专任教师 |
| | | | | | | | | | | 计 | 其中 | | | |
											信息技术	劳动与技术		
13722	1422	12682	14074	1718	418	13854	661	7026	6309	5607	4202	941	1848	741
8340	1422	8005	9231	*	*	9615	470	5081	4587	5285	4202	941	1331	507
4638	583	3962	4187	*	*	1945	244	3890	2652	1766	1424	287	588	240
1184	163	1108	1344	*	*	1224	93	761	690	752	598	148	73	80
277	23	192	292	*	*	260	11	133	146	108	90	15	74	18
6445	1019	6160	6889	*	*	7156	336	4171	3565	3792	3196	520	788	325
1607	371	1645	2035	*	*	2141	118	762	860	1357	902	394	438	148
11	9	8	15	*	*	58	5	13	16	28	14	12	29	16
				*	*			2					2	
5382	*	4677	4843	1718	418	4239	191	1945	1722	322	*	*	517	234
2581	*	2034	2166	598	126	714	111	1347	743	150	*	*	278	106
693	*	685	662	185	30	490	20	263	218	18	*	*	18	23
464	*	270	407	50	17	168	9	96	125	17	*	*	70	8
4848	*	4313	4341	1612	379	3945	170	1790	1537	233	*	*	356	209
69	*	94	95	55	18	123	11	59	59	67	*	*	69	17
1	*			1	4	3	1		1	5	*	*	17	
	*										*	*	5	
4364	298	3965	4365	649	179	4270	167	2171	1921	1481	1101	201	691	310
2349	298	2228	2576	*	*	2711	82	1391	1232	1380	1101	201	427	201
1542	168	1398	1571	*	*	632	47	1113	784	636	495	102	227	122
170	23	181	211	*	*	166	6	102	108	113	95	17	25	16
198	17	140	226	*	*	169	5	87	103	78	63	12	64	14
1932	236	1874	2094	*	*	2179	63	1157	979	1088	910	129	271	129
219	45	214	256	*	*	361	14	147	149	214	128	60	88	57
				*	*	2			1				4	1
				*	*									
2015	*	1737	1789	649	179	1559	85	780	689	101	*	*	264	109
1006	*	786	845	242	51	299	44	559	292	49	*	*	165	59
148	*	139	127	45	6	80	8	52	48	4	*	*	10	8
245	*	163	219	30	10	94	3	57	62	13	*	*	45	5
1749	*	1543	1540	595	162	1418	79	702	611	72	*	*	171	99
21	*	31	30	23	7	46	3	21	15	16	*	*	37	5
	*			1		1			1		*	*	6	
	*										*	*	5	

续表

数目 项目 类别	合计	其中：女	思想品德（政治）	语文	数学	外语				科学	物理	化学
						计	其中					
							英语	日语	俄语			
镇区	146546	74693	8712	27993	24875	22736	22729	6		352	10192	8144
初中	97550	52618	5722	20093	17500	15292	15291			352	6108	4113
其中：女	52618	*	2529	13180	7947	12986	12986			135	1695	1716
少数民族	15623	8080	1069	3019	2633	2513	2513			35	907	643
研究生毕业	1125	821	95	178	117	275	275			2	39	46
本科毕业	77373	44713	4316	16515	13780	13160	13159			215	4802	3365
专科毕业	18783	7042	1304	3357	3567	1848	1848			130	1255	698
高中阶段毕业	266	41	7	43	36	9	9			5	11	4
高中阶段以下毕业	3	1									1	
高中	48996	22075	2990	7900	7375	7444	7438	6		*	4084	4031
其中：女	22075	*	1403	4277	2175	5826	5821	5		*	781	1502
少数民族	7755	3659	555	1268	1096	1204	1202	2		*	567	568
研究生毕业	2503	1668	223	397	276	537	537			*	123	245
本科毕业	45475	20053	2694	7342	6990	6810	6804	6		*	3912	3735
专科毕业	988	347	73	158	106	96	96			*	49	51
高中阶段毕业	30	7		3	3	1	1			*		
高中阶段以下毕业										*		
乡村	38873	19228	2309	7821	6797	5566	5566			192	2560	1919
初中	35483	17624	2097	7262	6276	5059	5059			192	2314	1654
其中：女	17624	*	669	4562	2829	4309	4309			51	518	661
少数民族	4819	2258	332	912	797	689	689			25	290	227
研究生毕业	180	131	4	26	26	36	36				9	19
本科毕业	26249	14418	1391	5532	4547	4252	4252			106	1691	1306
专科毕业	8956	3053	695	1687	1689	767	767			85	612	327
高中阶段毕业	96	21	7	17	14	4	4			1	2	2
高中阶段以下毕业	2	1										
高中	3390	1604	212	559	521	507	507			*	246	265
其中：女	1604	*	103	298	191	409	409			*	58	99
少数民族	422	179	34	70	67	57	57			*	30	31
研究生毕业	188	147	15	29	22	35	35			*	12	22
本科毕业	3143	1444	188	524	489	469	469			*	231	242
专科毕业	58	13	9	6	10	3	3			*	3	1
高中阶段毕业	1									*		
高中阶段以下毕业										*		

生物	历史与社会	地理	历史	信息技术	通用技术	体育与健康	艺术	音乐	美术	综合实践活动			其他	本学年不授课专任教师
										计	其中			
											信息技术	劳动与技术		
7530	745	6929	7750	1004	222	7576	367	3779	3391	2947	2158	539	963	339
4361	745	4189	4899	*	*	5078	265	2691	2437	2737	2158	539	735	233
2346	276	1961	2040	*	*	1020	136	2058	1377	823	670	144	300	93
778	98	694	869	*	*	798	68	482	437	486	380	102	45	49
69	5	41	61	*	*	76	6	41	37	24	22	2	10	3
3351	538	3187	3604	*	*	3743	194	2217	1905	1904	1613	273	418	159
932	196	956	1226	*	*	1213	62	422	487	788	514	254	283	59
9	6	5	8	*	*	46	3	10	8	21	9	10	23	12
				*	*				1				1	
3169	*	2740	2851	1004	222	2498	102	1088	954	210	*	*	228	106
1488	*	1148	1224	333	68	390	66	736	414	97	*	*	104	43
522	*	517	505	130	23	395	12	197	160	14	*	*	8	14
207	*	96	177	18	7	67	6	36	57	3	*	*	25	3
2914	*	2585	2614	955	201	2356	88	1016	854	151	*	*	167	91
47	*	59	60	31	10	73	7	36	43	51	*	*	26	12
1	*				4	2	1			5	*	*	10	
	*										*	*		
1828	379	1788	1959	65	17	2008	127	1076	997	1179	943	201	194	92
1630	379	1588	1756	*	*	1826	123	999	918	1168	943	201	169	73
750	139	603	576	*	*	293	61	719	491	307	259	41	61	25
236	42	233	264	*	*	260	19	177	145	153	123	29	3	15
10	1	11	5	*	*	15		5	6	6	5	1		1
1162	245	1099	1191	*	*	1234	79	797	681	800	673	118	99	37
456	130	475	553	*	*	567	42	193	224	355	260	80	67	32
2	3	3	7	*	*	10	2	3	7	7	5	2	2	3
				*	*				1				1	
198	*	200	203	65	17	182	4	77	79	11	*	*	25	19
87	*	100	97	23	7	25	1	52	37	4	*	*	9	4
23	*	29	30	10	1	15		14	10		*	*		1
12	*	11	11	2		7		3	6	1	*	*		
185	*	185	187	62	16	171	3	72	72	10	*	*	18	19
1	*	4	5	1	1	4	1	2	1		*	*	6	
	*										*	*	1	
	*										*	*		

分市、州普通中学专任教师学历、专业技术职务情况

单位：人

类别	湖南省	长沙市	株洲市	湘潭市	衡阳市	邵阳市	岳阳市	常德市	张家界	益阳市	郴州市	永州市	怀化市	娄底市	湘西州
总计	266201	31973	14250	9332	29014	28024	20241	18898	6108	14931	21942	23656	18668	17425	11739
初中	181836	20260	9208	5971	19794	20695	13274	12418	4216	10272	15088	16985	13286	12322	8047
女	101493	13583	5509	3676	10572	11132	7711	6861	2145	5734	8233	8539	6795	6974	4029
少数民族	23888	812	169	62	106	1479	51	1377	3814	73	427	1853	6498	59	7108
研究生毕业	5029	2980	378	182	125	179	188	148	38	90	143	184	165	139	90
本科毕业	143925	16357	7656	5007	15518	15990	10646	10246	3073	7859	11872	13533	10094	9550	6524
专科毕业	32497	887	1153	773	4090	4450	2436	2011	1104	2302	3016	3250	3014	2598	1413
高中阶段毕业	380	36	21	9	56	76	4	13	1	21	57	18	13	35	20
高中阶段以下毕业	5			5											
正高级	112	18	7	9	23	10	11	6	1		6	11	7	2	1
副高级	26595	2367	1466	1264	2389	3005	1609	2329	733	1465	1885	2130	2446	2215	1292
中级	80357	8919	4111	2610	8911	8642	6677	5456	1699	5654	5356	6809	6301	5744	3468
助理级	42892	4925	1879	1092	4409	4641	3281	3273	1312	1768	3894	4674	2725	2613	2406
员级	5592	311	418	162	622	506	427	287	71	266	737	877	340	358	210
未定职级	26288	3720	1327	834	3440	3891	1269	1067	400	1119	3210	2484	1467	1390	670
高中	84365	11713	5042	3361	9220	7329	6967	6480	1892	4659	6854	6671	5382	5103	3692
女	39375	5962	2583	1761	4245	3032	3105	2979	809	2142	3311	2933	2442	2335	1736
少数民族	10223	539	136	65	73	446	65	755	1713	42	223	627	2368	25	3146
研究生毕业	5975	1720	549	230	489	455	418	337	90	209	292	370	291	317	208
本科毕业	76791	9922	4427	3106	8492	6574	6447	6039	1783	4367	6399	6216	4944	4657	3418
专科毕业	1554	64	64	25	225	300	101	102	19	79	154	80	146	129	66
高中阶段毕业	40	7	2		14		1	2		4	9		1		
高中阶段以下毕业	5											5			
正高级	248	41	16	9	44	13	36	17	5	7	12	9	19	9	11
副高级	24295	3247	1363	1211	2576	2259	1771	2075	587	1441	1763	1900	1666	1546	890
中级	30558	4697	1794	1116	3028	2481	2820	2413	684	1838	2016	2384	2004	1929	1354
助理级	18347	2442	1062	629	2041	1255	1639	1478	419	948	1630	1607	1050	1070	1077
员级	1558	88	34	39	163	72	166	159	47	47	289	242	78	103	31
未定职级	9359	1198	773	357	1368	1249	535	338	150	378	1144	529	565	446	329

中小学县级及以上骨干教师情况

单位：人

项目 类别	合计	小学	初中	高中
总计	53719	24103	17049	12567
城区	20893	9853	5756	5284
镇区	25428	9889	8580	6959
乡村	7398	4361	2713	324

中小学、特殊教育专任教师变动情况

单位：人

类别	上学年初报表专任教师数	增加教师数								减少教师数							本学年初报表专任教师数
		合计	录用毕业生 计	其中:师范生	调入 计	其中:外校	校内变动 计	其中:学段调整	其他	合计	自然减员	调出	校内变动 计	其中:学段调整	辞职	其他	
总计																	
幼儿园	108602	25475	8898	5157	14799	5958	1778			18200	734	7840	2432		7191	3	115877
女	107461	24687	8662	5025	14311	5777	1714			17458	698	7514	2351		6892	3	114690
小学	274527	52262	13700	6881	35455	19042	3107	497		39692	5086	29619	2636	454	2349	2	287097
女	190240	39184	11955	5998	25367	13867	1862	249		25422	2959	19261	1432	243	1770		204002
初中	175418	27548	7909	4108	17842	9595	1793	665	4	21130	1997	14846	2438	936	1849		181836
女	94720	17985	6265	3291	10780	5813	936	352	4	11212	988	7836	1227	479	1161		101493
高中	79968	9801	3513	2263	5287	2795	978	492	23	5404	577	3121	676	264	1023	7	84365
女	36162	5812	2562	1695	2782	1429	460	259	8	2599	271	1490	326	138	512		39375
特殊教育	2202	308	175	74	113	58	20			87	18	51	2		16		2423
女	1633	223	151	65	61	26	11			59	10	36			13		1797
城区																	
幼儿园	44237	11412	4657	3354	6363	3024	392			7185	224	2366	729		3866		48464
女	43793	11091	4500	3253	6227	2964	364			6886	217	2292	691		3686		47998
小学	73954	14187	3090	1606	10430	6134	667	144		7876	1002	5225	387	87	1262		80265
女	59322	11463	2635	1360	8358	4973	470	74		5760	768	3774	225	45	993		65025
初中	45605	7883	1886	1180	5531	3023	462	234	4	4685	513	2157	963	314	1052		48803
女	28702	5338	1420	911	3633	1980	281	139	4	2789	352	1178	586	191	673		31251
高中	30457	3420	1055	671	1948	1002	417	213		1898	299	812	301	190	479	7	31979
女	14610	2002	761	507	995	506	246	134		916	165	376	155	111	220		15696
特殊教育	1236	202	139	56	49	13	14			54	7	32	2		13		1384
女	926	158	117	49	33	8	8			37	5	21			11		1047
镇区																	
幼儿园	47998	10408	3234	1380	6120	2224	1054			8015	373	3984	1254		2401	3	50391
女	47490	10074	3178	1359	5864	2143	1032			7705	365	3797	1225		2315	3	49859
小学	124092	23353	5926	3048	16216	8810	1211	239		16816	2214	12787	1082	182	732	1	130629
女	87331	17624	5219	2684	11678	6430	727	111		11045	1375	8549	593	99	528		93910
初中	94514	14340	4098	2033	9351	5085	891	241		11304	1018	8633	1071	483	582		97550
女	49278	9213	3288	1654	5472	2988	453	112		5873	455	4577	472	220	369		52618
高中	46372	5817	2260	1459	3033	1695	501	252	23	3193	266	2094	307	67	526		48996
女	20122	3462	1655	1092	1592	857	207	119	8	1509	103	992	132	23	282		22075
特殊教育	956	105	36	18	63	45	6			33	11	19			3		1028
女	699	64	34	16	27	18	3			22		15			2		741
乡村																	
幼儿园	16367	3655	1007	423	2316	710	332			3000	137	1490	449		924		17022
女	16178	3522	984	413	2220	670	318			2867	116	1425	435		891		16833
小学	76481	14722	4684	2227	8809	4098	1229	114		15000	1870	11607	1167	185	355	1	76203
女	43587	10097	4101	1954	5331	2464	665	64		8617	816	6938	614	99	249		45067
初中	35299	5325	1925	895	2960	1487	440	190		5141	466	4056	404	139	215		35483
女	16740	3434	1557	726	1675	845	202	101		2550	181	2081	169	68	119		17624
高中	3139	564	198	133	306	98	60	27		313	12	215	68	7	18		3390
女	1430	348	146	96	195	66	7	6		174	3	122	39	4	10		1604
特殊教育	10	1			1												11
女	8	1			1												9

教职工其他情况

单位：人

类别 \ 项目	共产党员 计	其中：女	共青团员 计	其中：女	民主党派 计	其中：女	华侨 计	其中：女
总计	156145	71728	55400	50260	3641	2179	14	13
幼儿园	6895	5752	26515	26198	328	304	13	13
小学	57629	31040	11848	10438	962	731		
初级中学	35649	12413	4886	3974	580	312		
九年一贯制学校	19727	8229	5336	4471	99	64	1	
职业初中								
完全中学	12651	5546	1991	1503	493	234		
高级中学	19802	6805	2752	2046	1016	414		
十二年一贯制学校	2919	1471	1833	1423	27	16		
特殊教育	873	472	239	207	136	104		

专任教师其他情况

单位：人

类别 \ 项目	共产党员 计	其中：女	共青团员 计	其中：女	民主党派 计	其中：女	华侨 计	其中：女
幼儿园	4093	3843	23047	22890	154	153		
小学	64499	35098	15496	13613	983	750		
初中	49840	19281	8538	6897	774	434	1	
高中	25796	9544	3909	2883	1228	510		
特殊教育	758	421	232	203	126	102		

中小学校学生体质健康情况

单位：人

类别 \ 项目	上学年体检学生数	上学年参加国家学生体质健康标准测试人数 合计	优秀	良好	及格	不及格
总计	8775916	8772667	2165175	4231008	2304970	71514
小学	4412378	4409992	1081929	2112717	1185963	29383
初级中学	1568137	1567964	396494	744130	414089	13251
九年一贯制学校	1216341	1215391	307557	615995	283635	8204
职业初中						
完全中学	538363	538124	118417	245996	164817	8894
高级中学	749844	750457	188311	372400	182713	7033
十二年一贯制学校	290853	290739	72467	139770	73753	4749

专任教师接受培训情况

单位：人次、人

| 类别 | 接受培训专任教师（人） | 合计 | | 国内 | | | | | | | | | | | | 国（境）外 | |
| | | 接受培训专任教师（人次） | 培训时间（学时） | 计 | | 国家级 | | 省级 | | 地市级 | | 县级 | | 校级 | | 接受培训专任教师（人次） | 培训时间（学时） |
				接受培训专任教师（人次）	培训时间（学时）	接受培训专任教师（人次）	培训时间（学时）	接受培训专任教师（人次）	培训时间（学时）	接受培训专任教师（人次）	培训时间（学时）	接受培训专任教师（人次）	培训时间（学时）	接受培训专任教师（人次）	培训时间（学时）		
幼儿园	109037	500649	5216983	500639	5216905	8968	391529	11623	321230	23520	337361	86845	1250376	369683	2916409	10	78
女	107933	494784	5135769	494774	5135691	8829	385590	11340	313057	23002	326986	85739	1227889	365864	2882169	10	78
集中培训	*	483293	4643440	483283	4643362	4753	172401	7736	161740	20548	275729	81800	1132140	368446	2901352	10	78
远程培训	*	14273	527396	14273	527396	3996	212723	3584	153136	2441	54628	3635	97219	617	9690		
跟岗实践	*	3083	46147	3083	46147	219	6405	303	6354	531	7004	1410	21017	620	5367		
小学	272997	1041357	18203110	1041209	18199585	54038	2547221	65983	2311929	74355	1495673	256332	4930432	590501	6914330	148	3525
女	189974	727054	11993948	726975	11992046	34639	1633004	43839	1539754	51799	998581	171363	3140195	425335	4680512	79	1902
集中培训	*	904563	13120706	904499	13119074	21667	752475	25661	646062	54893	950426	217999	3923067	584279	6847044	64	1632
远程培训	*	125724	4895168	125646	4893418	31432	1765387	39408	1634109	18509	522872	33198	931957	3099	39093	78	1750
跟岗实践	*	11070	187236	11064	187093	939	29359	914	31758	953	22375	5135	75408	3123	28193	6	143
初中	173592	568283	11706459	568272	11702297	37258	1849752	40721	1515529	56118	1257103	145076	2918367	289099	4161546	11	4162
女	94102	300485	6030327	300480	6027207	17617	929597	19766	733919	31148	660414	75662	1461276	156287	2242001	5	3120
集中培训	*	472296	7876046	472289	7871924	13063	488551	15473	426432	38699	681980	118923	2169143	286131	4105818	7	4122
远程培训	*	86273	3636452	86271	3636432	23108	1329810	24323	1064936	15247	536103	21919	679667	1674	25916	2	20
跟岗实践	*	9714	193961	9712	193941	1087	31391	925	24161	2172	39020	4234	69557	1294	29812	2	20
高中	79115	273400	5491326	273370	5489818	12820	528359	28579	1031891	38845	868442	63345	1028407	129781	2032719	30	1508
女	35996	123895	2311278	123879	2309976	5328	205425	12306	426072	17793	371975	26532	418880	61920	887624	16	1302
集中培训	*	224862	3647643	224835	3646415	6062	147645	11641	291900	28479	493054	51815	748095	126838	1965721	27	1228
远程培训	*	43814	1756718	43813	1756698	6590	374827	16471	727891	9347	354082	9338	247814	2067	52084	1	20
跟岗实践	*	4724	86965	4722	86705	168	5887	467	12100	1019	21306	2192	32498	876	14914	2	260

普通中学校舍情况

单位：平方米

类别	合计	框架结构	砖混结构	砖木结构	土木结构
总计	64471644.89	29399151.14	33795155.41	1273335.02	4003.32
其中：危房	202289.49		178371.49	23473	445
当年新增	2361506.62	1901031.27	460475.35		
一、教学及辅助用房	23368940.89	11914048.75	11173828.94	281063.2	
教室	14688600.74	6940370.37	7566760.07	181470.3	
实验室	3545322.12	1770943.53	1725525.69	48852.9	
图书室	1785969.22	996949.63	768522.59	20497	
微机室	910862.81	406417.97	495091.84	9353	
语音室	440625.47	193229.79	241679.68	5716	
体育馆	1997560.53	1606137.46	376249.07	15174	
二、行政办公用房	4272826.74	2047506.85	2155573.57	68746.32	1000
其中：教师办公室	2632941.76	1214341.38	1383618.88	34981.5	
三、生活用房	32190723.79	13357755.65	18112206.06	719221.08	1541
教工宿舍	9996781.66	2926369.3	6799418.77	270061.59	932
其中：教师周转宿舍	3512624.82	1278365.96	2167847.3	66411.56	
学生宿舍	13156740.91	5701302.18	7278350.97	176765.76	322
食堂	5477856.17	3211330.75	2152961.88	113563.54	
厕所	1636860.15	782881.21	810284.38	43694.56	
其他	1922484.9	735872.21	1071190.06	115135.63	287
四、其他用房	4639153.47	2079839.89	2353546.84	204304.42	1462.32
城区	19000859.09	11688499.02	7018762.95	293597.12	
其中：危房	10778		9120	1658	
当年新增	640839.87	558299.2	82540.67		
一、教学及辅助用房	7601496.1	5116450.33	2384686.77	100359	
教室	4336668.04	2773786.64	1494522.4	68359	
实验室	1178438.96	773871.73	390953.23	13614	
图书室	602526.4	420557.56	175621.84	6347	
微机室	264236.23	159452.05	103265.18	1519	
语音室	119026.48	69518.71	48987.77	520	
体育馆	1100599.99	919263.64	171336.35	10000	
二、行政办公用房	1297413.99	847453.77	436174.22	13786	
其中：教师办公室	756291.65	483340.83	266049.82	6901	
三、生活用房	8498520.84	4750657.64	3611373.43	136489.77	
教工宿舍	1972169.87	760544.23	1163911.87	47713.77	
其中：教师周转宿舍	635826.77	328257.4	297831.41	9737.96	
学生宿舍	3796794.83	2137552.72	1614429.11	44813	
食堂	1619722.92	1180374.05	415180.87	24168	
厕所	541109.16	353465.99	182678.17	4965	
其他	568724.06	318720.65	235173.41	14830	
四、其他用房	1603428.16	973937.28	586528.53	42962.35	

续表

类别	合计	框架结构	砖混结构	砖木结构	土木结构
镇区	35134842.89	14988272.11	19454765.06	688287.4	3518.32
其中：危房	128307.89		115079.89	12783	445
当年新增	1479073.57	1164628.27	314445.3		
一、教学及辅助用房	12244613.25	5821772.35	6299158.7	123682.2	
教室	7837579.06	3462258.02	4300515.74	74805.3	
实验室	1852261.4	864761.72	962587.78	24911.9	
图书室	980611	524950.89	445228.11	10432	
微机室	495899.9	208862.85	281521.05	5516	
语音室	245890.19	103517.89	139529.3	2843	
体育馆	832371.7	657420.98	169776.72	5174	
二、行政办公用房	2254551.63	1004892.93	1213096.7	35562	1000
其中：教师办公室	1433847.09	623598.43	791311.66	18937	
三、生活用房	18357331.17	7205504.93	10728507.44	422262.8	1056
教工宿舍	6033999.69	1757599.87	4112372.52	163580.3	447
其中：教师周转宿舍	2121096.59	760961.08	1314823.91	45311.6	
学生宿舍	7472377.07	3039319.21	4339382.32	93353.54	322
食堂	2990033.49	1696882.85	1230490.92	62659.72	
厕所	839140.64	368653.29	446611.15	23876.2	
其他	1021780.28	343049.71	599650.53	78793.04	287
四、其他用房	2278346.84	956101.9	1214002.22	106780.4	1462.32
乡村	10335942.91	2722380.01	7321627.4	291450.5	485
其中：危房	63203.6		54171.6	9032	
当年新增	241593.18	178103.8	63489.38		
一、教学及辅助用房	3522831.54	975826.07	2489983.47	57022	
教室	2514353.64	704325.71	1771721.93	38306	
实验室	514621.76	132310.08	371984.68	10327	
图书室	202831.82	51441.18	147672.64	3718	
微机室	150726.68	38103.07	110305.61	2318	
语音室	75708.8	20193.19	53162.61	2353	
体育馆	64588.84	29452.84	35136		
二、行政办公用房	720861.12	195160.15	506302.65	19398.32	
其中：教师办公室	442803.02	107402.12	326257.4	9143.5	
三、生活用房	5334871.78	1401593.08	3772325.19	160468.51	485
教工宿舍	1990612.1	408225.2	1523134.38	58767.52	485
其中：教师周转宿舍	755701.46	189147.48	555191.98	11362	
学生宿舍	1887569.01	524430.25	1324539.54	38599.22	
食堂	868099.76	334073.85	507290.09	26735.82	
厕所	256610.35	60761.93	180995.06	14853.36	
其他	331980.56	74101.85	236366.12	21512.59	
四、其他用房	757378.47	149800.71	553016.09	54561.67	

普通初中校舍情况

单位：平方米

类别	合计	框架结构	砖混结构	砖木结构	土木结构
总计	37227987.7	14719978.01	21595378.63	910659.06	1972
其中：危房	147102.49		128198.49	18904	
当年新增	1350285.43	1102964.38	247321.05		
一、教学及辅助用房	14081418.55	6031488.77	7857324.58	192605.2	
教室	9542154.04	3892239.2	5523349.54	126565.3	
实验室	2032828.49	821744.47	1173064.12	38019.9	
图书室	888393.8	384334.45	490194.35	13865	
微机室	578723.55	219222.4	351777.15	7724	
语音室	294841.67	114626.97	174928.7	5286	
体育馆	744477	599321.28	144010.72	1145	
二、行政办公用房	2570590.26	1031882.5	1494284.44	44423.32	
其中：教师办公室	1675657.03	651855.35	1000071.18	23730.5	
三、生活用房	17748743.15	6491695.13	10730646.9	525752.12	649
教工宿舍	5817795.59	1487666.66	4136255.3	193388.63	485
其中：教师周转宿舍	2305341.02	794507.56	1463718.86	47114.6	
学生宿舍	6440195.87	2476047.55	3832622.56	131525.76	
食堂	3202711.87	1619312.14	1492155.19	91244.54	
厕所	1036901.23	453906.64	544108.03	38886.56	
其他	1251138.59	454762.14	725505.82	70706.63	164
四、其他用房	2827235.74	1164911.61	1513122.71	147878.42	1323
城区	7828424.33	4834746.28	2876777.89	116900.16	
其中：危房	4990		4892	98	
当年新增	357609.11	343315.44	14293.67		
一、教学及辅助用房	3345008.84	2118928.02	1185796.82	40284	
教室	2120039.55	1277748.73	816434.82	25856	
实验室	436896.98	255093.8	171592.18	10211	
图书室	210821.57	138839.7	68863.87	3118	
微机室	122103.26	70806.09	50498.17	799	
语音室	56416.09	34022.31	22093.78	300	
体育馆	398731.39	342417.39	56314		
二、行政办公用房	601706.16	373086.5	225030.66	3589	
其中：教师办公室	372201.84	230577.24	140499.6	1125	
三、生活用房	3077728.47	1834282.18	1182835.48	60610.81	
教工宿舍	647673.12	257573.86	378620.45	11478.81	
其中：教师周转宿舍	235975.06	120335.59	111760.47	3879	
学生宿舍	1169045.38	720968.06	427904.32	20173	
食堂	724991.71	522606.81	185570.9	16814	
厕所	268272.26	183835.59	81068.67	3368	
其他	267746	149297.86	109671.14	8777	
四、其他用房	803980.86	508449.58	283114.93	12416.35	

续表

类别	合计	框架结构	砖混结构	砖木结构	土木结构
镇区	20128386.83	7568311.79	12047678.64	510909.4	1487
其中：危房	78908.89		69134.89	9774	
当年新增	767675.04	587605.14	180069.9		
一、教学及辅助用房	7488833.73	3073384.74	4319925.79	95523.2	
教室	5116691.8	2017635.84	3036652.66	62403.3	
实验室	1106540.89	442479.73	646579.26	17481.9	
图书室	486384.06	199962.69	279168.37	7253	
微机室	314349.31	113513.84	196228.47	4607	
语音室	166950.9	62181.59	102136.31	2633	
体育馆	297916.77	237611.05	59160.72	1145	
二、行政办公用房	1327892.31	498395.37	803901.94	25595	
其中：教师办公室	894209.7	324708.63	556039.07	13462	
三、生活用房	9991531.98	3480791.36	6202956.82	307619.8	164
教工宿舍	3398037.49	864405.78	2410282.41	123349.3	
其中：教师周转宿舍	1357125.5	495691.49	829560.41	31873.6	
学生宿舍	3671894.96	1333286.3	2265339.12	73269.54	
食堂	1713303.01	830436.21	833034.08	49832.72	
厕所	531530.86	216994.64	293871.02	20665.2	
其他	676765.66	235668.43	400430.19	40503.04	164
四、其他用房	1320128.81	515740.32	720894.09	82171.4	1323
乡村	9271176.54	2316919.94	6670922.1	282849.5	485
其中：危房	63203.6		54171.6	9032	
当年新增	225001.28	172043.8	52957.48		
一、教学及辅助用房	3247575.98	839176.01	2351601.97	56798	
教室	2305422.69	596854.63	1670262.06	38306	
实验室	489390.62	124170.94	354892.68	10327	
图书室	191188.17	45532.06	142162.11	3494	
微机室	142270.98	34902.47	105050.51	2318	
语音室	71474.68	18423.07	50698.61	2353	
体育馆	47828.84	19292.84	28536		
二、行政办公用房	640991.79	160400.63	465351.84	15239.32	
其中：教师办公室	409245.49	96569.48	303532.51	9143.5	
三、生活用房	4679482.7	1176621.59	3344854.6	157521.51	485
教工宿舍	1772084.98	365687.02	1347352.44	58560.52	485
其中：教师周转宿舍	712240.46	178480.48	522397.98	11362	
学生宿舍	1599255.53	421793.19	1139379.12	38083.22	
食堂	764417.15	266269.12	473550.21	24597.82	
厕所	237098.11	53076.41	169168.34	14853.36	
其他	306626.93	69795.85	215404.49	21426.59	
四、其他用房	703126.07	140721.71	509113.69	53290.67	

分市、州初中校舍情况

单位：平方米

市州名称	合计	框架结构	砖混结构	砖木结构	土木结构
总计	37227987.7	14719978.01	21595378.63	910659.06	1972
长沙市	4198576.24	2645011.64	1490225.75	63338.85	
株洲市	1915828.72	570736.11	1315732.61	29360	
湘潭市	1100430.43	381333.02	685135.41	33962	
衡阳市	4398489.72	1541490.53	2756112.94	100722.25	164
邵阳市	3458489.71	1069426.66	2303397.71	85665.34	
岳阳市	2842106.03	1528108.83	1242976.2	71021	
常德市	2814585.22	1002007.44	1737833.63	74744.15	
张家界市	955190.48	448817.66	484907.99	20979.83	485
益阳市	1851337.62	467601.92	1311637.7	70775	1323
郴州市	3211538.32	1236606	1945852.32	29080	
永州市	3766094.68	952750.7	2698327.98	115016	
怀化市	2662986.69	1187662.82	1351656.19	123667.68	
娄底市	2393105.15	814485.6	1553768.55	24851	
湘西州	1659228.69	873939.08	717813.65	67475.96	

分市、州普通高中校舍情况

单位：平方米

市州名称	合计	框架结构	砖混结构	砖木结构	土木结构
总计	27243657.19	14679173.13	12199776.78	362675.96	2031.32
长沙市	4043042.61	2478596.11	1506847.5	57599	
株洲市	1509572.16	629654.82	871420.34	8497	
湘潭市	1063831.11	482876.13	561242.52	19712.46	
衡阳市	2821250.45	1241537.06	1555795.39	23918	
邵阳市	2786635.9	1290627.25	1479884.15	16124.5	
岳阳市	2187390.69	1496558.42	656985.27	33402	445
常德市	2268652.25	1268042.75	991859.5	8750	
张家界市	569124.48	419780.5	146415.98	2928	
益阳市	1534276.03	723840.03	771996	38440	
郴州市	2161739.87	1333320.09	818774.78	9645	
永州市	1883616.68	1010519.68	859887	13210	
怀化市	1672439.14	891296.52	761797.62	17898	1447
娄底市	1579811.56	611349.7	856981.86	111480	
湘西州	1162274.26	801174.07	359888.87	1072	139.32

普通高中学校校舍情况

单位：平方米

类别	合计	框架结构	砖混结构	砖木结构	土木结构
总计	27243657.19	14679173.13	12199776.78	362675.96	2031.32
其中：危房	55187		50173	4569	445
当年新增	1011221.19	798066.89	213154.3		
一、教学及辅助用房	9287522.34	5882559.98	3316504.36	88458	
教室	5146446.7	3048131.17	2043410.53	54905	
实验室	1512493.63	949199.06	552461.57	10833	
图书室	897575.42	612615.18	278328.24	6632	
微机室	332139.26	187195.57	143314.69	1629	
语音室	145783.8	78602.82	66750.98	430	
体育馆	1253083.53	1006816.18	232238.35	14029	
二、行政办公用房	1702236.48	1015624.35	661289.13	24323	1000
其中：教师办公室	957284.73	562486.03	383547.7	11251	
三、生活用房	14441980.64	6866060.52	7381559.16	193468.96	892
教工宿舍	4178986.07	1438702.64	2663163.47	76672.96	447
其中：教师周转宿舍	1207283.8	483858.4	704128.44	19296.96	
学生宿舍	6716545.04	3225254.63	3445728.41	45240	322
食堂	2275144.3	1592018.61	660806.69	22319	
厕所	599958.92	328974.57	266176.35	4808	
其他	671346.31	281110.07	345684.24	44429	123
四、其他用房	1811917.73	914928.28	840424.13	56426	139.32
城区	11172434.76	6853752.74	4141985.06	176696.96	
其中：危房	5788		4228	1560	
当年新增	283230.76	214983.76	68247		
一、教学及辅助用房	4256487.26	2997522.31	1198889.95	60075	
教室	2216628.49	1496037.91	678087.58	42503	
实验室	741541.98	518777.93	219361.05	3403	
图书室	391704.83	281717.86	106757.97	3229	
微机室	142132.97	88645.96	52767.01	720	
语音室	62610.39	35496.4	26893.99	220	
体育馆	701868.6	576846.25	115022.35	10000	
二、行政办公用房	695707.83	474367.27	211143.56	10197	
其中：教师办公室	384089.81	252763.59	125550.22	5776	
三、生活用房	5420792.37	2916375.46	2428537.95	75878.96	
教工宿舍	1324496.75	502970.37	785291.42	36234.96	
其中：教师周转宿舍	399851.71	207921.81	186070.94	5858.96	
学生宿舍	2627749.45	1416584.66	1186524.79	24640	
食堂	894731.21	657767.24	229609.97	7354	
厕所	272836.9	169630.4	101609.5	1597	
其他	300978.06	169422.79	125502.27	6053	
四、其他用房	799447.3	465487.7	303413.6	30546	

续表
单位：平方米

类别	合计	框架结构	砖混结构	砖木结构	土木结构
镇区	15006456.06	7419960.32	7407086.42	177378	2031.32
其中：危房	49399		45945	3009	445
当年新增	711398.53	577023.13	134375.4		
一、教学及辅助用房	4755779.52	2748387.61	1979232.91	28159	
教室	2720887.26	1444622.18	1263863.08	12402	
实验室	745720.51	422281.99	316008.52	7430	
图书室	494226.94	324988.2	166059.74	3179	
微机室	181550.59	95349.01	85292.58	909	
语音室	78939.29	41336.3	37392.99	210	
体育馆	534454.93	419809.93	110616	4029	
二、行政办公用房	926659.32	506497.56	409194.76	9967	1000
其中：教师办公室	539637.39	298889.8	235272.59	5475	
三、生活用房	8365799.19	3724713.57	4525550.62	114643	892
教工宿舍	2635962.2	893194.09	1702090.11	40231	447
其中：教师周转宿舍	763971.09	265269.59	485263.5	13438	
学生宿舍	3800482.11	1706032.91	2074043.2	20084	322
食堂	1276730.48	866446.64	397456.84	12827	
厕所	307609.78	151658.65	152740.13	3211	
其他	345014.62	107381.28	199220.34	38290	123
四、其他用房	958218.03	440361.58	493108.13	24609	139.32
乡村	1064766.37	405460.07	650705.3	8601	
其中：危房					
当年新增	16591.9	6060	10531.9		
一、教学及辅助用房	275255.56	136650.06	138381.5	224	
教室	208930.95	107471.08	101459.87		
实验室	25231.14	8139.14	17092		
图书室	11643.65	5909.12	5510.53	224	
微机室	8455.7	3200.6	5255.1		
语音室	4234.12	1770.12	2464		
体育馆	16760	10160	6600		
二、行政办公用房	79869.33	34759.52	40950.81	4159	
其中：教师办公室	33557.53	10832.64	22724.89		
三、生活用房	655389.08	224971.49	427470.59	2947	
教工宿舍	218527.12	42538.18	175781.94	207	
其中：教师周转宿舍	43461	10667	32794		
学生宿舍	288313.48	102637.06	185160.42	516	
食堂	103682.61	67804.73	33739.88	2138	
厕所	19512.24	7685.52	11826.72		
其他	25353.63	4306	20961.63	86	
四、其他用房	54252.4	9079	43902.4	1271	

中学学校占地面积及其他办学条件

项目 类别	占地面积（平方米）计	其中:绿化用地面积	其中:运动场地面积	图书（册）	计算机数（台）计	其中:教学用计算机 计	其中:平板电脑	教室（间）计	其中:网络多媒体教室	教室中:普通教室（间）计	其中:网络多媒体教室	固定资产总值（万元）计	其中:教学仪器设备资产值 计	其中:实验设备
总计	146013791.46	32067298.4	30782456.36	124445949	513535	434956	18359	161164	87578	127099	82275	9686775.93	1037389.17	338717.09
初中	94713289.18	17189731.66	20512968.13	83951929	317398	273236	7639	108560	53980	85386	50701	5124701.68	623037.30	191537.51
初级中学	57189556.88	10747077.18	12484598.87	51204393	192517	165685	4239	60456	29590	46955	27737	2660194.42	362977.97	113050.30
九年一贯制学校	37523732.3	6442654.48	8028369.26	32747536	124881	107551	3400	48104	24390	38431	22964	2464507.26	260059.33	78487.21
职业初中														
高中	51300502.28	14877566.74	10269488.23	40494020	196137	161720	10720	52604	33598	41713	31574	4562074.25	414351.88	147179.58
完全中学	14162810.08	3665668.85	3307369.13	14826317	64351	53255	4249	17096	11362	13247	10708	1255444.40	139268.49	42248.53
高级中学	29863252.02	9334138.8	5661072.29	20993650	106531	88764	4736	25567	15917	20269	14905	2245035.72	204894.42	78649.77
十二年一贯制学校	7274440.18	1877759.09	1301046.81	4674053	25255	19701	1735	9941	6319	8197	5961	1061594.13	70188.97	26281.28
城区	34355955.47	9421682.5	8184061.25	33357662	164541	136460	10139	45823	30170	36400	27611	3647655.36	349776.78	110705.87
初中	15878560.75	3598435.1	4204884.69	17951416	77847	65721	3086	23393	15090	18863	13896	1498431.30	158701.28	46433.27
初级中学	9878649.73	2279013.91	2662826.52	11556380	49375	41665	1960	12686	8661	10164	7969	890832.04	98428.23	29186.99
九年一贯制学校	5999911.02	1319421.19	1542058.17	6395036	28472	24056	1126	10707	6429	8699	5927	607599.25	60273.05	17246.29
职业初中														
高中	18477394.72	5823247.4	3979176.56	15406246	86694.	70739	7053	22430	15080	17537	13715	2149224.07	191075.50	64272.60
完全中学	5965726.72	1827302.16	1542738.87	6294395	33380	27452	3226	8519	6152	6628	5584	754014.17	73742.55	21338.46
高级中学	9463002.3	3200489.32	1824552.76	6996422	41089	34174	2488	9406	6073	7255	5427	905781.38	80088.00	27720.13
十二年一贯制学校	3048665.7	795455.92	611884.93	2115429	12225	9113	1339	4505	2855	3654	2704	489428.51	37244.95	15214.01
镇区	83315697.91	17872473.18	17049657.9	69184403	263902	223251	6883	85242	45286	67589	43184	4965708.48	539851.57	179540.83
初中	52735375.43	9386246.84	11178149.08	45675726	161324	138136	3757	57596	27890	45447	26383	2668285.06	330697.73	102150.64
初级中学	33604480.59	6134688.5	7160961.73	29600599	103152	88488	1945	34664	15953	27067	15119	1354613.76	199313.05	63500.77
九年一贯制学校	19130894.84	3251558.34	4017187.35	16075127	58172	49648	1812	22932	11937	18380	11264	1313671.29	131384.68	38649.87
职业初中														
高中	30580322.48	8486226.34	5871508.82	23508677	102578	85115	3126	27646	17396	22142	16801	2297423.43	209153.84	77390.19
完全中学	7610883.41	1748686.69	1649424.41	7888586	29242	24234	803	8033	4843	6191	4787	474578.67	61096.33	19763.35
高级中学	19263158.59	5806984.48	3602302.53	13326467	61412	51158	2098	15005	9271	12095	8913	1283608.14	119004.09	48294.56
十二年一贯制学校	3706280.48	930555.17	619781.88	2293624	11924	9723	225	4608	3282	3856	3101	539236.62	29053.42	9332.27
乡村	28342138.08	4773142.72	5548737.21	21903884	85092	75245	1337	30099	12122	23110	11480	1073412.09	147760.82	48470.39
初中	26099353	4205049.72	5129934.36	20324787	78227	69379	796	27571	11000	21076	10422	957985.33	133638.28	42953.59
初级中学	13706426.56	2333374.77	2660810.62	10047414	39990	35532	334	13106	4976	9724	4649	414748.61	65236.69	20362.54
九年一贯制学校	12392926.44	1871674.95	2469123.74	10277373	38237	33847	462	14465	6024	11352	5773	543236.72	68401.59	22591.05
职业初中														
高中	2242785.08	568093	418802.85	1579097	6865	5866	541	2528	1122	2034	1058	115426.76	14122.54	5516.8
完全中学	586199.95	89680	115205.85	643336	1729	1569	220	544	367	428	337	26851.56	4429.61	1146.72
高级中学	1137091.13	326665	234217	670761	4030	3432	150	1156	573	919	565	55646.2	5802.33	2635.08
十二年一贯制学校	519494	151748	69380	265000	1106	865	171	828	182	687	156	32929	3890.6	1735

普通中学办学条件达标情况

单位：所

类别\项目\数目	体育运动场（馆）面积达标校数	体育器械配备达标校数	音乐器材配备达标校数	美术器材配备达标校数	理科实验仪器达标校数	有校医院（卫生室）校数	有专职校医校数	有专职保健人员校数	有心理辅导室校数	有预防艾滋病教育和性教育相关课程和活动的校数
总计	3887	3928	3912	3911	3932	2377	924	920	2878	3321
初级中学	1986	2010	2003	2004	2017	1103	279	309	1428	1688
九年一贯制学校	1286	1294	1286	1285	1292	737	196	218	877	1045
职业初中										
完全中学	204	209	208	207	208	181	149	126	182	192
高级中学	331	333	333	333	333	287	241	208	317	318
十二年一贯制学校	80	82	82	82	82	69	59	59	74	78
城区	669	689	685	684	687	559	359	358	609	616
初级中学	265	271	272	272	272	216	105	108	239	236
九年一贯制学校	171	176	172	171	173	126	63	71	140	147
职业初中										
完全中学	90	96	95	94	95	86	77	69	90	90
高级中学	108	109	109	110	110	101	87	81	106	107
十二年一贯制学校	35	37	37	37	37	30	27	29	34	36
镇区	1968	1982	1974	1975	1981	1204	472	456	1460	1678
初级中学	1077	1087	1081	1084	1087	583	144	160	767	915
九年一贯制学校	544	548	547	546	548	329	90	99	381	444
职业初中										
完全中学	105	104	104	104	104	88	68	53	88	93
高级中学	201	202	201	200	201	169	141	117	188	188
十二年一贯制学校	41	41	41	41	41	35	29	27	36	38
乡村	1250	1257	1253	1252	1264	614	93	106	809	1027
初级中学	644	652	650	648	658	304	30	41	422	537
九年一贯制学校	571	570	567	568	571	282	43	48	356	454
职业初中										
完全中学	9	9	9	9	9	7	4	4	4	9
高级中学	22	22	23	23	22	17	13	10	23	23
十二年一贯制学校	4	4	4	4	4	4	3	3	4	4

基础教育学校卫生情况

单位：所

项目\类别	按学校供水方式分			按学校厕所情况分			洗手设施			通电	校园足球场（个）			
数目	自备水源	网管供水	无水源	卫生厕所	非卫生厕所	无厕所	有水和肥皂	只有水	无水无肥皂	通电	计	11人制足球场	7人制足球场	5人制足球场
总计	6646	20367	45	24765	2190	103	15884	11043	131	27011	3317	1037	1053	1227
幼儿园	3264	12430	23	15026	627	64	12591	3077	49	15697				
小学	2410	4822	13	6077	1147	21	2098	5090	57	7232	1525	196	474	855
初级中学	545	1500	4	1801	238	10	539	1499	11	2040	778	288	313	177
九年一贯制学校	359	958	2	1165	150	4	376	933	10	1316	497	171	174	152
职业初中														
完全中学	15	198		206	7		50	162	1	213	163	113	29	21
高级中学	36	307	1	326	16	2	133	210	1	344	281	217	48	16
十二年一贯制学校	9	74	2	82	1	2	41	42	2	83	73	52	15	6
特殊教育	8	78		82	4		56	30		86				
工读学校	*	*	*	*	*	*	*	*	*	*	*	*	*	*
城区	440	6157	15	6521	64	27	5212	1378	22	6596	1110	372	392	346
幼儿园	259	4425	6	4660	19	11	4433	249	8	4684				
小学	127	1046	4	1139	30	8	476	696	5	1173	588	84	234	270
初级中学	26	252	1	269	7	3	112	164	3	276	186	93	66	27
九年一贯制学校	14	165	2	175	3	3	75	103	3	179	124	44	50	30
职业初中														
完全中学	4	94		98			27	70	1	98	85	57	18	10
高级中学	6	108	1	110	4	1	48	66	1	115	98	76	16	6
十二年一贯制学校	3	35	1	38		1	19	19		38	29	18	8	3
特殊教育	1	32		32	1		22	11		33				
工读学校	*	*	*	*	*	*	*	*	*	*	*	*	*	*
镇区	2143	9065	15	10484	696	43	6505	4682	36	11204	1536	556	460	520
幼儿园	1137	5525	7	6440	204	25	5243	1409	17	6662				
小学	605	1873	5	2167	307	9	683	1787	13	2477	587	91	176	320
初级中学	244	859	2	988	111	6	270	832	3	1101	422	155	167	100
九年一贯制学校	116	445		506	54	1	156	403	2	560	241	93	72	76
职业初中														
完全中学	9	97		99	7		22	84		106	73	52	10	11
高级中学	22	183		194	10	1	77	128		205	173	134	29	10
十二年一贯制学校	4	37	1	40	1	1	20	21	1	41	40	31	6	3
特殊教育	6	46		50			34	18		52				
工读学校	*	*	*	*	*	*	*	*	*	*	*	*	*	*
乡村	4063	5145	15	7760	1430	33	4167	4983	73	9211	671	109	201	361
幼儿园	1868	2480	10	3926	404	28	2915	1419	24	4351				
小学	1678	1903	4	2771	810	4	939	2607	39	3582	350	21	64	265
初级中学	275	389	1	544	120	1	157	503		663	170	40	80	50
九年一贯制学校	229	348		484	93		145	427	5	577	132	34	52	46
职业初中														
完全中学	2	7		9			1	8		9	5	4	1	
高级中学	8	16		22	2		8	16		24	10	7	3	
十二年一贯制学校	2	2		4			2	2		4	4	3	1	
特殊教育	1				1			1		1				
工读学校	*	*	*	*	*	*	*	*	*	*	*	*	*	*

中学学校信息化建设情况

类别 / 数目 / 项目	建立校园网数（所）	接入互联网校数（所）计	拨号	ADSL	光纤	无线	其他	接入互联网出口带宽（Mbps）	电子图书（册）	电子期刊（册）	学位论文（册）	音视频（小时）	接受过信息技术相关培训的专任教师（人次）	信息化工作人员数（人）
总计	2416	3987	2	5	3946	23	11	721879	22449989	217858	309581	767184.52	144856	11629
初中	1887	3349	1	3	3317	19	9	569996	7518495	113873	5557	310572.3	86492	7788
初级中学	1147	2035	1	1	2016	14	3	340832	5342182	77143	4714	173978.8	57476	4752
九年一贯制学校	740	1314		2	1301	5	6	229164	2176313	36730	843	136593.5	29016	3036
职业初中														
高中	529	638	1	2	629	4	2	151883	14931494	103985	304024	456612.22	58364	3841
完全中学	173	213		2	208	2	1	49206	6140444	39565	3567	215914.72	21498	1303
高级中学	294	342			339	2		84230	7567862	58809	300457	200171.5	32078	2096
十二年一贯制学校	62	83	1		82			18447	1223188	5611		40526	4788	442
城区	590	703	1	3	691	6	2	167063	13972923	116511	307755	319997.02	54133	2896
初中	358	453		1	449	3		98774	4365873	52722	4081	109750.8	26566	1544
初级中学	221	274			271	3		59837	3025231	32017	3537	58093.8	19072	1000
九年一贯制学校	137	179		1	178			38937	1340642	20705	544	51657	7494	544
职业初中														
高中	232	250	1	2	242	3		68289	9607050	63789	303674	210246.22	27567	1352
完全中学	94	98		2	94	1	1	30278	5500752	32637	3311	94359.72	12532	494
高级中学	104	114			111	2	1	31001	3203099	28796	300363	109562.5	12845	665
十二年一贯制学校	34	38	1		37			7010	903199	2356		6324	2190	193
镇区	1224	2007			1994	8	5	349525	7318324	78305	1388	391224.5	72370	6473
初中	954	1656			1643	8	5	273981	2312051	40734	1038	156535.5	43418	4150
初级中学	630	1097			1089	6	2	183253	1863324	31429	761	95786	29209	2770
九年一贯制学校	324	559			554	2	3	90728	448727	9305	277	60749.5	14209	1380
职业初中														
高中	270	351			351			75544	5006273	37571	350	234689	28952	2323
完全中学	73	106			106			18018	518297	6928	256	119628	8583	774
高级中学	173	204			204			46909	4208098	27508	94	80969	18022	1317
十二年一贯制学校	24	41			41			10617	279878	3135		34092	2347	232
乡村	602	1277	1	2	1261	9	4	205291	1158742	23042	438	55963	18353	2260
初中	575	1240	1	2	1225	8	4	197241	840571	20417	438	44286	16508	2094
初级中学	296	664	1	1	656	5	1	97742	453627	13697	416	20099	9195	982
九年一贯制学校	279	576		1	569	3	3	99499	386944	6720	22	24187	7313	1112
职业初中														
高中	27	37			36	1		8050	318171	2625		11677	1845	166
完全中学	6	9			8	1		910	121395			1927	383	35
高级中学	17	24			24			6320	156665	2505		9640	1211	114
十二年一贯制学校	4	4			4			820	40111	120		110	251	17

附设普通初中班情况

单位：人

类别＼数目＼项目	校数（所）	班数（个）	毕业生数	招生数	在校生数	专任教师					
						合计	研究生毕业	本科毕业	专科毕业	高中阶段毕业	高中阶段以下毕业
总计	5	20	214	306	723	35	4	31			
小学	1										
职业初中											
高中											
中等职业学校	4	20	214	306	723	35	4	31			
普通高等学校											
成人高等学校											
特殊教育学校											

附设普通高中班情况

单位：人

类别＼数目＼项目	校数（所）	班数（个）	毕业生数	招生数	在校生数	专任教师					
						合计	研究生毕业	本科毕业	专科毕业	高中阶段毕业	高中阶段以下毕业
总计	4	31	196	567	1307	65		57	6	2	
初中											
中等职业学校	4	31	196	567	1307	65		57	6	2	
普通高等学校											
成人高等学校											
特殊教育学校											

特殊教育学校分市、州情况

单位：所

市州名称	合计	城区					镇区					乡村				
		计	教育部门	其他部门	地方企业	民办	计	教育部门	其他部门	地方企业	民办	计	教育部门	其他部门	地方企业	民办
总计	86	33	26			7	52	49	1		2	1	1			
长沙市	4	3	3				1	1								
株洲市	4	2	2				2	2								
湘潭市	3	2	2				1	1								
衡阳市	7	5	3			2	2	2								
邵阳市	10	2	2				8	8								
岳阳市	6	2	2				4	4								
常德市	5	2	2				3	2			1					
张家界市	5	3	1			2	2	2								
益阳市	5	1	1				4	4								
郴州市	12	4	2			2	8	7			1					
永州市	8	2	1			1	6	6								
怀化市	7	1	1				5	5				1	1			
娄底市	6	3	3				3	2	1							
湘西州	4	1	1				3	3								

特殊教育班数

单位：个

项目 数目 类别	合计	小学阶段						初中阶段			高中阶段		
		一年级	二年级	三年级	四年级	五年级	六年级	一年级	二年级	三年级	一年级	二年级	三年级及以上
总计	1190	182	167	153	145	127	127	92	73	64	6	3	2
视力残疾班	21	4	2	2	4	3	2	1	1	1			
听力残疾班	172	20	14	15	17	16	22	19	15	16	4	2	2
言语残疾班	35	6	6	3	2	2	3	3	2	2			
肢体残疾班	28	5	4	3	4	2	3	4	1	2			
智力残疾班	830	133	123	118	105	90	86	59	50	42	2	1	
精神残疾班	37	4	4	3	4	5	5	2	3				
多重残疾班	67	10	14	9	9	9	6	4	1	1			
特殊教育学校	1183	182	166	151	144	125	126	92	73	64	6	3	2
视力残疾班	21	4	2	2	4	3	2	1	1	1			
听力残疾班	170	20	13	14	17	16	22	19	15	16	4	2	2
言语残疾班	35	6	6	3	2	2	3	3	2	2			
肢体残疾班	28	5	4	3	4	2	3	4	1	2			
智力残疾班	825	133	123	117	104	88	85	59	50	42	2	1	
精神残疾班	37	4	4	3	4	5	5	2	3				
多重残疾班	67	10	14	9	9	9	6	4	1	1			
小学附设特教班	7		1	2	1	2	1						
视力残疾班													
听力残疾班	2		1	1									
言语残疾班													
肢体残疾班													
智力残疾班	5			1	1	2	1						
精神残疾班													
多重残疾班													

特殊教育学生数（总计）

单位：人

类别	毕业生数	招生数	在校生数 合计	其中:女	学前教育阶段	小学阶段 一年级	二年级	三年级	四年级	五年级	六年级	初中阶段 一年级	二年级	三年级	高中阶段 一年级	二年级	三年级及以上
总计	5550	8262	47085	17016	486	5034	6773	6498	5668	5285	4583	4503	4268	3866	65	33	23
女	1978	3025	17016	*	157	1795	2318	2325	2066	1941	1678	1698	1522	1464	31	13	8
少数民族	587	1055	5911	2300	68	682	852	848	680	588	673	606	493	420		1	
总计中：寄宿生	*	1241	8543	3088	39	557	804	838	995	860	982	1219	1081	1055	63	27	23
特殊教育学校中：寄宿生	*	502	5001	1652	39	461	683	645	717	490	597	576	359	321	63	27	23
职业技术班																	
送教上门	635	1972	12061	4212	5	1487	2363	2040	1254	1097	875	1144	840	955		1	
视力残疾	665	743	3681	1498	8	308	383	382	402	438	331	453	504	472			
听力残疾	739	817	5201	2076	118	535	639	609	626	537	525	487	532	498	50	22	23
言语残疾	268	384	2178	716	38	203	336	284	252	202	229	204	248	182			
肢体残疾	1089	1337	7622	2685		643	902	1009	909	795	816	858	875	814		1	
智力残疾	2446	4038	23974	8535	216	2883	3827	3597	3023	2640	2268	2139	1787	1571	13	10	
精神残疾	117	316	1394	393	78	153	213	183	159	114	137	108	125	124			
多重残疾	226	627	3035	1113	28	309	473	434	297	559	277	254	197	205	2		
特殊教育学校	1143	2748	17265	6196	486	2653	3006	2358	2068	1905	1470	1375	913	910	65	33	23
视力残疾	34	55	288	108	8	56	50	30	32	28	28	17	20	19			
听力残疾	264	208	1891	815	118	210	219	163	176	178	193	203	153	183	50	22	23
言语残疾	16	102	534	180	38	93	92	48	36	31	78	32	47	39			
肢体残疾	17	87	672	246		186	112	62	99	45	60	65	13	29		1	
智力残疾	796	1868	12246	4280	216	1875	2231	1857	1563	1252	996	982	644	607	13	10	
精神残疾		123	349	88	78	60	65	35	47	14	33	8	6	3			
多重残疾	16	305	1285	479	28	173	237	163	115	357	82	68	30	30	2		
特殊教育学校中：送教上门	160	817	5828	2060	5	1045	1322	922	643	578	287	431	222	372		1	
视力残疾		5	35	12		19	3	2	6				2	3			
听力残疾		15	146	43		39	58	7	5	9	4	7	2	15			
言语残疾	4	37	195	60		46	61	19	16	11	8	9	9	16			
肢体残疾	5	53	415	157		109	99	35	56	16	27	38	7	27		1	
智力残疾	151	574	4277	1522		696	910	752	476	411	221	333	189	289			
精神残疾		18	65	16		20	6	5	12	7	5	3	4	3			
多重残疾		115	695	250	5	116	185	102	72	124	22	41	9	19			
小学附设特教班	9	5	44	21			4	6	2	23	9						
视力残疾																	
听力残疾			5	4				1		1	3						
言语残疾																	
肢体残疾																	
智力残疾	9	5	39	17			4	5	2	22	6						
精神残疾																	
多重残疾																	

续表

单位：人

类别	毕业生数	招生数	在校生数			小学阶段						初中阶段			高中阶段		
			合计	其中:女	学前教育阶段	一年级	二年级	三年级	四年级	五年级	六年级	一年级	二年级	三年级	一年级	二年级	三年级及以上
小学随班就读	2076	1939	16018	5887	*	1939	2722	3016	2987	2838	2516	*	*	*	*	*	*
视力残疾	263	228	1832	747	*	228	295	317	341	373	278	*	*	*	*	*	*
听力残疾	202	300	2084	807	*	300	368	377	399	334	306	*	*	*	*	*	*
言语残疾	95	98	904	309	*	98	166	190	181	141	128	*	*	*	*	*	*
肢体残疾	486	373	3554	1273	*	373	577	680	659	640	625	*	*	*	*	*	*
智力残疾	895	794	6516	2388	*	794	1108	1239	1203	1156	1016	*	*	*	*	*	*
精神残疾	52	71	480	133	*	71	101	87	85	65	71	*	*	*	*	*	*
多重残疾	83	75	648	230	*	75	107	126	119	129	92	*	*	*	*	*	*
小学送教上门	288	442	4319	1458	*	442	1041	1118	611	519	588	*	*	*	*	*	*
视力残疾	17	24	188	53	*	24	38	35	29	37	25	*	*	*	*	*	*
听力残疾	21	25	243	89	*	25	52	68	51	24	23	*	*	*	*	*	*
言语残疾	11	12	224	71	*	12	78	46	35	30	23	*	*	*	*	*	*
肢体残疾	51	84	956	311	*	84	213	267	151	110	131	*	*	*	*	*	*
智力残疾	135	214	1909	648	*	214	484	496	255	210	250	*	*	*	*	*	*
精神残疾	9	22	225	61	*	22	47	61	27	35	33	*	*	*	*	*	*
多重残疾	44	61	574	225	*	61	129	145	63	73	103	*	*	*	*	*	*
初中附设特教班																	
视力残疾																	
听力残疾																	
言语残疾																	
肢体残疾																	
智力残疾																	
精神残疾																	
多重残疾																	
初中随班就读	1847	2415	7525	2760	*	*	*	*	*	*	*	2415	2737	2373	*	*	*
视力残疾	327	407	1290	548	*	*	*	*	*	*	*	407	460	423	*	*	*
听力残疾	244	268	915	345	*	*	*	*	*	*	*	268	357	290	*	*	*
言语残疾	138	148	433	129	*	*	*	*	*	*	*	148	173	112	*	*	*
肢体残疾	480	625	1998	703	*	*	*	*	*	*	*	625	713	660	*	*	*
智力残疾	555	821	2410	871	*	*	*	*	*	*	*	821	873	716	*	*	*
精神残疾	41	59	216	79	*	*	*	*	*	*	*	59	73	84	*	*	*
多重残疾	62	87	263	85	*	*	*	*	*	*	*	87	88	88	*	*	*
初中送教上门	187	713	1914	694	*	*	*	*	*	*	*	713	618	583	*	*	*
视力残疾	24	29	83	42	*	*	*	*	*	*	*	29	24	30	*	*	*
听力残疾	8	16	63	16	*	*	*	*	*	*	*	16	22	25	*	*	*
言语残疾	8	24	83	27	*	*	*	*	*	*	*	24	28	31	*	*	*
肢体残疾	55	168	442	152	*	*	*	*	*	*	*	168	149	125	*	*	*
智力残疾	56	336	854	331	*	*	*	*	*	*	*	336	270	248	*	*	*
精神残疾	15	41	124	32	*	*	*	*	*	*	*	41	46	37	*	*	*
多重残疾	21	99	265	94	*	*	*	*	*	*	*	99	79	87	*	*	*

特殊教育学生数（城区）

单位：人

类别 \ 项目	毕业生数	招生数	在校生数 合计	其中:女	学前教育阶段	小学阶段 一年级	二年级	三年级	四年级	五年级	六年级	初中阶段 一年级	二年级	三年级	高中阶段 一年级	二年级	三年级及以上
总计	1251	1951	11215	3969	412	1296	1557	1393	1334	1148	1117	989	934	914	65	33	23
女	444	643	3969	*	126	408	520	500	481	418	403	373	358	330	31	13	8
少数民族	37	141	594	226	65	115	61	51	54	74	45	41	41	46		1	
总计中:寄宿生	*	220	2363	749	9	164	232	237	292	209	253	325	281	248	63	27	23
特殊教育学校中:寄宿生	*	185	2220	702	9	163	229	236	291	207	244	291	228	209	63	27	23
职业技术班																	
送教上门	134	402	2314	750	5	276	403	315	263	197	217	244	153	240		1	
视力残疾	76	114	557	215	8	50	47	58	64	66	63	64	90	47			
听力残疾	313	249	1829	796	90	191	195	188	196	183	169	161	160	201	50	22	23
言语残疾	53	69	408	143	38	45	52	45	26	34	36	15	63	54			
肢体残疾	165	179	1083	404		69	137	122	177	100	107	145	120	105		1	
智力残疾	589	1061	6063	2029	170	792	871	778	741	659	612	534	446	437	13	10	
精神残疾	18	157	509	126	78	73	103	74	45	35	44	18	16	23			
多重残疾	37	122	766	256	28	76	152	128	85	71	86	52	39	47	2		
特殊教育学校	644	1182	6884	2437	412	915	1027	825	762	612	595	606	501	508	65	33	23
视力残疾	27	50	214	79	8	34	25	25	27	26	24	16	14	15			
听力残疾	239	139	1265	568	90	118	131	113	124	114	109	124	111	136	50	22	23
言语残疾	14	51	262	93	38	33	32	25	11	17	23	9	43	31			
肢体残疾	12		106	39			9	17	32		7	35	1	4		1	
智力残疾	339	774	4350	1455	170	640	660	522	501	413	382	404	320	315	13	10	
精神残疾		109	248	62	78	43	60	28	23	9	7						
多重残疾	13	59	439	141	28	47	110	95	44	33	43	18	12	7	2		
特殊教育学校中:送教上门	87	246	1489	466	5	203	281	196	172	116	116	161	87	151		1	
视力残疾			3					1	2								
听力残疾		3	15	3		13	1					1					
言语残疾	4	22	84	24		22	16	14		7	4	2	8	11			
肢体残疾	4		61	23			6	6	19		7	17	1	4		1	
智力残疾	79	179	1129	342		142	178	126	128	104	96	141	78	136			
精神残疾		7	16	5		7	3		2	3	1						
多重残疾		35	181	69	5	19	77	49	21	2	8						
小学附设特教班	3	5	19	13									19				
视力残疾																	
听力残疾																	
言语残疾																	
肢体残疾																	
智力残疾	3	5	19	13									19				
精神残疾																	
多重残疾																	

续表
单位：人

类别 \ 项目 \ 数目	毕业生数	招生数	在校生数 合计	其中:女	学前教育阶段	小学阶段 一年级	二年级	三年级	四年级	五年级	六年级	初中阶段 一年级	二年级	三年级	高中阶段 一年级	二年级	三年级及以上
小学随班就读	309	308	2503	881	*	308	408	449	481	436	421	*	*	*	*	*	*
视力残疾	31	14	174	70	*	14	20	31	37	35	37	*	*	*	*	*	*
听力残疾	42	68	397	158	*	68	61	72	71	67	58	*	*	*	*	*	*
言语残疾	9	9	78	29	*	9	14	16	12	14	13	*	*	*	*	*	*
肢体残疾	76	56	547	208	*	56	108	90	124	88	81	*	*	*	*	*	*
智力残疾	131	122	1039	345	*	122	154	192	195	195	181	*	*	*	*	*	*
精神残疾	8	28	163	38	*	28	37	34	17	18	29	*	*	*	*	*	*
多重残疾	12	11	105	33	*	11	14	14	25	19	22	*	*	*	*	*	*
小学送教上门	41	73	587	196	*	73	122	119	91	81	101	*	*	*	*	*	*
视力残疾		2	13	4	*	2	2	2		5	2	*	*	*	*	*	*
听力残疾	1	5	16	6	*	5	3	3	1	2	2	*	*	*	*	*	*
言语残疾		3	19	4	*	3	6	4	3	3		*	*	*	*	*	*
肢体残疾	10	13	100	37	*	13	20	15	21	12	19	*	*	*	*	*	*
智力残疾	29	30	277	96	*	30	57	64	45	32	49	*	*	*	*	*	*
精神残疾	1	2	41	9	*	2	6	12	5	8	8	*	*	*	*	*	*
多重残疾		18	121	40	*	18	28	19	16	19	21	*	*	*	*	*	*
初中附设特教班																	
视力残疾																	
听力残疾																	
言语残疾																	
肢体残疾																	
智力残疾																	
精神残疾																	
多重残疾																	
初中随班就读	248	300	984	354	*	*	*	*	*	*	*	300	367	317	*	*	*
视力残疾	18	48	151	60	*	*	*	*	*	*	*	48	75	28	*	*	*
听力残疾	31	37	150	64	*	*	*	*	*	*	*	37	48	65	*	*	*
言语残疾	30	4	38	11	*	*	*	*	*	*	*	4	18	16	*	*	*
肢体残疾	64	86	268	98	*	*	*	*	*	*	*	86	100	82	*	*	*
智力残疾	87	102	300	92	*	*	*	*	*	*	*	102	104	94	*	*	*
精神残疾	7	12	43	15	*	*	*	*	*	*	*	12	12	19	*	*	*
多重残疾	11	11	34	14	*	*	*	*	*	*	*	11	10	13	*	*	*
初中送教上门	6	83	238	88	*	*	*	*	*	*	*	83	66	89	*	*	*
视力残疾			5	2	*	*	*	*	*	*	*		1	4	*	*	*
听力残疾			1		*	*	*	*	*	*	*		1		*	*	*
言语残疾		2	11	6	*	*	*	*	*	*	*	2	2	7	*	*	*
肢体残疾	3	24	62	22	*	*	*	*	*	*	*	24	19	19	*	*	*
智力残疾		28	78	28	*	*	*	*	*	*	*	28	22	28	*	*	*
精神残疾	2	6	14	2	*	*	*	*	*	*	*	6	4	4	*	*	*
多重残疾	1	23	67	28	*	*	*	*	*	*	*	23	17	27	*	*	*

特殊教育学生数（乡村）

单位：人

数目 项目 类别	毕业生数	招生数	在校生数 合计	其中：女	学前教育阶段	小学阶段 一年级	二年级	三年级	四年级	五年级	六年级	初中阶段 一年级	二年级	三年级	高中阶段 一年级	二年级	三年级及以上
总计	1388	1751	10386	3630		880	1580	1599	1311	1194	1056	897	1013	856			
女	462	654	3630	*		333	550	547	462	400	363	329	320	326			
少数民族	145	242	1371	532		129	234	227	147	148	169	116	105	96			
总计中：寄宿生	*	279	1494	614		33	50	81	125	182	173	254	286	310			
特殊教育学校中：寄宿生	*	1	35	6		1	8	3	9	1	4	8	1				
职业技术班																	
送教上门	151	401	2532	845		190	482	520	278	226	239	211	188	198			
视力残疾	214	202	1037	409		80	118	109	143	129	95	122	131	110			
听力残疾	127	153	962	337		71	152	125	137	95	81	82	133	86			
言语残疾	66	79	514	151		37	81	74	69	56	46	42	65	44			
肢体残疾	319	361	2267	761		156	301	369	267	262	237	205	254	216			
智力残疾	566	794	4608	1621		446	769	741	573	535	500	374	351	319			
精神残疾	29	64	332	103		34	54	52	39	38	23	30	31	31			
多重残疾	67	98	666	248		56	105	129	83	79	74	42	48	50			
特殊教育学校	1	22	186	62		22	94	12	9	3	9	26	11				
视力残疾																	
听力残疾																	
言语残疾																	
肢体残疾																	
智力残疾	1	22	186	62		22	94	12	9	3	9	26	11				
精神残疾																	
多重残疾																	
特殊教育学校中：送教上门	1																
视力残疾																	
听力残疾																	
言语残疾																	
肢体残疾																	
智力残疾	1																
精神残疾																	
多重残疾																	
小学附设特教班																	
视力残疾																	
听力残疾																	
言语残疾																	
肢体残疾																	
智力残疾																	
精神残疾																	
多重残疾																	

续表
单位：人

类别	毕业生数	招生数	在校生数			小学阶段						初中阶段			高中阶段		
			合计	其中：女	学前教育阶段	一年级	二年级	三年级	四年级	五年级	六年级	一年级	二年级	三年级	一年级	二年级	三年级及以上
小学随班就读	673	668	5536	1957	*	668	1004	1067	1024	965	808	*	*	*	*	*	*
视力残疾	83	75	602	248	*	75	98	94	134	114	87	*	*	*	*	*	*
听力残疾	56	65	554	194	*	65	126	96	108	87	72	*	*	*	*	*	*
言语残疾	26	33	281	80	*	33	56	53	60	42	37	*	*	*	*	*	*
肢体残疾	143	122	1163	388	*	122	199	232	203	216	191	*	*	*	*	*	*
智力残疾	323	324	2541	911	*	324	450	515	438	436	378	*	*	*	*	*	*
精神残疾	13	22	144	41	*	22	30	25	29	24	14	*	*	*	*	*	*
多重残疾	29	27	251	95	*	27	45	52	52	46	29	*	*	*	*	*	*
小学送教上门	96	190	1935	650	*	190	482	520	278	226	239	*	*	*	*	*	*
视力残疾	5	5	72	13	*	5	20	15	9	15	8	*	*	*	*	*	*
听力残疾	13	6	107	43	*	6	26	29	29	8	9	*	*	*	*	*	*
言语残疾	4	4	82	30	*	4	25	21	9	14	9	*	*	*	*	*	*
肢体残疾	13	34	429	138	*	34	102	137	64	46	46	*	*	*	*	*	*
智力残疾	45	100	874	298	*	100	225	214	126	96	113	*	*	*	*	*	*
精神残疾	2	12	96	30	*	12	24	27	10	14	9	*	*	*	*	*	*
多重残疾	14	29	275	98	*	29	60	77	31	33	45	*	*	*	*	*	*
初中附设特教班																	
视力残疾																	
听力残疾																	
言语残疾																	
肢体残疾																	
智力残疾																	
精神残疾																	
多重残疾																	
初中随班就读	564	660	2132	766	*	*	*	*	*	*	*	660	814	658	*	*	*
视力残疾	121	115	346	142	*	*	*	*	*	*	*	115	126	105	*	*	*
听力残疾	56	76	282	98	*	*	*	*	*	*	*	76	125	81	*	*	*
言语残疾	36	35	123	36	*	*	*	*	*	*	*	35	56	32	*	*	*
肢体残疾	146	150	535	187	*	*	*	*	*	*	*	150	209	176	*	*	*
智力残疾	178	249	721	253	*	*	*	*	*	*	*	249	252	220	*	*	*
精神残疾	12	14	44	20	*	*	*	*	*	*	*	14	17	13	*	*	*
多重残疾	15	21	81	30	*	*	*	*	*	*	*	21	29	31	*	*	*
初中送教上门	54	211	597	195	*	*	*	*	*	*	*	211	188	198	*	*	*
视力残疾	5	7	17	6	*	*	*	*	*	*	*	7	5	5	*	*	*
听力残疾	2	6	19	2	*	*	*	*	*	*	*	6	8	5	*	*	*
言语残疾		7	28	5	*	*	*	*	*	*	*	7	9	12	*	*	*
肢体残疾	17	55	140	48	*	*	*	*	*	*	*	55	45	40	*	*	*
智力残疾	19	99	286	97	*	*	*	*	*	*	*	99	88	99	*	*	*
精神残疾	2	16	48	12	*	*	*	*	*	*	*	16	14	18	*	*	*
多重残疾	9	21	59	25	*	*	*	*	*	*	*	21	19	19	*	*	*

特殊教育学生数（镇区）

单位：人

类别	毕业生数	招生数	在校生数 合计	其中：女	学前教育阶段	小学阶段 一年级	二年级	三年级	四年级	五年级	六年级	初中阶段 一年级	二年级	三年级	高中阶段 一年级	二年级	三年级及以上
总计	2911	4560	25484	9417	74	2858	3636	3506	3023	2943	2410	2617	2321	2096			
女	1072	1728	9417	*	31	1054	1248	1278	1123	1123	912	996	844	808			
少数民族	405	672	3946	1542	3	438	557	570	479	366	459	449	347	278			
总计中：寄宿生	*	742	4686	1725	30	360	522	520	578	469	556	640	514	497			
特殊教育学校中：寄宿生	*	316	2746	944	30	297	446	406	417	282	349	277	130	112			
职业技术班																	
送教上门	350	1169	7215	2617		1021	1478	1205	713	674	419	689	499	517			
视力残疾	375	427	2087	874		178	218	215	195	243	173	267	283	315			
听力残疾	299	415	2410	943	28	273	292	296	293	259	275	244	239	211			
言语残疾	149	236	1256	422		121	203	165	157	112	147	147	120	84			
肢体残疾	605	797	4272	1520		418	464	518	465	433	472	508	501	493			
智力残疾	1291	2183	13303	4885	46	1645	2187	2078	1709	1446	1156	1231	990	815			
精神残疾	70	95	553	164		46	56	57	75	41	70	60	78	70			
多重残疾	122	407	1603	609		177	216	177	129	409	117	160	110	108			
特殊教育学校	498	1544	10195	3697	74	1716	1885	1521	1297	1290	866	743	401	402			
视力残疾	7	5	74	29		22	25	5	5	2	4	1	6	4			
听力残疾	25	69	626	247	28	92	88	50	52	64	84	79	42	47			
言语残疾	2	51	272	87		60	60	23	14	55	23	4	8				
肢体残疾	5	87	566	207		186	103	45	67	45	53	30	12	25			
智力残疾	456	1072	7710	2763	46	1213	1477	1323	1053	836	605	552	313	292			
精神残疾		14	101	26		17	5	7	24	5	26	8	6	3			
多重残疾	3	246	846	338		126	127	68	71	324	39	50	18	23			
特殊教育学校中：送教上门	72	571	4339	1594		842	1041	726	471	462	171	270	135	221			
视力残疾		5	32	12		19	3	1	4				2	3			
听力残疾		12	131	40		26	57	7	5	9	4	6	2	15			
言语残疾		15	111	36		24	45	5	16	4	4	7	1	5			
肢体残疾	1	53	354	134		109	93	29	37	16	20	21	6	23			
智力残疾	71	395	3148	1180		554	732	626	348	307	125	192	111	153			
精神残疾		11	49	11		13	3	5	10	4	4	3	4	3			
多重残疾		80	514	181		97	108	53	51	122	14	41	9	19			
小学附设特教班	6		25	8		4	6	2	4	9							
视力残疾																	
听力残疾			5	4			1		1	3							
言语残疾																	
肢体残疾																	
智力残疾	6		20	4		4	5	2	3	6							
精神残疾																	
多重残疾																	

续表 单位：人

类别 项目 数目	毕业生数	招生数	在校生数			小学阶段						初中阶段			高中阶段		
			合计	其中：女	学前教育阶段	一年级	二年级	三年级	四年级	五年级	六年级	一年级	二年级	三年级	一年级	二年级	三年级及以上
小学随班就读	1094	963	7979	3049	*	963	1310	1500	1482	1437	1287	*	*	*	*	*	*
视力残疾	149	139	1056	429	*	139	177	192	170	224	154	*	*	*	*	*	*
听力残疾	104	167	1133	455	*	167	181	209	220	180	176	*	*	*	*	*	*
言语残疾	60	56	545	200	*	56	96	121	109	85	78	*	*	*	*	*	*
肢体残疾	267	195	1844	677	*	195	270	358	332	336	353	*	*	*	*	*	*
智力残疾	441	348	2936	1132	*	348	504	532	570	525	457	*	*	*	*	*	*
精神残疾	31	21	173	54	*	21	34	28	39	23	28	*	*	*	*	*	*
多重残疾	42	37	292	102	*	37	48	60	42	64	41	*	*	*	*	*	*
小学送教上门	151	179	1797	612	*	179	437	479	242	212	248	*	*	*	*	*	*
视力残疾	12	17	103	36	*	17	16	18	20	17	15	*	*	*	*	*	*
听力残疾	7	14	120	40	*	14	23	36	21	14	12	*	*	*	*	*	*
言语残疾	7	5	123	37	*	5	47	21	23	13	14	*	*	*	*	*	*
肢体残疾	28	37	427	136	*	37	91	115	66	52	66	*	*	*	*	*	*
智力残疾	61	84	758	254	*	84	202	218	84	82	88	*	*	*	*	*	*
精神残疾	6	8	88	22	*	8	17	22	12	13	16	*	*	*	*	*	*
多重残疾	30	14	178	87	*	14	41	49	16	21	37	*	*	*	*	*	*
初中附设特教班																	
视力残疾																	
听力残疾																	
言语残疾																	
肢体残疾																	
智力残疾																	
精神残疾																	
多重残疾																	
初中随班就读	1035	1455	4409	1640	*	*	*	*	*	*	*	1455	1556	1398	*	*	*
视力残疾	188	244	793	346	*	*	*	*	*	*	*	244	259	290	*	*	*
听力残疾	157	155	483	183	*	*	*	*	*	*	*	155	184	144	*	*	*
言语残疾	72	109	272	82	*	*	*	*	*	*	*	109	99	64	*	*	*
肢体残疾	270	389	1195	418	*	*	*	*	*	*	*	389	404	402	*	*	*
智力残疾	290	470	1389	526	*	*	*	*	*	*	*	470	517	402	*	*	*
精神残疾	22	33	129	44	*	*	*	*	*	*	*	33	44	52	*	*	*
多重残疾	36	55	148	41	*	*	*	*	*	*	*	55	49	44	*	*	*
初中送教上门	127	419	1079	411	*	*	*	*	*	*	*	419	364	296	*	*	*
视力残疾	19	22	61	34	*	*	*	*	*	*	*	22	18	21	*	*	*
听力残疾	6	10	43	14	*	*	*	*	*	*	*	10	13	20	*	*	*
言语残疾	8	15	44	16	*	*	*	*	*	*	*	15	17	12	*	*	*
肢体残疾	35	89	240	82	*	*	*	*	*	*	*	89	85	66	*	*	*
智力残疾	37	209	490	206	*	*	*	*	*	*	*	209	160	121	*	*	*
精神残疾	11	19	62	18	*	*	*	*	*	*	*	19	28	15	*	*	*
多重残疾	11	55	139	41	*	*	*	*	*	*	*	55	43	41	*	*	*

特殊教育学校教职工数

单位：人

类别 \ 项目	教职工数					代课教师	兼任教师
	合计	专任教师	行政人员	教辅人员	工勤人员		
总计	2711	2423	145	60	83	106	
女	1934	1797	65	44	28	78	
少数民族	357	323	21	2	11	6	
编制人员	2449	2219	123	46	61	*	*

工读学校校数、班数、学生数及教职工数

单位：人

类别 \ 项目	校数（所）	班数（个）	离校人数	入校人数	在校生数	教职工数	
						计	专任教师
总计	2	7	17	35	173	64	49
女	*	*	1	7	27	24	22

特殊教育专任教师学历、职务情况

单位：人

类别 \ 项目	合计	按学历分					按专业技术职务分					
		研究生毕业	本科毕业	专科毕业	高中阶段毕业	高中阶段以下毕业	正高级	副高级	中级	助理级	员级	未定职级
总计	2423	47	1420	861	95		2	385	896	541	117	482
女	1797	38	1047	632	80		1	225	624	428	95	424
受过特教专业培训	1776	32	1038	629	77		1	266	608	428	93	380

特殊教育学校占地面积及其他办学条件

类别 \ 项目	占地面积（平方米）			图书（册）	数字资源（GB）			
	计	其中			电子图书（册）	电子期刊（册）	学位论文（册）	音视频（小时）
		绿化用地面积	运动场地面积					
总计	1133762.81	359643.25	193403	370956	236750	3120	453	5131
城区	641519.9	264473.25	90885	214963	235640	2830	178	1300
镇区	471532.89	91970	100418	155993	1110	290	275	3831
乡村	20710.02	3200	2100					

特殊教育学校校舍情况

单位：平方米

类别	合计	框架结构	砖混结构	砖木结构	土木结构
总计	475324.07	265540.31	198084.76	11699	
其中：危房	5444	1600	3784	60	
当年新增	69000	60634	8366		
一、教学及辅助用房	209200.65	118441.25	88188.4	2571	
普通教室	135611	74056.46	59651.5	1903.04	
专用教室	52543.63	34307.29	17860.34	376	
实验室	5563.43	2678.57	2830.9	53.96	
微机室	7687.17	3113.27	4468.76	105.14	
图书室	7795.42	4285.66	3376.9	132.86	
二、行政办公用房	44891.72	25146.38	19039.34	706	
其中：教师办公室	26651.4	14270.86	11895.58	484.96	
三、生活用房	153354.14	85683.24	64910.15	2760.75	
四、其他用房	67877.56	36269.44	25946.87	5661.25	
城区	280244.36	163527.9	105901.46	10815	
其中：危房	79		79		
当年新增	54909	54396	513		
一、教学及辅助用房	115462.3	64394.9	48896.4	2171	
普通教室	73463.04	39797.5	32062.5	1603.04	
专用教室	31883.08	19791.74	11745.34	346	
实验室	2752.79	1087.93	1610.9	53.96	
微机室	3716.83	1541.93	2099.76	75.14	
图书室	3646.56	2175.8	1377.9	92.86	
二、行政办公用房	24074.34	15203	8265.34	606	
其中：教师办公室	14269.54	8897	4967.58	404.96	
三、生活用房	94320.6	58887	32956.85	2476.75	
四、其他用房	46387.12	25043	15782.87	5561.25	
镇区	192518.41	102012.41	89622	884	
其中：危房	5365	1600	3705	60	
当年新增	14091	6238	7853		
一、教学及辅助用房	92316.35	54046.35	37870	400	
普通教室	61297.96	34258.96	26739	300	
专用教室	20420.55	14515.55	5875	30	
实验室	2690.64	1590.64	1100		
微机室	3844.34	1571.34	2243	30	
图书室	4062.86	2109.86	1913	40	
二、行政办公用房	20502.38	9943.38	10459	100	
其中：教师办公室	12221.86	5373.86	6768	80	
三、生活用房	58409.24	26796.24	31329	284	
四、其他用房	21290.44	11226.44	9964	100	
乡村	2561.3		2561.3		
其中：危房					
当年新增					
一、教学及辅助用房	1422		1422		
普通教室	850		850		
专用教室	240		240		
实验室	120		120		
微机室	126		126		
图书室	86		86		
二、行政办公用房	315		315		
其中：教师办公室	160		160		
三、生活用房	624.3		624.3		
四、其他用房	200		200		

附设特教班情况

单位：人

数目\项目\类别	校数（所）	班数（个）	毕业生数	招生数	在校生数	专任教师					
						合计	研究生毕业	本科毕业	专科毕业	高中阶段毕业	高中阶段以下毕业
总计	2	7	9	5	44	5		1	4		
幼儿园											
小学	2	7	9	5	44	5		1	4		
初中											
高中											
中等职业学校											
普通高等学校											
成人高等学校											

成人中、小学基本情况

单位：人、人次

数目\项目\类别	学校数（所）	教学班（点/个）	毕（结）业生数		注册学生数		教职工数		专任教师		聘请校外教师
			计	其中：女	计	其中：女	计	其中：女	计	其中：女	
一、成人中学	9	23	1811	813	2477	1093	56	10	55	10	48
其中：少数民族											
职工中学	9	23	1811	813	2477	1093	56	10	55	10	48
高中	9	23	1811	813	2477	1093	56	10	55	10	48
初中											
农民中学											
高中											
初中											
二、成人小学											
其中：少数民族											
职工小学											
农民小学											
小学班											
扫盲班											

小学校数分市、州情况

单位：所

市州名称	合计	城区					镇区					乡村				
		计	教育部门	其他部门	地方企业	民办	计	教育部门	其他部门	地方企业	民办	计	教育部门	其他部门	地方企业	民办
总计	7245	1177	1116	13		48	2483	2406	2		75	3585	3551	1		33
其中：独立设置少数民族学校	131	2	1			1	71	71				58	58			
教学点数（个）	7634	133	132	1			969	967	1		1	6532	6521	3		8
长沙市	909	374	358	9		7	219	218			1	316	313			3
株洲市	358	105	103	1		1	138	136			2	115	115			
湘潭市	371	60	57			3	92	91			1	219	219			
衡阳市	1047	159	139	1		19	282	262	1		19	606	592			14
邵阳市	964	66	65			1	394	382			12	504	496			8
岳阳市	639	123	115	1		7	209	208			1	307	306	1		
常德市	424	47	45			2	203	201			2	174	174			
张家界市	96	26	26				38	38				32	32			
益阳市	406	43	41			2	148	147	1			215	212			3
郴州市	386	46	44	1		1	180	167			13	160	156			4
永州市	469	43	42			1	215	195			20	211	210			1
怀化市	238	30	28			2	117	115			2	91	91			
娄底市	726	45	44			1	119	118			1	562	562			
湘西州	212	10	9			1	129	128			1	73	73			

小学班数

单位：个

类型	合计	一年级	二年级	三年级	四年级	五年级	六年级	复式班
总计	135530	26025	25446	22359	21693	20671	18746	590
其中 九年一贯制学校	17803	3050	3020	2885	2938	3038	2871	1
十二年一贯制学校	2105	321	325	340	332	369	418	
其他学校附设班	671	43	53	44	33	81	416	1
独立设置少数民族学校	2693	429	417	432	479	491	445	
教育部门	127448	24710	24086	21075	20373	19282	17334	588
其他部门	246	64	56	32	33	31	30	
地方企业								
民办	7836	1251	1304	1252	1287	1358	1382	2
城区	33090	6338	6217	5515	5328	5043	4642	7
教育部门	29394	5710	5581	4925	4732	4430	4009	7
其他部门	207	52	46	27	28	27	27	
地方企业								
民办	3489	576	590	563	568	586	606	
镇区	57481	10124	10109	9517	9535	9417	8741	38
教育部门	53854	9551	9505	8944	8935	8772	8110	37
其他部门	33	10	9	4	4	4	2	
地方企业								
民办	3594	563	595	569	596	641	629	1
乡村	44959	9563	9120	7327	6830	6211	5363	545
教育部门	44200	9449	9000	7206	6706	6080	5215	544
其他部门	6	2	1	1	1		1	
地方企业								
民办	753	112	119	120	123	131	147	1

小学班数分市、州情况

单位：个

市州名称	合计	一年级	二年级	三年级	四年级	五年级	六年级	复式班
总计	135530	26025	25446	22359	21693	20671	18746	590
长沙市	15769	3103	3039	2702	2513	2296	2106	10
株洲市	7152	1339	1316	1206	1152	1113	1025	1
湘潭市	4499	844	834	792	757	686	584	2
衡阳市	15598	2736	2878	2659	2607	2503	2213	2
邵阳市	15734	2877	2840	2606	2667	2468	2275	1
岳阳市	9882	1865	1823	1641	1599	1539	1376	39
常德市	7597	1407	1387	1256	1238	1213	1096	0
张家界市	2734	495	503	422	424	422	390	78
益阳市	6669	1250	1237	1119	1073	1017	940	33
郴州市	11806	2338	2320	1895	1815	1754	1593	91
永州市	12749	2619	2366	1990	1909	1955	1809	101
怀化市	9709	2025	1913	1492	1459	1408	1279	133
娄底市	9325	1738	1748	1586	1546	1430	1272	5
湘西州	6307	1389	1242	993	934	867	788	94

小学班额情况

单位：个

班额		合计	一年级	二年级	三年级	四年级	五年级	六年级	复式班
	总计	135530	26025	25446	22359	21693	20671	18746	590
城区	25人及以下	1184	253	210	205	186	157	166	7
	26~30人	525	120	80	97	82	75	71	
	31~35人	850	133	155	160	123	147	132	
	36~40人	1801	473	321	236	287	263	221	
	41~45人	6361	1880	1818	791	709	594	569	
	46~50人	9396	1857	2050	1890	1603	1025	971	
	51~55人	10527	1545	1457	1740	1845	2216	1724	
	56~60人	1151	36	64	166	209	267	409	
	61~65人	1295	41	62	230	284	299	379	
	66人及以上								
镇区	25人及以下	4662	1183	995	770	655	540	484	35
	26~30人	2137	410	375	371	343	330	306	2
	31~35人	3476	665	588	616	563	533	511	
	36~40人	5642	1205	1057	943	875	782	779	1
	41~45人	10892	2685	2570	1713	1302	1387	1235	

续表

班额		合计	一年级	二年级	三年级	四年级	五年级	六年级	复式班
	46~50 人	11685	2301	2329	1862	1922	1698	1573	
	51~55 人	15038	1540	1991	2608	3021	3175	2703	
	56~60 人	1619	121	173	247	285	325	468	
	61~65 人	2330	14	31	387	569	647	682	
	66 人及以上								
乡村	25 人及以下	22446	6306	5352	3539	2848	2196	1681	524
	26~30 人	4134	735	797	718	700	626	546	12
	31~35 人	4365	721	762	756	766	724	630	6
	36~40 人	4219	668	703	663	734	741	709	1
	41~45 人	4296	625	780	741	712	742	696	
	46~50 人	2937	297	455	517	525	615	526	2
	51~55 人	2177	195	237	327	451	477	490	
	56~60 人	216	10	20	35	49	51	51	
	61~65 人	169	6	14	31	45	39	34	
	66 人及以上								

小学班额情况分市、州情况

单位：个

市州名称	合计	25人及以下	26~30 人	31~35 人	36~40 人	41~45 人	46~50 人	51~55 人	56~60 人	61~65 人	66人及以上
总计	135530	28292	6796	8691	11662	21549	24018	27742	2986	3794	0
长沙市	15769	1647	482	759	1264	3378	6616	1235	271	117	0
株洲市	7152	1057	351	459	613	1004	1126	2452	52	38	0
湘潭市	4499	1227	293	316	366	921	675	685	6	10	0
衡阳市	15598	4153	832	1054	1369	2092	2421	2970	353	354	0
邵阳市	15734	4201	964	1057	1208	2011	2218	2361	448	1266	0
岳阳市	9882	2388	696	853	1122	1808	1382	1463	83	87	0
常德市	7597	1111	403	586	872	1182	1430	1690	191	132	0
张家界市	2734	535	78	129	202	307	378	776	213	116	0
益阳市	6669	1266	422	484	603	1009	773	1844	138	130	0
郴州市	11806	2445	445	564	834	1519	2012	3511	224	252	0
永州市	12749	2023	531	822	1355	3628	1511	2819	0	60	0
怀化市	9709	1876	474	639	747	1332	1676	2622	141	202	0
娄底市	9325	2630	579	682	719	699	782	1513	743	978	0
湘西州	6307	1733	246	287	388	659	1018	1801	123	52	0

小学学龄人口入学及在校学生情况（总计）

单位：人

类别\\项目	校内外学龄人口数 计	其中:女	在校学龄人口数 计	其中:女	招生数 计	其中:受过学前教育	在校生数 合计	其中:女	一年级	二年级	三年级	四年级	五年级	六年级
总计	5196056	2415231	5195991	2415229	895433	895421	5287730	2454496	895437	925421	881548	892974	879795	812555
其中：女	2415231	*	2415229	*	415918	415914	2454496	*	415918	431107	409277	414712	407321	376161
少数民族	647646	303660	*	*	116053	116052	682208	319527	116053	118081	112506	116150	114377	105041
总计中:寄宿生	*	*	*	*	40955	40955	790683	354964	40955	54309	101979	159653	205997	227790
重读生	*	*	*	*	*	*	8		4	1		1		2
其中: 女	*	*	*	*	*	*		*						
5 岁及以下	*	*	*	*	28468	*	28468	14290	28468			*	*	*
6 岁	860643	404034	860580	404034	811941	*	860580	404034	811943	48637			*	*
7 岁	926477	432254	926477	432254	53649	*	926477	432254	53651	818347	54477	2		*
8 岁	892911	416077	892911	416077	1362	*	892911	416077	1362	56447	768923	66179		
9 岁	899252	417848	899252	417848	9	*	899252	417848	9	1961	56014	764327	76937	4
10 岁	899514	415674	899514	415674	2	*	899514	415674	2	14	2099	60133	741226	96040
11 岁	717259	329344	717257	329342	1	*	717257	329342	1	5	22	2308	59451	655470
12 岁					1	*	60863	24054	1	4	4	22	2155	58677
13 岁			*	*		*	2370	910		2	2	1	21	2344
14 岁			*	*		*	24	9			2	1	4	15
15 岁及以上	*	*	*	*		*	14	4		2	6		1	5

小学学龄人口入学及在校学生情况（城区）

单位：人

类别\\项目	校内外学龄人口数 计	其中:女	在校学龄人口数 计	其中:女	招生数 计	其中:受过学前教育	在校生数 合计	其中:女	一年级	二年级	三年级	四年级	五年级	六年级
总计	1553731	711930	1553767	711946	288435	288433	1574357	720532	288439	287453	263522	257894	247881	229168
其中：女	711930	*	711946	*	132843	132843	720532	*	132843	132460	121096	117553	112597	103983
少数民族	84421	38867	*	*	18709	18709	96110	44607	18709	17712	15961	15191	14781	13756
总计中:寄宿生	*	*	*	*	13448	13448	121152	49734	13448	15475	17878	21568	24995	27788
重读生	*	*	*	*	*	*	8		4	1		1		2
其中: 女	*	*	*	*	*	*		*						
5 岁及以下	*	*	*	*	6681	*	6681	3471	6681			*	*	*
6 岁	276030	128057	276037	128059	263796	*	276037	128059	263798	12239			*	*
7 岁	290723	133567	290734	133574	17636	*	290734	133574	17638	258225	14870	1		*
8 岁	267013	122654	267020	122658	318	*	267020	122658	318	16510	232107	18085		
9 岁	261999	119065	262010	119068	2	*	262010	119068	2	476	16056	224168	21307	1
10 岁	254991	115943	254991	115943	2	*	254991	115943	2	1	483	15159	211346	28000
11 岁	202975	92644	202975	92644		*	202975	92644		1	4	479	14721	187770
12 岁						*	13562	5018				2	503	13057
13 岁			*	*		*	339	94		1	1		2	335
14 岁			*	*		*	2	1					1	1
15 岁及以上	*	*	*	*		*	6	2				1	1	4

小学学龄人口入学及在校学生情况（镇区）

单位：人

类别＼项目	校内外学龄人口数 计	其中:女	在校学龄人口数 计	其中:女	招生数 计	其中:受过学前教育	在校生数 合计	其中:女	一年级	二年级	三年级	四年级	五年级	六年级
总计	2497916	1156627	2497853	1156627	413787	413779	2542892	1175960	413787	427408	421322	435696	436829	407850
其中:女	1156627	*	1156627	*	191355	191353	1175960	*	191355	198270	194886	201464	201580	188405
少数民族	408436	190735	*	*	69082	69082	422754	196820	69082	70410	69742	73847	72562	67111
总计中:寄宿生	*	*	*	*	19605	19605	434940	195529	19605	27465	53956	90216	115799	127899
重读生	*	*	*	*	*	*								
其中:女	*	*	*	*	*	*				*				
5岁及以下	*			*	11512	*	11512	5812	11512			*	*	*
6岁	398158	186414	398095	186414	378077	*	398095	186414	378077	20018			*	*
7岁	428185	199167	428185	199167	23676	*	428185	199167	23676	380874	23635			*
8岁	426634	198382	426634	198382	517	*	426634	198382	517	25732	370513	29872		
9岁	437758	202962	437758	202962	3	*	437758	202962	3	772	26346	375163	35471	3
10岁	444576	204757	444576	204757		*	444576	204757		7	816	29517	370279	43957
11岁	362605	164945	362605	164945	1	*	362605	164945	1	2	8	1136	30148	331310
12岁					1	*	32366	13062	1	2	1	7	924	31431
13岁			*	*		*	1149	456		1	1		6	1141
14岁			*	*		*	10	2			1	1	1	7
15岁及以上	*					*	2	1			1			1

小学学龄人口入学及在校学生情况（乡村）

单位：人

类别＼项目	校内外学龄人口数 计	其中:女	在校学龄人口数 计	其中:女	招生数 计	其中:受过学前教育	在校生数 合计	其中:女	一年级	二年级	三年级	四年级	五年级	六年级
总计	1144409	546674	1144371	546656	193211	193209	1170481	558004	193211	210560	196704	199384	195085	175537
其中:女	546674	*	546656	*	91720	91718	558004	*	91720	100377	93295	95695	93144	83773
少数民族	154789	74058	*	*	28262	28261	163344	78100	28262	29959	26803	27112	27034	24174
总计中:寄宿生	*	*	*	*	7902	7902	234591	109701	7902	11369	30145	47869	65203	72103
重读生	*	*	*	*	*	*								
其中:女	*	*	*	*	*	*				*				
5岁及以下	*	*	*	*	10275	*	10275	5007	10275			*	*	*
6岁	186455	89563	186448	89561	170068	*	186448	89561	170068	16380			*	*
7岁	207569	99520	207558	99513	12337	*	207558	99513	12337	179248	15972	1		*
8岁	199264	95041	199257	95037	527	*	199257	95037	527	14205	166303	18222		
9岁	199495	95821	199484	95818	4	*	199484	95818	4	713	13612	164996	20159	
10岁	199947	94974	199947	94974		*	199947	94974		6	800	15457	159601	24083
11岁	151679	71755	151677	71753		*	151677	71753		2	10	693	14582	136390
12岁						*	14935	5974		2	3	13	728	14189
13岁			*	*		*	882	360				1	13	868
14岁			*	*		*	12	6		2		1	2	7
15岁及以上	*	*				*	6	1		2	4			

小学分办别、分城乡学生情况

单位：人

类别	毕业生数	招生数 计	其中：受过学前教育	在校生数 合计	其中：女	一年级	二年级	三年级	四年级	五年级	六年级	预计毕业生数
总计	839304	895433	895421	5287730	2454496	895437	925421	881548	892974	879795	812555	812555
女	388844	415918	415914	2454496	*	415918	431107	409277	414712	407321	376161	376161
少数民族	104068	116053	116052	682208	319527	116053	118081	112506	116150	114377	105041	105041
总计中：五年制											*	
九年一贯制学校	126630	124210	124210	758621	346331	124210	126265	123159	127732	132535	124720	124720
十二年一贯制学校	20982	13085	13085	94679	36943	13085	13832	15302	15281	17265	19914	19914
附设小学班	20915	1964	1964	29071	13590	1964	2429	1997	1448	3233	18000	18000
复式班	47	2620	2620	6264	2967	2620	2865	434	199	115	31	31
小学教学点	10638	66372	66369	235595	112637	66372	67081	41647	31596	18672	10227	10227
独立设置少数民族学校	21210	17727	17727	119384	55279	17727	17975	19496	21791	22382	20013	20013
进城务工人员随迁子女	63173	74543	74543	426003	195335	74543	75406	71373	70950	69363	64368	64368
其中：外省迁入	10199	11808	11808	66471	30602	11808	11863	11218	11027	10612	9943	9943
本省外县迁入	52974	62735	62735	359532	164733	62735	63543	60155	59923	58751	54425	54425
农村留守儿童	226600	200884	200884	1271662	600879	200884	215965	211971	220863	218306	203673	203673
送教上门	288	442	436	4319	1458	442	1041	1118	611	519	588	588
教育部门	776329	844206	844194	4945097	2319428	844210	869735	827352	836102	818509	749189	749189
其他部门	1409	2762	2762	10663	4984	2762	2487	1339	1366	1328	1381	1381
地方企业												
民办	61566	48465	48465	331970	130084	48465	53199	52857	55506	59958	61985	61985
城区	226334	288435	288433	1574357	720532	288439	287453	263522	257894	247881	229168	229168
教育部门	197150	262711	262709	1411836	654432	262715	260246	237795	231217	219855	200008	200008
其他部门	1270	2245	2245	9151	4289	2245	2005	1181	1209	1209	1302	1302
地方企业												
民办	27914	23479	23479	153370	61811	23479	25202	24546	25468	26817	27858	27858
镇区	419526	413787	413779	2542892	1175960	413787	427408	421322	435696	436829	407850	407850
教育部门	392191	391971	391963	2390734	1117970	391971	403256	397410	410059	408581	379457	379457
其他部门	133	508	508	1480	682	508	475	155	149	119	74	74
地方企业												
民办	27202	21308	21308	150678	57308	21308	23677	23757	25488	28129	28319	28319
乡村	193444	193211	193209	1170481	558004	193211	210560	196704	199384	195085	175537	175537
教育部门	186988	189524	189522	1142527	547026	189524	206233	192147	194826	190073	169724	169724
其他部门	6	9	9	32	13	9	7	3	8		5	5
地方企业												
民办	6450	3678	3678	27922	10965	3678	4320	4554	4550	5012	5808	5808

小学学生分市、州情况（总计）

单位：人

市州名称	招生数		在校生数							
	计	其中：受过学前教育	合计	其中：女	一年级	二年级	三年级	四年级	五年级	六年级
湖南省	895433	895421	5287730	2454496	895437	925421	881548	892974	879795	812555
长沙市	128808	128806	666506	313667	128812	127505	113344	104169	99596	93080
株洲市	52255	52254	299408	142444	52255	53933	50339	48917	48425	45539
湘潭市	29568	29564	159855	74594	29568	29504	27854	27305	25028	20596
衡阳市	90358	90358	572690	264026	90358	100670	95777	98873	98144	88868
邵阳市	94803	94803	592987	271284	94803	96797	98063	108021	100452	94851
岳阳市	60552	60548	358064	166343	60552	62220	60430	59466	60462	54934
常德市	51833	51833	308976	148730	51833	53952	49743	50432	53425	49591
张家界市	17865	17865	113012	53950	17865	19109	17938	19172	20397	18531
益阳市	47098	47098	266452	127145	47098	48717	44510	44221	42572	39334
郴州市	73747	73747	471579	213634	73747	78455	78548	80651	83062	77116
永州市	82389	82389	504711	228342	82389	82957	82460	84964	88806	83135
怀化市	65015	65015	383366	175851	65015	66256	64257	65200	64065	58573
娄底市	61562	61562	358725	164644	61562	65696	59668	61522	56603	53674
湘西州	39580	39579	231399	109842	39580	39650	38617	40061	38758	34733

小学学生分市、州情况（其中：女）

单位：人

市州名称	招生数		在校生数							
	计	其中：受过学前教育	合计	一年级	二年级	三年级	四年级	五年级	六年级
湖南省	415918	415914	2454496	415918	431107	409277	414712	407321	376161
长沙市	60586	60586	313667	60586	60087	53646	49194	46481	43673
株洲市	24642	24641	142444	24642	25842	23948	23401	22836	21775
湘潭市	13855	13853	74594	13855	13702	13087	12796	11762	9392
衡阳市	41741	41741	264026	41741	46880	44213	45303	45255	40634
邵阳市	43511	43511	271284	43511	44514	44783	49678	45674	43124
岳阳市	28317	28317	166343	28317	28852	28083	27592	28221	25278
常德市	24972	24972	148730	24972	26211	23826	24381	25516	23824
张家界市	8614	8614	53950	8614	9094	8524	9277	9643	8798
益阳市	22457	22457	127145	22457	23391	20978	21225	20295	18799
郴州市	33425	33425	213634	33425	35442	35650	36570	37618	34929
永州市	37197	37197	228342	37197	37542	37356	38191	40463	37593
怀化市	29614	29614	175851	29614	30372	29338	29881	29417	27229
娄底市	28463	28463	164644	28463	30383	27454	28187	25626	24531
湘西州	18524	18523	109842	18524	18795	18391	19036	18514	16582

小学学生分市、州情况（城区）

单位：人

市州名称	招生数		在校生数							
	计	其中：受过学前教育	合计	其中：女	一年级	二年级	三年级	四年级	五年级	六年级
湖南省	288435	288433	1574357	720532	288439	287453	263522	257894	247881	229168
长沙市	87179	87177	436171	203385	87183	84248	73681	67647	63622	59790
株洲市	25362	25362	131250	61445	25362	24642	21697	20808	19904	18837
湘潭市	12315	12315	64563	29513	12315	11729	11174	10895	10120	8330
衡阳市	31059	31059	189043	85010	31059	33241	31286	32265	31979	29213
邵阳市	15535	15535	90864	40914	15535	15738	15364	16116	14655	13456
岳阳市	20193	20193	118359	53146	20193	21109	20151	19646	19647	17613
常德市	11938	11938	63865	30043	11938	11817	10364	10374	9973	9399
张家界市	5625	5625	34944	16502	5625	6067	5815	6000	6118	5319
益阳市	10426	10426	56101	26143	10426	10758	9217	9013	8423	8264
郴州市	18255	18255	105853	47616	18255	18199	17623	17677	17692	16407
永州市	13908	13908	82815	36639	13908	13209	13367	14083	14289	13959
怀化市	13481	13481	73374	33262	13481	13173	12410	11939	11885	10486
娄底市	19301	19301	106513	47214	19301	19798	18053	18033	16254	15074
湘西州	3858	3858	20642	9700	3858	3725	3320	3398	3320	3021

小学学生分市、州情况（镇区）

单位：人

市州名称	招生数		在校生数							
	计	其中：受过学前教育	合计	其中：女	一年级	二年级	三年级	四年级	五年级	六年级
湖南省	413787	413779	2542892	1175960	413787	427408	421322	435696	436829	407850
长沙市	29973	29973	160158	75867	29973	30721	27973	24843	24308	22340
株洲市	19141	19141	121714	58381	19141	20649	20324	20330	21010	20260
湘潭市	10508	10504	55677	26026	10508	10551	9626	9439	8456	7097
衡阳市	38080	38080	236476	108623	38080	42167	39340	40645	39717	36527
邵阳市	56450	56450	357249	161969	56450	56368	58493	64726	61544	59668
岳阳市	25767	25763	149463	70253	25767	25593	25052	24847	25203	23001
常德市	32650	32650	199549	96593	32650	34083	31908	32340	35407	33161
张家界市	8105	8105	51890	24832	8105	8621	8136	8764	9527	8737
益阳市	25119	25119	142500	68358	25119	25481	23679	23992	23317	20912
郴州市	39433	39433	272588	121851	39433	41887	45229	47742	50642	47655
永州市	48366	48366	309486	138746	48366	49666	50971	53057	55496	51930
怀化市	32366	32366	201456	92182	32366	33280	33979	35334	34596	31901
娄底市	19394	19394	112788	51172	19394	20089	18227	19211	18054	17813
湘西州	28435	28435	171898	81107	28435	28252	28385	30426	29552	26848

小学学生分市、州情况（乡村）

单位：人

市州名称	招生数		在校生数							
	计	其中：受过学前教育	合计	其中：女	一年级	二年级	三年级	四年级	五年级	六年级
湖南省	193211	193209	1170481	558004	193211	210560	196704	199384	195085	175537
长沙市	11656	11656	70177	34415	11656	12536	11690	11679	11666	10950
株洲市	7752	7751	46444	22618	7752	8642	8318	7779	7511	6442
湘潭市	6745	6745	39615	19055	6745	7224	7054	6971	6452	5169
衡阳市	21219	21219	147171	70393	21219	25262	25151	25963	26448	23128
邵阳市	22818	22818	144874	68401	22818	24691	24206	27179	24253	21727
岳阳市	14592	14592	90242	42944	14592	15518	15227	14973	15612	14320
常德市	7245	7245	45562	22094	7245	8052	7471	7718	8045	7031
张家界市	4135	4135	26178	12616	4135	4421	3987	4408	4752	4475
益阳市	11553	11553	67851	32644	11553	12478	11614	11216	10832	10158
郴州市	16059	16059	93138	44167	16059	18369	15696	15232	14728	13054
永州市	20115	20115	112410	52957	20115	20082	18122	17824	19021	17246
怀化市	19168	19168	108536	50407	19168	19803	17868	17927	17584	16186
娄底市	22867	22867	139424	66258	22867	25809	23388	24278	22295	20787
湘西州	7287	7286	38859	19035	7287	7673	6912	6237	5886	4864

小学学生变动分市、州情况（总计）

单位：人

市州名称	上学年初报表在校生数	增加学生数					减少学生数								本学年初报表在校生数
		合计	招生	复学	转入	其他	合计	毕业	结业	休学	退学	死亡	转出	其他	
总计	5219847	1242599	895433	1678	345488		1174716	839304		1035		165	334212		5287730
长沙市	622174	158713	128808	336	29569		114381	90654		151		21	23555		666506
株洲市	290021	69306	52255	48	17003		59919	42834		59		8	17018		299408
湘潭市	154566	38772	29568	32	9172		33483	24372		14		14	9083		159855
衡阳市	576430	137350	90358	41	46951		141090	95416		25		14	45635		572690
邵阳市	604778	125197	94803	166	30228		136988	107757		109		25	29097		592987
岳阳市	355294	84858	60552	87	24219		82088	55606		48		8	26426		358064
常德市	304898	66817	51833	103	14881		62739	47629		68		11	15031		308976
张家界市	113425	23744	17865	128	5751		24157	18477		121		6	5553		113012
益阳市	259388	60728	47098	35	13595		53664	40718		14			12932		266452
郴州市	475989	107391	73747	62	33582		111801	79269		44		17	32471		471579
永州市	509784	132305	82389	62	49854		137378	89340		39		10	47989		504711
怀化市	375918	95503	65015	324	30164		88055	58291		204		14	29546		383366
娄底市	351626	86038	61562	64	24412		78939	54458		35		7	24439		358725
湘西州	225556	55877	39580	190	16107		50034	34483		104		10	15437		231399

小学学生变动分市、州情况（城区）

单位：人

市州名称	上学年初报表在校生数	增加学生数				减少学生数								本学年初报表在校生数
		合计	招生	复学	转入	其他	合计	毕业	结业	休学	退学	死亡	转出	其他	
总计	1477173	377745	288435	526	88784		280561	226334	316		45	53866		1574357
长沙市	398695	107734	87179	297	20258		70258	57894	128		11	12225		436171
株洲市	122150	30675	25362	34	5279		21575	18029	46		5	3495		131250
湘潭市	61286	16022	12315	7	3700		12745	10129	1		4	2611		64563
衡阳市	179199	47421	31059	12	16350		37577	28158	11		4	9404		189043
邵阳市	89253	19104	15535	8	3561		17493	15541	3		5	1944		90864
岳阳市	113841	27705	20193	17	7495		23187	17628	10		5	5544		118359
常德市	59031	15739	11938	27	3774		10905	9031	23		1	1850		63865
张家界市	34658	6721	5625	25	1071		6435	5540	22		2	871		34944
益阳市	52808	12740	10426	7	2307		9447	8302	2			1143		56101
郴州市	101211	22207	18255	9	3943		17565	15795	6		4	1760		105853
永州市	79163	24633	13908	13	10712		20981	13001	8		1	7971		82815
怀化市	67466	17005	13481	52	3472		11097	8961	43			2093		73374
娄底市	99403	25249	19301	10	5938		18139	15576	5		1	2557		106513
湘西州	19009	4790	3858	8	924		3157	2749	8		2	398		20642

小学学生变动分市、州情况（镇区）

单位：人

市州名称	上学年初报表在校生数	增加学生数				减少学生数								本学年初报表在校生数
		合计	招生	复学	转入	其他	合计	毕业	结业	休学	退学	死亡	转出	其他	
总计	2497476	598394	413787	681	183926		552978	419526	460		68	132924		2542892
长沙市	151553	36540	29973	27	6540		27935	21386	17		2	6530		160158
株洲市	118792	29001	19141	5	9855		26079	18921	5		2	7151		121714
湘潭市	52483	13911	10508	4	3399		10717	7866	3		6	2842		55677
衡阳市	234923	59057	38080	22	20955		57504	40032	3		6	17463		236476
邵阳市	358248	76396	56450	97	19849		77395	65338	55		12	11990		357249
岳阳市	146525	36098	25767	50	10281		33160	23015	20		3	10122		149463
常德市	196933	42304	32650	34	9620		39688	31730	24		7	7927		199549
张家界市	51814	10640	8105	58	2477		10564	8677	71		3	1813		51890
益阳市	136322	32708	25119	22	7567		26530	21347	4			5179		142500
郴州市	272889	62307	39433	41	22833		62608	49277	19		5	13307		272588
永州市	309144	79854	48366	15	31473		79512	56554	24		6	22928		309486
怀化市	196466	49576	32366	156	17054		44586	32322	115		10	12139		201456
娄底市	106489	28222	19394	9	8819		21923	16790	12		2	5119		112788
湘西州	164895	41780	28435	141	13204		34777	26271	88		4	8414		171898

小学学生变动分市、州情况（乡村）

单位：人

市州名称	上学年初报表在校生数	增加学生数					减少学生数								本学年初报表在校生数
		合计	招生	复学	转入	其他	合计	毕业	结业	休学	退学	死亡	转出	其他	
总计	1245198	266460	193211	471	72778		341177	193444		259		52	147422		1170481
长沙市	71926	14439	11656	12	2771		16188	11374		6		8	4800		70177
株洲市	49079	9630	7752	9	1869		12265	5884		8		1	6372		46444
湘潭市	40797	8839	6745	21	2073		10021	6377		10		4	3630		39615
衡阳市	162308	30872	21219	7	9646		46009	27226		11		4	18768		147171
邵阳市	157277	29697	22818	61	6818		42100	26878		51		8	15163		144874
岳阳市	94928	21055	14592	20	6443		25741	14963		18			10760		90242
常德市	48934	8774	7245	42	1487		12146	6868		21		3	5254		45562
张家界市	26953	6383	4135	45	2203		7158	4260		28		1	2869		26178
益阳市	70258	15280	11553	6	3721		17687	11069		8			6610		67851
郴州市	101889	22877	16059	12	6806		31628	14197		19		8	17404		93138
永州市	121477	27818	20115	34	7669		36885	19785		7		3	17090		112410
怀化市	111986	28922	19168	116	9638		32372	17008		46		4	15314		108536
娄底市	145734	32567	22867	45	9655		38877	22092		18		4	16763		139424
湘西州	41652	9307	7287	41	1979		12100	5463		8		4	6625		38859

小学教职工数

单位：人

类别 \ 项目	教职工数						代课教师	兼任教师
	合计	专任教师	行政人员	教辅人员	工勤人员	校办企业职工		
总计	247537	240995	2587	1262	2635	58	12591	750
女	173781	171115	694	810	1104	58	10081	547
少数民族	31058	30358	316	156	228		1517	17
编制人员	225720	221213	2270	705	1532		*	*
教育部门	238787	234049	2306	790	1642		12538	750
其他部门	631	592	21	4	14		53	
地方企业								
民办	8119	6354	260	468	979	58		
城区	70208	68610	593	398	607		3320	399
教育部门	66283	65261	487	182	353		3283	399
其他部门	538	499	21	4	14		37	
地方企业								
民办	3387	2850	85	212	240			
镇区	111847	108465	1220	632	1472	58	4447	159
教育部门	107580	105323	1071	385	801		4435	159
其他部门	91	91					12	
地方企业								
民办	4176	3051	149	247	671	58		
乡村	65482	63920	774	232	556		4824	192
教育部门	64924	63465	748	223	488		4820	192
其他部门	2	2					4	
地方企业								
民办	556	453	26	9	68			

小学专任教师专业技术职务、年龄结构情况（总计）

单位：人

类别	合计	其中：女	24岁及以下	25~29岁	30~34岁	35~39岁	40~44岁	45~49岁	50~54岁	55~59岁	60岁及以上
小学	287097	204002	34914	50962	40263	39192	38329	33501	30050	19670	216
女	204002	*	30967	44159	33888	29777	25553	20759	18125	736	38
少数民族	38624	24829	4974	6450	4048	5088	5634	4562	4626	3213	29
正高级	82	50			1	2	16	17	25	15	6
副高级	20928	10371		4	192	1405	3188	4868	6456	4771	44
中级	124042	76423	41	3927	9502	21908	27344	25268	21863	14059	130
助理级	75907	60432	7195	25820	20171	11942	6176	2602	1339	655	7
员级	14131	11728	4277	5509	2748	1067	357	108	40	19	6
未定职级	52007	44998	23401	15702	7649	2868	1248	638	327	151	23

小学专任教师专业技术职务、年龄结构情况（城区）

单位：人

类别	合计	其中：女	24岁及以下	25~29岁	30~34岁	35~39岁	40~44岁	45~49岁	50~54岁	55~59岁	60岁及以上
小学	80265	65025	7699	14589	14007	13189	11961	9950	6614	2221	35
女	65025	*	6687	12749	12174	11075	9434	7621	5083	186	16
少数民族	4815	3665	495	901	802	744	702	587	388	194	2
正高级	48	32					8	8	18	10	4
副高级	4456	3023		4	33	382	814	1295	1271	642	15
中级	35026	27366	19	835	3146	7734	9114	7759	4975	1435	9
助理级	21742	18217	1125	6832	7371	3787	1602	664	271	89	1
员级	2824	2385	534	1094	727	321	97	32	13	6	
未定职级	16169	14002	6021	5824	2730	965	326	192	66	39	6

小学专任教师专业技术职务、年龄结构情况（镇区）

单位：人

类别	合计	其中：女	24岁及以下	25~29岁	30~34岁	35~39岁	40~44岁	45~49岁	50~54岁	55~59岁	60岁及以上
小学	130629	93910	16189	21813	16931	18678	18465	15908	13929	8641	75
女	93910	*	14512	18961	14324	14403	12473	10025	8860	334	18
少数民族	22484	15233	2638	3489	2252	3373	3722	2844	2638	1520	8
正高级	18	12			1	2	4	6	4	1	
副高级	10112	5165			99	694	1645	2428	3086	2139	21
中级	57324	36445	15	1834	4217	10348	12886	11883	9977	6132	32
助理级	35109	28118	3661	11604	8431	5947	3233	1252	680	299	2
员级	6830	5672	2240	2642	1222	495	143	55	17	10	6
未定职级	21236	18498	10273	5733	2961	1192	554	284	165	60	14

小学专任教师专业技术职务、年龄结构情况（乡村）

单位：人

类别	合计	其中：女	24岁及以下	25~29岁	30~34岁	35~39岁	40~44岁	45~49岁	50~54岁	55~59岁	60岁及以上
小学	76203	45067	11026	14560	9325	7325	7903	7643	9507	8808	106
女	45067	*	9768	12449	7390	4299	3646	3113	4182	216	4
少数民族	11325	5931	1841	2060	994	971	1210	1131	1600	1499	19
正高级	16	6				4	3	3	4	2	
副高级	6360	2183			60	329	729	1145	2099	1990	8
中级	31692	12612	7	1258	2139	3826	5344	5626	6911	6492	89
助理级	19056	14097	2409	7384	4369	2208	1341	686	388	267	4
员级	4477	3671	1503	1773	799	251	117	21	10	3	
未定职级	14602	12498	7107	4145	1958	711	368	162	96	52	3

小学分课程专任教师学历情况（总计）

单位：人

类别	合计	其中：女	品德与生活（社会）	语文	数学	外语 计	其中 英语	日语	俄语	体育	科学	艺术	音乐	美术	综合实践活动 计	其中 信息技术	劳动与技术	其他	本学年不授课专任教师
总计	287097	204002	10331	108214	85968	20647	20642			16094	10313	1162	10788	9442	9987	8313	1468	3652	499
女	204002	*	5016	90185	57215	18769	18764			4602	4678	825	9238	6809	4196	3412	679	2153	316
少数民族	38624	24829	1411	14758	12052	2456	2456			1951	1546	161	1261	1140	1108	845	242	731	49
研究生毕业	2466	2057	70	829	396	291	291			248	130	9	152	190	93	79	10	51	7
本科毕业	158636	126184	4613	61400	42630	15463	15458			9054	4813	659	7471	5978	5103	4446	569	1151	301
专科毕业	118290	73098	5156	43632	40332	4818	4818			6238	4977	463	3003	3064	4459	3589	767	1992	156
高中阶段毕业	7657	2642	490	2338	2595	75	75			550	392	30	160	207	329	197	121	456	35
高中阶段以下毕业	48	21	2	15	15					4	1	1	2	3	3	2	1	2	

小学分课程专任教师学历情况（城区）

单位：人

类别	合计	其中：女	品德与生活（社会）	语文	数学	外语 计	其中 英语	日语	俄语	体育	科学	艺术	音乐	美术	综合实践活动 计	其中 信息技术	劳动与技术	其他	本学年不授课专任教师
总计	80265	65025	2771	30369	21250	5859	5854			5856	3184	300	3938	3555	2340	1813	415	593	250
女	65025	*	1884	28280	17042	5555	5550			1993	1896	203	3545	2890	1165	834	255	401	171
少数民族	4815	3665	172	1965	1298	254	254			309	185	12	239	219	115	85	24	30	17
研究生毕业	1731	1512	57	609	280	184	184			170	96	4	108	134	66	52	10	16	7
本科毕业	56327	47221	1710	21687	13947	4817	4812			4011	2059	211	3127	2641	1547	1247	245	381	189
专科毕业	21595	15997	954	7918	6838	849	849			1606	990	75	688	757	695	496	148	176	49
高中阶段毕业	607	295	50	155	182	9	9			69	39	10	14	22	32	18	12	20	5
高中阶段以下毕业	5				3								1	1					

小学分课程专任教师学历情况（镇区）

单位：人

类别/项目	合计	其中:女	品德与生活（社会）	语文	数学	外语 计	英语	日语	俄语	体育	科学	艺术	音乐	美术	综合实践活动 计	信息技术	劳动与技术	其他	本学年不授课专任教师
总计	130629	93910	4974	48725	40729	9407	9407			7000	4798	549	4683	4112	4081	3240	777	1400	171
女	93910	*	2246	41416	27917	8505	8505			1907	2018	394	3981	2814	1702	1351	333	903	107
少数民族	22484	15233	844	8331	7084	1515	1515			1199	952	89	727	673	641	463	166	406	23
研究生毕业	547	415	7	156	81	74	74			60	29	5	34	49	18	18		34	
本科毕业	68307	54020	2036	26482	19249	6867	6867			3590	1925	299	3037	2404	1908	1638	253	430	80
专科毕业	58607	38173	2678	21238	20350	2432	2432			3070	2661	235	1530	1551	1992	1508	445	800	70
高中阶段毕业	3142	1286	251	843	1042	34	34			276	182	9	81	106	161	74	79	136	21
高中阶段以下毕业	26	16	2	6	7					4	1	1	1	2	2	2			

小学分课程专任教师学历情况（乡村）

单位：人

类别/项目	合计	其中:女	品德与生活（社会）	语文	数学	外语 计	英语	日语	俄语	体育	科学	艺术	音乐	美术	综合实践活动 计	信息技术	劳动与技术	其他	本学年不授课专任教师
总计	76203	45067	2586	29120	23989	5381	5381			3238	2331	313	2167	1775	3566	3260	276	1659	78
女	45067	*	886	20489	12256	4709	4709			702	764	228	1712	1105	1329	1227	91	849	38
少数民族	11325	5931	395	4462	3670	687	687			443	409	60	295	248	352	297	52	295	9
研究生毕业	188	130	6	64	35	33	33			18	5		10	7	9	9		1	
本科毕业	34002	24943	867	13231	9434	3779	3779			1453	829	149	1307	933	1648	1561	71	340	32
专科毕业	38088	18928	1524	14476	13144	1537	1537			1562	1326	153	785	756	1772	1585	174	1016	37
高中阶段毕业	3908	1061	189	1340	1371	32	32			205	171	11	65	79	136	105	30	300	9
高中阶段以下毕业	17	5		9	5										1		1	2	

分市、州小学专任教师学历和专业技术职务情况

单位：人

市州名称	合计	学历					专业技术职务					
		研究生毕业	本科毕业	专科毕业	高中阶段毕业	高中阶段以下毕业	中学高级	小学高级	小学一级	小学二级	小学三级	未定职级
总计	287097	2466	158636	118290	7657	48	82	20928	124042	75907	14131	52007
长沙市	36000	1686	28483	5635	196		31	1832	12959	8460	1343	11375
株洲市	14725	171	9898	4518	132	6	1	1166	6419	4055	687	2397
湘潭市	9221	95	6349	2664	113		3	723	4600	2325	297	1273
衡阳市	31056	98	16333	13557	1065	3	8	2004	12985	8102	1485	6472
邵阳市	30376	51	16144	13273	906	2	2	2489	12620	7988	1193	6084
岳阳市	19531	81	11933	7094	423		13	1121	9650	5343	815	2589
常德市	18181	62	10361	7556	202		3	1686	8233	5188	861	2210
张家界市	6162	8	2426	3554	174			640	2713	1994	142	673
益阳市	14522	34	7551	6514	419	4	1	930	7771	3065	838	1917
郴州市	25667	36	11574	12984	1049	24		1540	9671	7229	1473	5754
永州市	28742	32	13013	14765	932		10	1597	11547	8428	2686	4474
怀化市	21540	50	9306	10716	1466	2	10	2406	10395	4907	915	2907
娄底市	17858	39	9986	7575	258			1474	8154	4593	790	2847
湘西州	13516	23	5279	7885	322	7		1320	6325	4230	606	1035

小学专任教师分市、州变动情况（总计）

单位：人

市州名称	上学年初报表专任教师数	增加教师数								减少教师数							本学年初报表专任教师数
		合计	录用毕业生		调入		校内变动		其他	合计	自然减员	调出	校内变动		辞职	其他	
			计	其中:师范生	计	其中:外校	计	其中:学段调整					计	其中:学段调整			
总计	274527	52262	13700	6881	35455	19042	3107	497	39692	5086	29619	2636	454	2349	2	287097
长沙市	31605	8385	2327	1126	5365	3026	693	12	3990	372	2600	194	20	824		36000
株洲市	14068	2676	845	462	1694	936	137	16	2019	236	1544	119	9	120		14725
湘潭市	8504	1802	477	184	1213	632	112	48	1085	210	761	68	18	46		9221
衡阳市	30015	5533	1228	621	4177	2086	128	20	4492	382	3535	171	48	403	1	31056
邵阳市	28920	5383	1357	676	3858	2157	168	45	3927	485	3182	148	56	112		30376
岳阳市	19059	3362	730	311	2531	1397	101	63	2890	425	2316	80	24	68	1	19531
常德市	17679	3048	847	416	1947	1140	254	101	2546	567	1569	290	46	120		18181
张家界市	5799	1039	213	115	645	388	181	27	676	163	398	103	14	12		6162
益阳市	14337	2234	660	199	1448	818	126	28	2049	429	1462	124	34	34		14522
郴州市	24888	4486	1018	573	3077	1558	391	8	3707	346	2803	359	21	199		25667
永州市	28062	5359	1489	607	3637	1591	233	10	4679	291	3988	204	11	196		28742
怀化市	20950	3970	1122	820	2505	1312	343	77	3380	678	2226	349	77	127		21540
娄底市	17432	3183	1061	485	2030	1216	92	28	2757	322	2122	242	51	71		17858
湘西州	13209	1802	326	286	1328	785	148	14	1495	180	1113	185	25	17		13516

小学专任教师分市、州变动情况（城区）

单位：人

市州名称	上学年初报表专任教师数	增加教师数								减少教师数							本学年初报表专任教师数
		合计	录用毕业生		调入		校内变动		其他	合计	自然减员	调出	校内变动		辞职	其他	
			计	其中:师范生	计	其中:外校	计	其中:学段调整					计	其中:学段调整			
总计	73954	14187	3090	1606	10430	6134	667	144		7876	1002	5225	387	87	1262		80265
长沙市	20661	5109	1493	698	3354	1860	262	6		2277	188	1317	100	7	672		23493
株洲市	6039	1137	366	227	753	540	18	1		609	98	418	9		84		6567
湘潭市	2971	478	65	37	347	182	66	36		276	84	148	34	6	10		3173
衡阳市	8886	1671	313	194	1299	669	59	4		1042	73	703	60	6	206		9515
邵阳市	4051	555	88	68	435	251	32	5		402	51	298	6	6	47		4204
岳阳市	5878	856	120	69	709	431	27	22		581	74	462	12	6	33		6153
常德市	3314	637	145	73	469	374	23	18		270	79	151	2		38		3681
张家界市	1669	258	11	11	190	110	57			108	41	58	6		3		1819
益阳市	2877	321	55	5	246	164	20	3		276	90	171	14		1		2922
郴州市	5321	963	72	43	855	339	36	4		491	46	371	34	11	40		5793
永州市	3932	1003	111	43	888	611	4	1		666	32	581	9	4	44		4269
怀化市	3086	546	94	70	398	276	54	35		417	82	200	63	32	72		3215
娄底市	4366	618	151	64	458	324	9	9		412	61	306	35	9	10		4572
湘西州	903	35	6	4	29	3				49	3	41	3		2		889

小学专任教师分市、州变动情况（镇区）

单位：人

市州名称	上学年初报表专任教师数	增加教师数								减少教师数							本学年初报表专任教师数
		合计	录用毕业生		调入		校内变动		其他	合计	自然减员	调出	校内变动		辞职	其他	
			计	其中:师范生	计	其中:外校	计	其中:学段调整					计	其中:学段调整			
总计	124092	23353	5926	3048	16216	8810	1211	239		16816	2214	12787	1082	182	732	1	130629
长沙市	7178	2237	615	340	1364	815	258			1067	95	808	56	13	108		8348
株洲市	5334	1045	287	144	670	311	88	15		877	98	685	73	5	21		5502
湘潭市	2714	659	182	81	467	251	10	6		298	42	216	13	4	27		3075
衡阳市	11238	2086	435	231	1630	877	21	11		1615	129	1285	42	7	158	1	11709
邵阳市	15968	3008	667	365	2268	1297	73	27		1723	265	1352	71	31	35		17253
岳阳市	7623	1466	281	108	1140	666	45	29		1114	162	905	42	10	5		7975
常德市	11051	1873	508	260	1185	597	180	79		1594	356	958	213	43	67		11330
张家界市	2632	421	120	55	247	140	54	14		308	72	184	48	12	4		2745
益阳市	6773	1129	321	116	765	546	43	10		853	159	654	37	7	3		7049
郴州市	13404	2354	605	351	1565	937	184	4		1836	175	1389	151	4	121		13922
永州市	15784	2903	916	323	1939	662	48	8		2386	166	2023	86	4	111		16301
怀化市	10134	1852	422	312	1310	666	120	15		1419	295	961	128	17	35		10567
娄底市	5023	1088	341	157	722	435	25	9		745	64	617	35	13	29		5366
湘西州	9236	1232	226	205	944	610	62	12		981	136	750	87	12	8		9487

小学专任教师分市、州变动情况（乡村）

单位：人

市州名称	上学年初报表专任教师数	增加教师数									减少教师数								本学年初报表专任教师数
		合计	录用毕业生		调入		校内变动		其他		合计	自然减员	调出	校内变动		辞职	其他		
			计	其中：师范生	计	其中：外校	计	其中：学段调整						计	其中：学段调整				
总计	76481	14722	4684	2227	8809	4098	1229	114			15000	1870	11607	1167	185	355	1		76203
长沙市	3766	1039	219	88	647	351	173	6			646	89	475	38		44			4159
株洲市	2695	494	192	91	271	85	31				533	40	441	37	4	15			2656
湘潭市	2819	665	230	66	399	199	36	6			511	84	397	21	8	9			2973
衡阳市	9891	1776	480	196	1248	540	48	5			1835	180	1547	69	35	39			9832
邵阳市	8901	1820	602	243	1155	609	63	13			1802	169	1532	71	19	30			8919
岳阳市	5558	1040	329	134	682	300	29	12			1195	189	949	26	8	30	1		5403
常德市	3314	538	194	83	293	169	51	4			682	132	460	75	3	15			3170
张家界市	1498	360	82	49	208	138	70	13			260	50	156	49	2	5			1598
益阳市	4687	784	284	78	437	108	63	15			920	180	637	73	27	30			4551
郴州市	6163	1169	341	179	657	282	171				1380	125	1043	174	6	38			5952
永州市	8346	1453	462	241	810	318	181	1			1627	93	1384	109	3	41			8172
怀化市	7730	1572	606	438	797	370	169	27			1544	301	1065	158	28	20			7758
娄底市	8043	1477	569	264	850	457	58	10			1600	197	1199	172	29	32			7920
湘西州	3070	535	94	77	355	172	86	2			465	41	322	95	13	7			3140

小学校舍情况（总计）

单位：平方米

类别 \ 项目 数目	合计	框架结构	砖混结构	砖木结构	土木结构
总计	40202044.62	13385674.61	25396785.97	1412787.04	6797
其中：危房	201759.42		177159.42	24600	
当年新增	1212700.25	883600.3	328785.75	314.2	
一、教学及辅助用房	20073084.1	6766365.78	12725930.29	578920.03	1868
教室	15861871.12	5133715.6	10227888.13	498459.39	1808
实验室	1463493.29	457727.75	971576.13	34189.41	
图书室	1051458.55	332172.47	693059.54	26166.54	60
微机室	680690.41	213037.08	454717.64	12935.69	
语音室	343751.21	116384.75	221610.46	5756	
体育馆	671819.52	513328.13	157078.39	1413	
二、行政办公用房	3153711.72	995657.06	2054868.41	102514.25	672
其中：教师办公室	2232653.59	652652.46	1495323.47	84025.66	652
三、生活用房	12559917.41	3768447.91	8275740.51	513746.99	1982
教工宿舍	4357285.7	931152.74	3258097.59	167585.37	450
其中：教师周转宿舍	1604990.73	508321.67	1065340.12	31200.94	128
学生宿舍	1937492.5	574568.07	1319464.26	43460.17	
食堂	3063749.86	1227325.21	1716912.75	118945.9	566
厕所	1524152.76	510147.37	916565.6	96668.79	771
其他	1677236.59	525254.52	1064700.31	87086.76	195
四、其他用房	4415331.39	1855203.86	2340246.76	217605.77	2275

小学校舍情况（城区）

单位：平方米

类别 \ 项目	合计	框架结构	砖混结构	砖木结构	土木结构
总计	9494206.8	5592942.57	3793176.23	108088	
其中：危房	10025		9293	732	
当年新增	415649.76	379461.72	36103.84	84.2	
一、教学及辅助用房	4978244.74	2859053.91	2067751.08	51439.75	
教室	3786569.03	2110481.92	1632285.91	43801.2	
实验室	285333.59	147537.64	135631.6	2164.35	
图书室	225048.98	130936.22	91992.16	2120.6	
微机室	158342.89	83314.6	73456.69	1571.6	
语音室	79280.44	39240.81	39067.63	972	
体育馆	443669.81	347542.72	95317.09	810	
二、行政办公用房	806705.94	462981.65	337253.29	6471	
其中：教师办公室	536022.08	283229.93	247222.15	5570	
三、生活用房	2111950.3	1172812.46	907229.97	31907.87	
教工宿舍	448236.96	157800.96	280394	10042	
其中：教师周转宿舍	145775.15	73216.19	71159.96	1399	
学生宿舍	264985.37	135972.89	127555.48	1457	
食堂	569377.17	382535.64	179373.53	7468	
厕所	376311.95	236628.43	135088.62	4594.9	
其他	453038.85	259874.54	184818.34	8345.97	
四、其他用房	1597305.82	1098094.55	480941.89	18269.38	

小学校舍情况（镇区）

单位：平方米

类别 \ 项目	合计	框架结构	砖混结构	砖木结构	土木结构
总计	16687798.72	5612820.15	10721227.2	353125.37	626
其中：危房	78094		68763	9331	
当年新增	564355.38	380602.99	183752.39		
一、教学及辅助用房	8189208.7	2871243.17	5194544.39	123421.14	
教室	6470689.26	2213279.3	4158573.96	98836	
实验室	664356.24	223215.36	429489.78	11651.1	
图书室	417576.62	137037.49	273787.17	6751.96	
微机室	288180.34	88987.98	194552.28	4640.08	
语音室	155904.9	57992.3	96370.6	1542	
体育馆	192501.34	150730.74	41770.6		
二、行政办公用房	1220502.64	376334.69	819546.18	24573.77	48
其中：教师办公室	851972.65	258110.37	574780.96	19033.32	48
三、生活用房	5742955.7	1788187.7	3814949.57	139240.43	578
教工宿舍	2120252.15	483932.25	1597132.84	38935.06	252
其中：教师周转宿舍	815414.92	269638.1	535760.53	9888.29	128
学生宿舍	1038480.54	307842.7	712903.75	17734.09	
食堂	1376618	606286.68	734047.32	36180	104
厕所	561614.59	197329.05	343114.86	20948.68	222
其他	645990.42	192797.02	427750.8	25442.6	
四、其他用房	1535131.68	577054.59	892187.06	65890.03	

小学校舍情况（乡村）

单位：平方米

类别 数目 项目	合计	框架结构	砖混结构	砖木结构	土木结构
总计	14020039.1	2179911.89	10882382.54	951573.67	6171
其中：危房	113640.42		99103.42	14537	
当年新增	232695.11	123535.59	108929.52	230	
一、教学及辅助用房	6905630.66	1036068.7	5463634.82	404059.14	1868
教室	5604612.83	809954.38	4437028.26	355822.19	1808
实验室	513803.46	86974.75	406454.75	20373.96	
图书室	408832.95	64198.76	327280.21	17293.98	60
微机室	234167.18	40734.5	186708.67	6724.01	
语音室	108565.87	19151.64	86172.23	3242	
体育馆	35648.37	15054.67	19990.7	603	
二、行政办公用房	1126503.14	156340.72	898068.94	71469.48	624
其中：教师办公室	844658.86	111312.16	673320.36	59422.34	604
三、生活用房	4705011.41	807447.75	3553560.97	342598.69	1404
教工宿舍	1788796.59	289419.53	1380570.75	118608.31	198
其中：教师周转宿舍	643800.66	165467.38	458419.63	19913.65	
学生宿舍	634026.59	130752.48	479005.03	24269.08	
食堂	1117754.69	238502.89	803491.9	75297.9	462
厕所	586226.22	76189.89	438362.12	71125.21	549
其他	578207.32	72582.96	452131.17	53298.19	195
四、其他用房	1282893.89	180054.72	967117.81	133446.36	2275

分市、州小学校舍情况

单位：平方米

市州名称	合计	框架结构	砖混结构	砖木结构	土木结构
总计	40202044.62	13385674.61	25396785.97	1412787.04	6797
长沙市	5774472.83	3479340.71	2237935.12	57197	0
株洲市	2092377.24	531229.66	1521431.58	39716	0
湘潭市	1359220.39	360454.51	975070.76	23695.12	0
衡阳市	4610201.75	1041614.2	3407536.3	158263.25	2788
邵阳市	4286775.28	1031778.01	3084679.89	170317.38	0
岳阳市	3021162.66	1177722.93	1682010.73	159992	1437
常德市	2057385.31	805574.74	1195661.77	56148.8	0
张家界市	793823.87	309261.47	413806.4	70756	0
益阳市	2066101.37	499700.64	1503934.73	62296	170
郴州市	3587526.53	902824.31	2642159.22	42543	0
永州市	4013077.88	1028860.59	2804227.29	179990	0
怀化市	2359557.03	996382.44	1133248.08	228786.51	1140
娄底市	2368388.09	521109.46	1777244.63	69214	820
湘西州	1811974.39	699820.94	1017839.47	93871.98	442

小学学校占地面积及其他办学条件

类别	占地面积（平方米）			图书（册）	计算机数（台）		教室（间）	固定资产总值（万元）		
	计	其中			计	其中：教学用计算机		计	其中：教学仪器设备资产值	
		绿化用地面积	运动场地面积						计	其中：实验设备
总计	107093214.6	15605254.89	25427352.17	115532993	418148	367022	193339	4874354.92	611414.42	146868.97
城区	18371145.15	3422826.15	5637455.49	33442102	125557	107596	41892	1665419.10	207556.35	41887.57
镇区	43523756.17	6091817.29	10402750.28	52516462	167907	148580	74401	1948813.43	259792.17	65247.75
乡村	45198313.28	6090611.45	9387146.4	29574429	124684	110846	77046	1260122.38	144065.90	39733.65

小学学校办学条件

单位：所

类别	体育运动场（馆）面积达标校数	体育器械配备达标校数	音乐器材配备达标校数	美术器材配备达标校数	数学自然实验仪器达标校数	有校医院（卫生室）校数	有专职校医校数	有专职保健人员校数
总计	6852	6962	6954	6952	6933	3248	563	771
城区	1125	1150	1150	1147	1145	847	218	316
镇区	2353	2389	2380	2389	2376	1150	242	278
乡村	3374	3423	3424	3416	3412	1251	103	177

小学学校信息化建设情况

类别	建立校园网校数（所）	接入互联网校数（所）						接入互联网出口带宽（Mbps）	数字资源量				接受过信息技术相关培训的专任教师（人次）	信息化工作人员数（人）
		计	按接入方式分						电子图书（册）	电子期刊（册）	学位论文（册）	音视频（小时）		
			拨号	ADSL	光纤	无线	其他							
总计	3608	7178	9	8	7074	70	17	1749655	8162088	240324	25112	520170.18	115272	11179
城区	904	1164	1		1151	9	3	295765	3671906	108845	22750	230165.03	54179	2842
镇区	1237	2456		3	2430	19	4	452561	3075915	71324	1620	167851.95	40437	3721
乡村	1467	3558	8	5	3493	42	10	1001329	1414267	60155	742	122153.2	20656	4616

附设小学班情况

单位：人

学校类型	校数（所）	班数（个）	毕业生数	招生数	在校生数	专任教师					
						合计	研究生毕业	本科毕业	专科毕业	高中阶段毕业	高中阶段以下毕业
总计	202	671	20915	1964	29071	1064		633	421	8	2
幼儿园											
初中	199	558	20722	1018	23643	1041		614	417	8	2
高中											
中等职业学校	3	113	193	946	5428	23		19	4		
普通高等学校											
成人高等学校											
特殊教育学校											

附设普通初中班情况

单位：人

类别 \ 数目 \ 项目	校数（所）	班数（个）	毕业生数	招生数	在校生数	专任教师					
						合计	研究生毕业	本科毕业	专科毕业	高中阶段毕业	高中阶段以下毕业
总计	5	20	214	306	723	35	4	31			
小学	1										
职业初中											
高中											
中等职业学校	4	20	214	306	723	35	4	31			
普通高等学校											
成人高等学校											
特殊教育学校											

附设普通高中班情况

单位：人

类别 \ 数目 \ 项目	校数（所）	班数（个）	毕业生数	招生数	在校生数	专任教师					
						合计	研究生毕业	本科毕业	专科毕业	高中阶段毕业	高中阶段以下毕业
总计	4	31	196	567	1307	65		57	6	2	
初中											
中等职业学校	4	31	196	567	1307	65		57	6	2	
普通高等学校											
成人高等学校											
特殊教育学校											

图书在版编目（CIP）数据

湖南教育事业统计年鉴（2019）/湖南省教育厅发展规划处，湖南省教育厅信息中心组编.—长沙：湖南师范大学出版社，2020.12
　　ISBN 978-7-5648-4101-0

Ⅰ.①湖… Ⅱ.①湖… ②湖… Ⅲ.①教育事业—统计资料—湖南—2019—年鉴 Ⅳ.①G527.64-54

中国版本图书馆CIP数据核字（2021）第002609号

HUNAN JIAOYU SHIYE TONGJI NIANJIAN

湖南教育事业统计年鉴（2019）

湖南省教育厅发展规划处　湖南省教育厅信息中心　组编

责任编辑｜周基东
责任校对｜吕超颖

出版发行｜湖南师范大学出版社
　　　　　地址：长沙市岳麓山　邮编：410081
　　　　　电话：0731-88853867　88872751
　　　　　传真：0731-88872636
　　　　　网址：http://press.hunnu.edu.cn/
经　　销｜湖南省新华书店
印　　刷｜湖南雅嘉彩色印刷有限公司

开　　本｜787 mm×1092 mm　　1/16
印　　张｜16
字　　数｜428千字
版　　次｜2020年12月第1版
印　　次｜2020年12月第1次印刷
书　　号｜ISBN 978-7-5648-4101-0

定　　价｜260.00元

投稿信箱｜435723851@qq.com